Klett–Cotta im Ullstein Taschenbuch

D1664760

Klett-Cotta im Ullstein Taschenbuch
Ullstein Buch Nr. 39029
im Verlag Ullstein GmbH,
Frankfurt/M – Berlin
Französischer Originaltitel:
Et la lumière fut
Übersetzt von Uta Schmalzriedt
Ungekürzte Ausgabe
Umschlagentwurf:
Andreas Brylka
Alle Rechte vorbehalten
Mit Genehmigung der
Verlagsgemeinschaft Ernst Klett –
J. G. Cotta'sche Buchhandlung
Nachfolger GmbH, Stuttgart
© Jacques Lusseyran 1963
Printed in Germany 1986
Druck und Verarbeitung:
Elsnerdruck, Berlin
ISBN 3 548 39029 3

April 1986
57.–68. Tsd.

CIP-Kurztitelaufnahme
der Deutschen Bibliothek

Lusseyran, Jacques:
Das wiedergefundene Licht /
Jacques Lusseyran.
[Übers. von Uta Schmalzriedt].
– Ungekürzte Ausg. –
Frankfurt/M; Berlin: Ullstein, 1981.
  (Ullstein-Buch; Nr. 39029:
  Klett-Cotta im Ullstein Taschenbuch)
  Einheitssacht.: Et la lumière fut «dt.»
  ISBN 3-548-39029-3

NE: GT

Jacques
Lusseyran

Das wiedergefundene
Licht

Klett–Cotta im Ullstein Taschenbuch

INHALT

Du batest mich: »Erzähle mir die Geschichte deines Lebens.« Doch ich hatte keine große Lust dazu. Du fügtest hinzu: »Vor allem möchte ich die Gründe erfahren, warum du das Leben liebst«. Da habe ich Lust zum Erzählen bekommen, denn das war wirklich ein Thema — um so mehr, als mich diese Liebe zum Leben nie verlassen hat: nicht im Leiden, nicht in den Schrecken des Krieges, nicht einmal in den Gefängnissen der Nazis; im Glück so wenig wie im Unglück (was nur scheinbar so viel schwerer ist).

Aber nicht ein Kind wird jetzt seine Geschichte erzählen. Das ist schade. Der erwachsene Mann wird sie erzählen, schlimmer noch: der Universitätsprofessor, der ich geworden bin. Ich werde mich sorgfältig vor der Gefahr hüten müssen, zu belehren und zu beweisen (zwei große Illusionen); ich werde mich ganz klein machen müssen. Ich werde zurückwandern müssen, werde das Amerika, in dem ich lebe, das mir Ruhe gibt und das mich schützt, in Gedanken verlassen müssen, um jenes Paris wiederzufinden, das mich so bedroht und so beglückt hat.

I

DAS MÄRCHEN DER KINDHEIT

In meiner Erinnerung beginnt meine Geschichte immer wie ein Märchen, nicht wie ein ungewöhnliches, doch immerhin wie ein Märchen. Es war einmal ein kleiner glücklicher Junge, der lebte zwischen den zwei Weltkriegen in Paris. Dieser kleine Junge war ich, und wenn ich heute, von der Mitte des Lebens, auf ihn zurückblicke, bin ich sehr verwundert; eine glückliche Kindheit ist so selten, so wenig nach Art unserer Tage, daß man sie kaum für wahr halten möchte. Doch warum sollte ich das klare Wasser meiner Kindheit zu trüben versuchen? Das wäre der Gipfel der Einfalt.

Geboren bin ich 1924, am Mittag des 19. September, im malerischen Kern von Paris: auf dem Montmartre, zwischen Place Blanche und Moulin Rouge. In einem bescheidenen Haus aus dem 19. Jahrhundert erblickte ich das Licht der Welt, in einem Zimmer, das auf den Hof hinuntersah.

Meine Eltern waren für mich vollkommen. Mein Vater, der eine Hochschule für Physik und Chemie absolviert hatte und von Beruf Chemie-Ingenieur war, war ebenso intelligent wie gütig. Meine Mutter, die Physik und Biologie studiert hatte, war ganz Aufopferung und Verständnis. Beide waren mir gegenüber großzügig und aufmerksam. Aber wozu spreche ich davon? Der kleine Junge von damals wurde dessen nicht gewahr. Er gab seinen Eltern keine Qualitäten. Er dachte nicht einmal über sie nach. Er hatte es nicht nötig, über sie nachzudenken. Seine Eltern liebten ihn, und er liebte sie. Das war ein Geschenk des Himmels.

Meine Eltern — das war Schutz, Vertrauen, Wärme. Wenn ich an meine Kindheit denke, spüre ich noch heute das Gefühl der Wärme über mir, hinter mir und um mich, dieses wunderbare

Gefühl, noch nicht auf eigene Rechnung zu leben, sondern sich ganz, mit Leib und Seele, auf andere zu stützen, welche einem die Last abnehmen.

Meine Eltern trugen mich auf Händen, und das ist wohl der Grund, warum ich in meiner ganzen Kindheit niemals den Boden berührte. Ich konnte weggehen, konnte zurückkommen; die Dinge hatten kein Gewicht und hafteten nicht an mir. Ich lief zwischen Gefahren und Schrecknissen hindurch, wie Licht durch einen Spiegel dringt. Das ist es, was ich als Glück meiner Kindheit bezeichne, diese magische Rüstung, die — ist sie einem erst einmal umgelegt — Schutz gewährt für das ganze Leben.

Meine Familie gehörte zu der Schicht, die man damals in Frankreich die »petite bourgeoisie« nannte. Wir lebten in kleinen Wohnungen, die mir jedoch groß schienen. An eine kann ich mich noch sehr gut erinnern: sie lag am linken Seineufer nahe bei dem großen Park des Champ de Mars, zwischen dem Eiffelturm mit seinen vier gespreizten Tatzen und der Militärschule, einem Gebäude, das für mich nur ein Name war und dessen Form ich mir nicht einmal mehr vorstellen kann.

Meine Eltern — das war der Himmel. Ich sagte mir dies nicht so deutlich, und auch sie sagten es mir nicht; aber es war offenkundig. Ich wußte (und zwar recht früh, dessen bin ich sicher), daß sich in ihnen ein anderes Wesen meiner annahm, mich ansprach. Dieses Andere nannte ich nicht Gott — über Gott haben meine Eltern mit mir erst später gesprochen. Ich gab ihm überhaupt keinen Namen. Es war da, und das war mehr.

Ja, hinter meinen Eltern stand jemand, und Papa und Mama waren nur beauftragt, mir dieses Geschenk aus erster Hand weiterzugeben. Es war der Anfang meines Glaubens und erklärt meiner Ansicht nach, warum ich niemals einen metaphysischen Zweifel gekannt habe. Dieses Bekenntnis mag etwas überraschend sein, doch halte ich es für wichtig, da sich aus ihm so viele Dinge erklären lassen.

Diesem Glauben entsprang auch meine Verwegenheit. Ich lief

unaufhörlich; meine ganze Kindheit war ein einziges Laufen. Ich lief nicht etwa, um etwas zu erlangen (das ist eine Vorstellung der Erwachsenen, nicht die eines Kindes), ich lief, um all den sichtbaren – und noch unsichtbaren – Dingen entgegenzugehen. Wie in einem Staffellauf bewegte ich mich vorwärts von Vertrauen zu Vertrauen.

Klar wie ein Bild, das vor mir an der Wand hängt, sehe ich mich an meinem vierten Geburtstag. Ich lief den Gehweg entlang auf ein Dreieck aus Licht zu, das durch den Schnittpunkt dreier Straßen gebildet wurde – der Rue Edmond Valentin, der Rue Sédillot und der Rue Dupont-des-Loges, in der wir wohnten –, auf ein Dreieck aus Sonnenlicht, das sich auf den Square Rapp wie auf eine Meeresküste hin öffnete. Auf diesen Teich von Licht wurde ich vorwärtsgestoßen, von ihm aufgesogen, und während ich noch mit Armen und Beinen ruderte, sagte ich mir: »Ich bin vier Jahre alt, und ich bin Jacques.«

Man nenne das, wenn man will, die Geburt der Persönlichkeit. Doch empfand ich dabei zumindest keinerlei Panikstimmung. Nur der Strahl allumfassender Freude hatte mich getroffen, ein Blitz aus wolkenlosem Himmel.

Gewiß hatte ich – wie alle Kinder – meine Nöte und Kümmernisse. Doch ich muß gestehen: an sie erinnere ich mich nicht mehr. Sie sind meinem Gedächtnis entschwunden, so wie man auch den physischen Schmerz vergißt: sobald er den Körper verläßt, verläßt er auch den Geist.

Gewalttat, Lächerlichkeit, Verdächtigung, Ungewißheit, all dies habe ich später kennengelernt. Aber keinen dieser Begriffe kann ich in diesen ersten Jahren meines Lebens unterbringen. Und das ist es, was ich meinte, als ich vom klaren Wasser meiner Kindheit sprach.

OFFENBARUNG DES LICHTES

Sieben Jahre lang sprang ich, rannte ich, lief ich durch die Alleen des Champ de Mars. Ich galoppierte die Trottoirs der engen Pariser Straßen entlang, vorbei an zusammengedrängten Häusern und duftenden Wohlgerüchen. Denn in Frankreich hat jedes Haus seinen charakteristischen Geruch. Die Erwachsenen bemerken ihn kaum, doch die Kinder nehmen ihn in seiner ganzen Fülle wahr, und sie erkennen die Häuser an ihrem Parfum. Da gibt es den Geruch des Milchladens, den Geruch der Konditorei, den Geruch der Zuckerbäckerei, den Geruch der Schusterwerkstatt und der Apotheke, oder den Geruch jenes Ladens, dessen Kaufmann in der französischen Sprache einen so schönen Namen trägt, »le marchand de couleurs«, der Farbenhändler. All diese Häuser erkannte ich wieder, wenn ich wie ein kleiner Hund meine Nase in die Luft streckte.

Ich war überzeugt, daß nichts mir feind war, daß die Äste, an die ich mich hängte, mich aushalten würden, daß die Pfade, und selbst die verschlungenen, mich an einen Platz führen würden, wo ich keine Angst zu haben brauchte, und daß alle Wege mich zurück zu meiner Familie bringen würden. Man könnte sagen, daß ich — außer der wichtigsten von allen: der Geschichte des Lebens — keine Geschichte hatte.

Doch da war das Licht. Das Licht übte auf mich einen geradezu faszinierenden Zauber aus. Ich sah es überall, und ich betrachtete es Stunden hindurch. Keiner der Räume unserer Dreizimmerwohnung ist mir deutlich in Erinnerung geblieben, geblieben ist der Balkon: denn hier, auf dem Balkon, gab es das Licht. Geduldig stützte ich mich auf das Geländer — ich, der ich immer so ungestüm war — und sah zu, wie das Licht vor mir im Trichter der Straße nach rechts und nach links über die Häuserwände rieselte.

Das war kein Rieseln wie von Wasser: es war leichter, war unendlich, seine Quelle war überall. Ich liebte zu sehen, daß das Licht von keiner bestimmten Stelle herkam, daß es vielmehr ein Element nach Art der Luft war. Wir fragen uns niemals, woher die Luft kommt. Sie ist da, und wir leben. So ist es auch mit der Sonne.

Für mich war die Sonne hoch oben am Mittagshimmel, dieser Fleck im Raum, uninteressant, ich suchte sie an anderen Orten: im Flimmern ihrer Strahlen, im Echo, das wir gewöhnlich nur den Tönen zugestehen, das aber dem Licht gleichermaßen eigen ist. Das Licht gebar neues Licht, rief sich von Fenster zu Fenster, von einem Stückchen Mauer zur Wolke hinauf, drang in mich ein, wurde Ich. Ich schlang Sonne in mich hinein.

Dieser Zauber ließ auch bei Anbruch der Nacht nicht nach. War ich abends vom Spaziergang zurück und das Essen beendet, war der Augenblick gekommen, ins Bett zu gehen, fand ich den Zauber im Dunkel wieder. Dunkel –– auch das war für mich Licht, nur in neuer Form und in neuem Rhythmus, ein Licht, das langsamer dahinfloß. Mit einem Wort, nichts auf der Welt, selbst das nicht, was ich hinter geschlossenen Augenlidern in meinem Innern wahrnahm, konnte diesem unendlichen Zauber entgehen.

Auch wenn ich durch den Champ de Mars lief, suchte ich das Licht. Ich wollte mit einem Satz hineinspringen, dort, wo die Allee endet, wollte es fangen wie einen Schmetterling, der über einem Wasserbecken fliegt, mich mit ihm ins Gras oder in den Sand legen. Keine Erscheinung, nicht einmal die Töne, denen ich doch so aufmerksam lauschte, schienen mir so wertvoll wie das Licht.

Mit vier oder fünf Jahren entdeckte ich dann plötzlich, daß man das Licht in der Hand halten kann. Dazu brauchte man nur Buntstifte oder Farbklötze zu nehmen und mit ihnen zu spielen. Jetzt verbrachte ich ganze Stunden damit, Farben aller Art aufzumalen, ohne rechte Form sicherlich, aber ich konnte in sie eintauchen wie in eine Quelle. Meine Augen sind noch heute ganz erfüllt von ihnen.

Man sagte mir später, meine Augen seien schon in diesem Alter schwach gewesen. Kurzsichtigkeit, soviel ich weiß. Damit könnten sich vielleicht »Positivisten« meine Besessenheit erklären. Als kleines Kind wußte ich aber nicht, daß ich nicht besonders gut sehen konnte. Ich kümmerte mich wenig darum; ich war glücklich, mit dem Licht Freundschaft zu schließen, als sei es der Inbegriff der Welt.

Farben, Formen, selbst Gegenstände — auch die schwersten —, sie alle hatten die gleiche Schwingung. Und jedesmal, wenn ich heute den Dingen, die mich umgeben, mit liebevoller Aufmerksamkeit lausche, finde ich diese Schwingung wieder. Fragte man mich nach meiner Lieblingsfarbe, gab ich stets die gleiche Antwort: »Grün«. Erst später habe ich erfahren, daß Grün die Farbe der Hoffnung ist.

Ich bin überzeugt, daß Kinder immer mehr wissen, als sie sagen können; das ist der große Unterschied zwischen ihnen und uns Erwachsenen, die wir bestenfalls ein Hundertstel dessen wissen, was wir sagen. Zweifellos kommt das ganz einfach daher, daß Kinder alles mit ihrem ganzen Sein begreifen, während wir es nur mit unserem Kopf erfassen. Wenn ein Kind von Krankheit oder Leid bedroht wird, merkt es das sofort: es hört auf zu spielen und sucht Zuflucht bei seiner Mutter. Und auch ich merkte, als ich sieben Jahre alt war, daß das Schicksal einen Schlag gegen mich bereit hielt.

Es geschah in den Osterferien 1932 in Juvardeil, einem kleinen Dorf in Anjou, wo meine Großeltern mütterlicherseits wohnten. Wir waren im Begriff, nach Paris zurückzukehren. Vor der Türe wartete bereits die Kutsche, um uns zum Bahnhof zu bringen. Damals benutzte man für die sieben Kilometer lange Strecke von Juvardeil zur Bahnstation Etriché-Châteauneuf noch einen Pferdewagen. Erst drei oder vier Jahre später bin ich dort zum ersten Mal einem Auto begegnet – dem kleinen Lastwagen des Kolonialwarenhändlers. Die Kutsche also wartete und bimmelte lustig mit ihren Schellen, ich aber war allein im Garten geblieben, lehnte an der Scheunenecke und weinte. Es waren nicht solche Tränen, von denen man mir später erzählte, es waren Tränen, die ich noch heute fühle, wenn ich an sie zurückdenke. Ich weinte, weil es das letzte Mal war, daß ich den Garten sehen konnte.

Ich hatte die schlimme Neuigkeit eben erst erfahren, ich konnte nicht sagen, wie; aber es gab keinen Zweifel daran. Die Sonne auf den Wegen, die beiden großen Buchsbaumsträucher, die Weinlaube, die Tomaten- und Gurkenreihen, die Bohnenstauden, all diese vertrauten Dinge in meinen Augen sah ich zum letzten Mal. Und ich wußte es. Es war viel mehr als nur ein kindlicher Schmerz, und als meine Mutter, die mich gesucht hatte, mich schließlich fand und mich nach meinem Kummer fragte, konnte ich nur sagen: »Ich werde nie mehr den Garten sehen«. Drei Wochen später sollte es Wahrheit werden.

Am dritten Mai ging ich morgens wie gewöhnlich in die Schule, die Grundschule jenes Teils von Paris, in dem meine Eltern wohnten, in der Rue Cler. Gegen zehn Uhr sprang ich wie alle Kameraden auf, um zur Klassentüre und in den Schulhof hinauszustürmen. Im Gedränge um die Türe holte mich ein Junge, der vom anderen Ende des Klassenzimmers kam und wohl älter oder auch eiliger war als ich, ein und rempelte mich versehentlich von hinten an. Ich hatte ihn nicht kommen sehen, und in meiner Überraschung verlor ich das Gleichgewicht. Ich fand keinen Halt mehr, glitt aus – und fiel gegen eine der scharfen Kanten des Lehrerpults.

Wegen der Kurzsichtigkeit, die man bei mir festgestellt hatte, trug ich zu jener Zeit eine Brille aus unzerbrechlichen Gläsern. Eben diese Vorsichtsmaßnahme wurde mir zum Verhängnis. Die Gläser zerbrachen tatsächlich nicht, aber der Stoß war so heftig, daß ein Brillenarm tief in das rechte Auge eindrang und es herausriß.

Natürlich verlor ich das Bewußtsein, doch nur für kurze Zeit. Denn schon auf dem Schulhof, wohin man mich gebracht hatte, kam ich wieder zu mir, und der erste Gedanke, der mir in den Sinn kam — daran erinnere ich mich deutlich —, war: »Meine Augen! Wo sind meine Augen?« Wohl hörte ich um mich herum erschrockene, aufgeregte Stimmen, die von meinen Augen sprachen. Doch auch ohne diese Stimmen, ja selbst ohne diesen entsetzlichen Schmerz hätte ich gewußt, wo ich getroffen war.

Man legte mir einen Verband an und brachte mich — ich fieberte am ganzen Körper — nach Hause. Mehr als vierundzwanzig Stunden lang war hier alles für mich dunkel. Ich erfuhr später, daß der ausgezeichnete Augenarzt, den meine Eltern sofort an mein Lager holten, erklärte, das rechte Auge sei verloren und müsse entfernt werden. Man solle den Eingriff so schnell wie möglich vornehmen. Was das linke Auge angehe, so sei ohne Zweifel auch dieses verloren, weil die Heftigkeit des Stoßes hier eine Sympathische Ophthalmie hervorgerufen habe. Auf alle Fälle sei die Retina des linken Auges an mehreren Stellen zerrissen.

Am nächsten Morgen operierte man mich mit Erfolg. Ich war endgültig blind geworden.

Jeden Tag danke ich dem Himmel dafür, daß er mich schon als Kind, im Alter von noch nicht ganz acht Jahren, blind werden ließ. Das mag herausfordernd klingen, und so will ich mich näher erklären.

Ich danke dem Schicksal zunächst aus äußeren, materiellen Gründen. Ein kleiner Mann von acht Jahren hat noch keine Gewohnheiten, weder geistige noch körperliche. Sein Körper ist noch unbegrenzt biegsam, bereit, eben jene — und keine andere — Bewegung zu machen als die, welche ihm die Situation nahelegt, er ist bereit, das Leben anzunehmen, so wie es ist, zu ihm Ja zu sagen. Und aus diesem »Ja« können ganz große physische Wunder erwachsen.

Mit großem Bedauern denke ich hier an all die Menschen, die als Erwachsene — infolge von Unfällen oder durch den Krieg — mit Blindheit geschlagen wurden. Diese Menschen haben oft ein sehr hartes und in jedem Fall schwierigeres Los, als es das meine war.

Um dem Schicksal zu danken, habe ich jedoch auch andere, immaterielle Gründe. Die großen Leute vergessen stets, daß Kinder sich niemals gegen die Gegebenheiten auflehnen, es sei denn, die Erwachsenen selbst waren so töricht, es ihnen beizubringen. Für einen Achtjährigen »ist« das, was ist, und es ist immer das Beste. Er kennt keine Bitterkeit und keinen Groll. Er kann zwar das Gefühl haben, ungerecht behandelt worden zu sein, doch er hat es nur dann, wenn ihm die Ungerechtigkeit von seiten der Menschen zuteil wird. Die Ereignisse sind für ihn Zeichen Gottes.

Ich weiß von diesen einfachen Dingen und weiß, daß ich seit dem Tag, an dem ich blind wurde, niemals unglücklich gewesen bin. Auch den Mut, von dem die Erwachsenen so viel Aufhebens machen, sieht das Kind anders als wir. Für ein Kind ist Mut die natürlichste Sache der Welt, eine Sache, die man zeigen muß, und das zu jeder Minute des Lebens. Ein Kind denkt nicht an die Zukunft, und so wird es vor tausend Torheiten und vor fast aller Unruhe bewahrt. Es vertraut sich dem Strom der Dinge an, und dieser Strom trägt ihm in jedem Augenblick Glück zu.

3

LICHT IM DUNKEL

Ich werde fortan in meinem Bericht auf — manchmal sogar recht
lästige — Schwierigkeiten stoßen, Schwierigkeiten der Sprache
— denn das wenig Bekannte und fast immer Überraschende, das
ich über die Blindheit zu sagen habe, wird leicht entweder banal
oder überspannt wirken — und auf Schwierigkeiten der Erinnerung: wenn ich mit acht Jahren blind war, so bin ich es heute,
mit fünfunddreißig Jahren, noch immer, und die Erfahrungen,
die ich damals gemacht habe, mache ich noch heute Tag für Tag.
Sicherlich werde ich, ohne es zu wollen, Daten und selbst ganze
Zeitabschnitte durcheinanderbringen. Doch scheinen mir diese
Schwierigkeiten mehr literarischer als realer Natur. Fakten bleiben Fakten, und ich muß mich eben auf deren Beredsamkeit verlassen.

Ich erholte mich so schnell, daß nur mein junges Alter als Erklärung dafür dienen kann. Am dritten Mai war ich erblindet,
Ende des Monats konnte ich schon wieder gehen, konnte ohne
weiteres — natürlich nur an der Hand meines Vaters oder meiner
Mutter — wieder spazierengehen. Im Juni begann ich mit dem
Lesenlernen der Braille-Schrift. Im Juli weilte ich an einem Strand
des Atlantiks. Ich turnte an Trapez und Ringen und rutschte
Rutschbahnen hinunter. Ich schloß mich den anderen Kindern
an, lief und lärmte mit ihnen und baute mir Sandburgen. Doch
von all dem werde ich später noch sprechen; für den Augenblick
gibt es Wichtigeres.

Meine Blindheit war für mich eine große Überraschung, glich
sie doch in keiner Weise meinen Vorstellungen von ihr; auch
nicht den Vorstellungen, welche die Menschen um mich herum
von ihr zu haben schienen. Sie sagten mir, Blindsein bedeute

Nichtsehen. Aber wie konnte ich ihnen Glauben schenken, da ich doch sah? Nicht sofort, das gebe ich zu. Nicht in jenen Tagen, die unmittelbar auf die Operation folgten. Denn damals wollte ich noch meine Augen gebrauchen, mich von ihnen leiten lassen. Ich blickte in die Richtung, in die ich vor dem Unfall zu blicken pflegte, von dort aber kam nur Schmerz, Empfinden des Mangels, etwas wie Leere. Von dort kam das, was die Erwachsenen, glaube ich, die Verzweiflung nennen.

Eines Tages jedoch (und dieser Tag kam ziemlich rasch) merkte ich, daß ich ganz einfach falsch sah, daß ich einen Fehler machte, wie einer, der die Brille wechselt, weil sich sein Auge den Gläsern nicht anpassen wollte. Ich blickte zu sehr in die Ferne und vor allem zu sehr auf die Oberfläche der Dinge.

Das war weit mehr als nur eine gewöhnliche Entdeckung: es war eine Offenbarung. Ich sehe mich noch auf dem Champ de Mars, wo mich mein Vater einige Tage nach meinem Unfall spazierenführte. Ich kannte den Park gut. Ich kannte seine Teiche, seine Geländer, seine Eisenstühle. Ich kannte sogar einige der Bäume gleichsam persönlich. Natürlich wollte ich sie wiedersehen; aber ich konnte sie nicht mehr sehen. Ich stürzte mich in die Substanz, die der Raum war, aber ich konnte diese Substanz nicht wiedererkennen, weil sie nichts Vertrautes mehr enthielt.

Ein Instinkt — ich möchte fast sagen: eine Hand, die sich auf mich legte — hat mich damals die Richtung wechseln lassen. Ich begann, mehr aus der Nähe zu schauen: aber nicht an die Dinge ging ich näher heran, sondern an mich selbst. Anstatt mich hartnäckig an die Bewegung des Auges, das nach außen blickte, zu klammern, schaute ich nunmehr von innen auf mein Inneres.

Unversehens verdichtete sich die Substanz des Universums wieder, nahm aufs neue Gestalt an und belebte sich wieder. Ich sah, wie von einer Stelle, die ich nicht kannte und die ebensogut außerhalb meiner wie in mir liegen mochte, eine Ausstrahlung ausging, oder genauer: ein Licht — das Licht. Das Licht war da, das stand fest.

Ich fühlte eine unsagbare Erleichterung, eine solche Freude, daß ich darüber lachen mußte. Zuversicht und Dankbarkeit erfüllten mich, als ob ein Gebet erhört worden wäre. Ich entdeckte das Licht und die Freude im selben Augenblick, und ohne Bedenken kann ich sagen, daß sich Licht und Freude in meinem Erleben seither niemals mehr voneinander getrennt haben: zusammen besaß oder verlor ich sie.

Ich sah das Licht. Ich sah es noch, obwohl ich blind war. Und ich sagte das. Doch viele Jahre hindurch konnte ich nicht laut darüber sprechen. Ich erinnere mich, daß ich dieser Erfahrung, die sich ständig in mir erneuerte, bis zu meinem vierzehnten Lebensjahr einen besonderen Namen gab: ich nannte sie »mein Geheimnis«, und ich sprach darüber nur zu meinen engsten Freunden. Ich weiß nicht, ob sie mir glaubten, aber da sie meine Freunde waren, hörten sie mir zu. Und das, was ich ihnen erzählte, besaß für sie einen weit größeren Wert als nur den der Wahrheit: sie fanden es schön. Für sie war es ein Traum, ein Zauber, etwas wie Magie.

Das erstaunliche war, daß es für mich keineswegs Magie war, sondern eine Tatsache, die ich ebensowenig hätte ableugnen können, wie jene, die Augen haben, leugnen können, daß sie sehen. Nicht ich war das Licht, dessen war ich mir wohl bewußt. Ich badete im Licht, einem Element, dem mich die Blindheit plötzlich näher gebracht hatte. Ich konnte fühlen, wie es heraufkam, sich ausbreitete, auf den Dingen ruhte, ihnen Form verlieh und zurückwich: ja, zurückwich oder auch nachließ. Niemals jedoch gab es für mich ein Gegenteil des Lichts. Die Sehenden sprechen immer von der Nacht der Blindheit, und das ist von ihrem Standpunkt aus ganz natürlich. Aber diese Nacht existiert nicht. Zu keiner Stunde meines Lebens — weder im Bewußtsein noch selbst in meinen Träumen — riß die Kontinuität des Lichts ab.

Ohne Augen war das Licht weit beständiger, als es mit ihnen gewesen war. Jene Unterschiede zwischen hellen, weniger hellen oder unbeleuchteten Gegenständen, an die ich mich damals noch genau erinnern konnte, gab es nicht mehr. Ich sah eine Welt, die ganz in Licht getaucht war, die durch das Licht und vom Licht her lebte.

Auch die Farben — alle Farben des Prismas — bestanden weiterhin. Für mich — das Kind, das so gern zeichnete und malte — war das ein solch unerwartetes Fest, daß ich Stunden im Spiel mit den Farben zubrachte, und das konnte ich um so besser, als diese jetzt fügsamer waren.

Das Licht breitete seine Farben auf Dinge und Wesen. Mein Vater, meine Mutter, die Leute, denen ich auf der Straße begegnete oder die ich anstieß, sie alle waren in einer Weise farbig gegenwärtig, wie ich es niemals vor meiner Erblindung gesehen hatte. Und diese Farben prägten sich mir jetzt als ein Teil von ihnen genau so tief ein, wie es ihr Gesicht vermocht hätte. Freilich waren die Farben nur ein Spiel, während das Licht für mich der Grund des Lebens war. Ich ließ es in mir emporsteigen wie Wasser in einem Brunnen, und ich freute mich ohne Ende.

Ich verstand nicht, was mit mir geschah, so grundlegend widersprach es all dem, was ich sagen hörte. Ich verstand es nicht, aber das war mir auch nicht wichtig, denn ich lebte es ja. Lange Jahre versuchte ich gar nicht, diese Vorgänge in mir zu erforschen. Erst viel später habe ich mich darum bemüht; aber es ist noch nicht an der Zeit, darüber zu sprechen.

Ein solch beständiges und intensives Licht überstieg meine Begriffe in einem Maße, daß ich manchmal an ihm zweifelte. Wie, wenn es nun gar nicht Wirklichkeit war? Wenn ich es mir nur eingebildet hatte? Dann genügte es vielleicht, sich das Gegenteil oder einfach etwas anderes vorzustellen, um es mit einem Schlag zu vertreiben. So kam ich auf die Idee, es auf die Probe zu stellen, ja, ihm Widerstand zu leisten.

War ich abends im Bett und ganz allein, schloß ich die Augen. Ich ließ die Augenlider sinken, wie ich es einst, als sie noch meine leiblichen Augen bedeckten, getan hatte. Ich redete mir ein, daß ich hinter diesem Schleier das Licht nicht mehr sehen werde. Aber es war noch immer da, es war ruhiger denn je, wie das Wasser eines Sees am Abend, wenn der Wind sich gelegt hat. Da raffte ich all meine Energie, all meinen Willen zusammen und versuchte, den Strom des Lichts aufzuhalten, so wie man versucht, den Atem anzuhalten.

Sogleich entstand eine Trübung, oder besser: ein Strudel. Aber auch dieser Strudel war in Licht getaucht. So sehr ich mich mühte, ich konnte diese Anstrengung nicht sehr lange aushalten, vielleicht zwei oder drei Sekunden. Gleichzeitig empfand ich eine Angst, als ob ich eben etwas Verbotenes täte, etwas, das gegen das Leben gerichtet war. Es war, als ob ich zum Leben das Licht ebenso brauchte wie die Luft. Es gab keine Flucht mehr: ich war der Gefangene dieser Strahlen, ich war zum Sehen verdammt.

Beim Schreiben dieser Zeilen mache ich denselben Versuch noch einmal — mit demselben Ergebnis, nur daß mit den Jahren die ursprüngliche Quelle des Lichts noch stärker geworden ist.

Mit acht Jahren ging ich aus diesem Versuch mit neuem Mut hervor; ich hatte das Gefühl, neu geboren worden zu sein. Da nicht ich es war, der das Licht hervorbrachte, da es mir von außen zuströmte, konnte es mich also niemals mehr verlassen. Ich hatte das Licht in mir, obwohl ich dafür nur ein Durchgangsort, ein Vorhof war; ich hatte das sehende Auge in mir.

Dennoch gab es Zeiten, in denen das Licht nachließ, ja fast verschwand. Das war immer dann der Fall, wenn ich Angst hatte.

Wenn ich, anstatt mich von Vertrauen tragen zu lassen und mich durch die Dinge hindurch zu stürzen, zögerte, prüfte, wenn ich an die Wand dachte, an die halb geöffnete Türe, den Schlüssel im Schloß, wenn ich mir sagte, daß alle Dinge feindlich waren und mich stoßen oder kratzen wollten, dann stieß oder verletzte ich mich bestimmt. Die einzige Art, mich im Haus, im Garten oder am Strand leicht fortzubewegen, war, gar nicht oder möglichst wenig daran zu denken. Dann wurde ich geführt, dann ging ich meinen Weg, vorbei an allen Hindernissen, so sicher, wie man es den Fledermäusen nachsagt. Was der Verlust meiner Augen nicht hatte bewirken können, bewirkte die Angst: sie machte mich blind.

Dieselbe Wirkung hatten Zorn und Ungeduld, sie brachten alles in Verwirrung. Eine Minute zuvor kannte ich noch genau den Platz, den alle Gegenstände im Zimmer einnahmen, doch wenn mich der Zorn überkam, zürnten die Dinge mehr noch als ich; sie verkrochen sich in ganz unerwartete Winkel, verwirrten sich, kippten um, lallten wie Verrückte und blickten wild um sich. Ich aber wußte nicht mehr, worauf meine Hand legen, meinen Fuß setzen, überall tat ich mir weh. Dieser Mechanismus funktionierte so gut, daß ich vorsichtig wurde.

Wenn mich beim Spiel mit meinen kleinen Kameraden plötzlich die Lust ankam zu gewinnen, um jeden Preis als erster ans Ziel zu gelangen, dann sah ich mit einem Schlag nichts mehr. Ich wurde buchstäblich von Nebel, von Rauch umhüllt.

Die schlimmsten Folgen aber hatte die Boshaftigkeit. Ich konnte es mir nicht mehr leisten, mißgünstig und gereizt zu sein, denn sofort legte sich eine Binde über meine Augen, ich war gefesselt, geknebelt, außer Gefecht gesetzt; augenblicklich tat sich um mich ein schwarzes Loch auf, und ich war hilflos. Wenn ich dagegen glücklich und friedlich war, wenn ich den Menschen Vertrauen entgegenbrachte und von ihnen Gutes dachte, dann wurde ich mit Licht belohnt. Ist es verwunderlich, daß ich schon früh die Freundschaft und Harmonie liebte? Was brauchte ich einen Moralkodex, wo ich doch in mir ein solches Instrument besaß, das »Rotlicht« und »Grünlicht« gab: ich wußte immer, wo man gehen durfte und wo nicht. Ich hatte nur auf das große Lichtsignal zu sehen, das mich lehrte zu leben.

Es war dasselbe mit der Liebe. Hören Sie nur! In dem Sommer nach meinem Unfall brachten mich meine Eltern an die Küste. Dort lernte ich ein kleines Mädchen meines Alters kennen. Ich glaube, sie hieß Nicole. Sie trat in mein Leben ein wie ein großer, roter Stern oder eine reife Kirsche. Gewißheit hatte ich lediglich darüber, daß sie rot war und glänzte. Ich fand sie so reizvoll, und dieser Reiz war so lieblich, daß ich abends nicht nach Hause zurückkehren und fern von ihr schlafen konnte, denn mit ihr verließ mich sogleich auch ein wenig Licht. Um es vollkommen wiederzufinden, mußte ich sie wiederfinden; es war, als bringe sie nur Licht in ihren Händen, ihren Haaren, ihren Füßen, die nackt durch den Sand liefen, und in ihrer Stimme.

Natürlich hatten all die roten Leute auch ihre roten Schatten. Wenn sich Nicole zwischen zwei Pfützen salzigen Wassers unter den liebkosenden Strahlen der Sonne zu mir setzte, sah ich rötliche Reflexe auf den Zeltwänden; selbst das Meer, das Blau des Wassers, nahm einen purpurnen Schimmer an. Ich folgte ihr in dem roten Kielwasser, das sie hinter sich herzog, wo sie auch ging.

Wenn jetzt jemand sagen wollte, diese Farbe sei ja die Farbe der Leidenschaft, dann könnte ich nur erwidern, daß ich das schon im Alter von acht Jahren erfahren habe.

Wie hatte ich leben können all die Zeit, ohne zu wissen, daß alles auf der Welt eine Stimme hat und sprechen kann? Nicht nur die Dinge, denen man eine Sprache zugesteht, nein, auch die anderen: die Torwege, die Mauern der Häuser, die Balken, die Schatten der Bäume, der Sand und das Schweigen.

Schon vor meinem Unfall liebte ich die Töne, und doch: aufmerksam kann ich ihnen nicht gelauscht haben. Seitdem ich blind war, konnte ich keine Bewegung mehr machen, ohne nicht eine Flut von Geräuschen auszulösen. Betrat ich abends mein Zimmer — dasselbe Zimmer, in dem ich früher niemals etwas hörte —, machte die kleine Stuckfigur auf dem Kamin den Bruchteil einer Drehung. Ich hörte ihre Reibung in der Luft, leicht wie die Bewegung einer Hand. Wenn ich einen Schritt machte, weinte oder sang der Fußboden — zweierlei Stimmen konnte ich vernehmen —, und dieses Lied pflanzte sich fort von einem Brett zum nächsten bis hin zum Fenster und erzählte mir von der Tiefe des Zimmers.

Wenn ich unvermittelt sprach, dann zitterten die Scheiben, die doch so fest in ihrem Kittgefüge verankert schienen, gewiß sehr leicht nur, aber doch vernehmlich: ein Geräusch, das heller und munterer war als die anderen und bereits die frische Luft von draußen ankündigte. Jedes Möbelstück knarrte — einmal, zweimal, zehnmal. Das brachte eine Kette von Tönen hervor, die sich minutenlang wie Gebärden ausnahmen: Bett, Schrank, Stühle streckten sich, gähnten und holten Atem.

Wurde die Türe vom Wind zugestoßen, knarrte sie nach »Wind«; wenn eine Hand sie zuschlug, knarrte sie menschlich. Ich täuschte mich nie. Ich konnte die kleinste Vertiefung in den Wänden von ferne vernehmen, denn sie veränderte den ganzen Raum. Eine Ecke oder Nische ließ den gegenüberliegenden Schrank hohler klingen.

Es war, als seien die Geräusche aus früherer Zeit immer nur halb-wirklich, fern von mir, nur durch einen Nebel hindurch zu hören gewesen. Vielleicht schufen damals meine Augen diesen Nebel. Wie dem auch sei: der Unfall hatte meinen Kopf gegen das tobende Herz der Dinge geworfen, und dieses Herz schlug und stand nicht mehr still.

Man denkt immer, daß die Geräusche abrupt beginnen und enden. Ich entdeckte, welch ein großer Irrtum das war. Meine Ohren hatten die Töne noch nicht vernommen, da waren sie schon da, berührten mich mit ihren Fingerspitzen und führten mich zu ihnen hin. Oft konnte ich die Leute reden hören, bevor ein Wort über ihre Lippen gekommen war.

Die Töne waren dem Licht eng verwandt: sie lagen weder innerhalb noch außerhalb von mir, sie gingen durch mich hindurch. Sie wiesen mir meine Position im Raum zu und verbanden mich mit den Dingen. Nicht Signale übermittelten sie: sie gaben Antwort.

Ich erinnere mich, wie ich das erste Mal an den Strand kam, zwei Monate nach meinem Unfall. Es war am Abend. Da war nichts als das Meer und seine Stimme, diese unvorstellbar deutliche Stimme. Es war zu einer Masse geballt, die so schwer und klar war, daß ich mich gegen sie hätte stützen können wie gegen eine Wand. Es sprach zu mir in mehreren Lagen gleichzeitig. Die terrassenartig geformten Wellen machten zusammen eine Musik, und doch hatte jede Stufe ihre eigene Sprache: da war ein Kratzen auf dem Grund, ein Sprudeln in der Krone. Man brauchte mir wahrhaftig nicht zu sagen, was Augen hier sehen konnten.

Auf der einen Seite war die Wand des Meeres, das Gekräusel des Sandes unter dem Wind, auf der anderen die Brüstung des Strandes, bedeckt mit Echos, ein Spiegel der Töne; und zweifach ertönte der Gesang der Wellen.

Man sagt meist, die Blindheit schärfe die Fähigkeiten des Gehörs. Ich glaube nicht, daß das wahr ist. Nicht meine Ohren hörten besser als früher, sondern ich konnte mich ihrer besser bedienen. Gewöhnlich ist es das Wunderinstrument der Augen, das uns mit fast allen Schätzen des physischen Lebens beschenkt. Aber wir erhalten nichts in dieser Welt, ohne es zu bezahlen. Und für all diese Vorteile, die uns die Augen geben, müssen wir auf andere, von denen wir gar nichts ahnen, verzichten. Dies waren die Gaben, die mir so überreich zuflossen.

Ich war darauf angewiesen, zu hören und nochmals zu hören. Ich mehrte die Geräusche nach Herzenslust. Ich ließ Glöckchen klingen, stieß mit dem Finger gegen alle Wände, erforschte die Resonanz von Türen, Möbeln und Baumstämmen, ich sang in leeren Räumen, warf am Strand die Kieselsteine weit fort, um ihr Pfeifen in der Luft und ihren Aufprall zu vernehmen. Ich ließ meine kleinen Kameraden alle möglichen Wörter nachsprechen, während ich mir Zeit — viel Zeit — nahm, um sie herumzugehen.

Das überraschendste von allem war jedoch, daß die Töne niemals von einem einzelnen Punkt im Raum ausgingen, noch sich jemals in sich zurückzogen. Da gab es ein Geräusch, ein Echo, wieder ein anderes Geräusch, mit dem das erste verschmolz und das es vielleicht hervorgebracht hatte: eine endlose Verkettung von Tönen.

Von Zeit zu Zeit wurde dieses Tönen, dieses allgemeine Murmeln um mich herum so stark, daß mich Schwindel erfaßte und ich die Hände auf meine Ohren legte, genau so, wie wenn ich als Sehender die Augen geschlossen hätte, um mich gegen ein Übermaß an Licht zu schützen. Deshalb konnte ich auch keinen Lärm ertragen, keine unnötigen Geräusche oder ununterbrochen spielende Musik. Ein Geräusch, dem wir nicht zuhören, ist ein Schlag gegen unseren Körper und unseren Geist, denn ein Geräusch ist kein Vorgang, der sich außerhalb von uns abspielt, sondern eine Realität, die durch uns hindurch geht und dort verweilt, sofern wir sie nicht voll wahrnehmen.

Vor diesem Übel war ich durch musikalische Eltern bewahrt; sie unterhielten sich bei Tisch, anstatt das Radio anzuschalten. Doch das ist für mich nur ein Grund mehr zu sagen, wie wichtig es heute ist, die blinden Kinder vor Geschrei, Musik aus dem Hintergrund und all jenen häßlichen Angriffen zu schützen. Denn auf einen Blinden hat ein lautes und unnötiges Geräusch dieselbe Wirkung wie der blendende Strahl eines Scheinwerfers auf den, der sehen kann: es schmerzt. Tönt dagegen die Welt klar und rein, dann ist sie noch viel harmonischer, als Dichter es je sagen konnten und können.

Jeden Sonntagmorgen spielte im Hof unseres Mietshauses ein alter Bettler drei Melodien auf seinem Akkordeon. Diese ärmliche, herbe Musik, die in regelmäßigen Abständen durch das metallische Schleifen der Straßenbahnen von der nahen Avenue übertönt wurde, gab dem Raum in der Stille des trägen Morgens tausend Dimensionen; da war nicht mehr nur der senkrechte Fall in den Hof hinunter und der waagrechte Zug der Straßen, da gab es so viele Wege – von Haus zu Haus, von Höfen zu Dächern –, wie meine Aufmerksamkeit nur erfassen konnte. Mit den Tönen kam ich zu keinem Ende; denn auch dies war eine Art von Unendlichkeit.

Meine Hände gehorchten mir zunächst nicht mehr. Wenn sie ein Glas auf dem Tisch zu fassen suchten, verfehlten sie es. Sie tappten um die Türklinken herum und verwechselten die schwarzen und weißen Tasten des Klaviers. Sie schlugen in die Luft, wenn sie sich den Gegenständen näherten. Fast schien es, als seien sie entwurzelt, von mir abgeschnitten, und eine Zeitlang ängstigte mich das.

Glücklicherweise merkte ich sehr rasch, daß sie nicht nutzlos geworden waren; sie begannen, geschickt zu werden. Man mußte ihnen nur Zeit lassen, sich an die Freiheit zu gewöhnen. Ich hatte geglaubt, sie gehorchten mir nicht mehr; in Wirklichkeit war es nur so, daß sie keine Anordnungen mehr erhielten. Meine Augen konnten sie nicht mehr befehligen.

Es war vor allem eine Sache des Rhythmus. Unsere Augen gehen immer über die Oberfläche der Dinge. Sie bedürfen nur einiger verstreuter Punkte, und blitzartig füllen sie die Zwischenräume. Sie erahnen viel mehr, als sie sehen, und niemals, oder fast niemals, prüfen sie die Dinge. Sie geben sich mit den Erscheinungen zufrieden, und in diesen gleitet die Welt schimmernd dahin und verbirgt ihren wesentlichen Inhalt.

Ich hatte in Wirklichkeit nichts weiter zu tun, als meine Hände sich selbst zu überlassen. Ich brauchte ihnen nichts beizubringen, ja, seitdem sie in eigener Verantwortung arbeiteten, schienen sie alles im voraus zu wissen. Im Gegensatz zu den Augen hatten sie eine ernste Art an sich. Von welcher Seite sie auch an einen Gegenstand herangingen, sie prüften ihn genau. Sie erprobten seine Widerstandsfähigkeit, lehnten sich gegen seine Masse und hielten auch die unwesentlichsten Eigenschaften seiner Oberfläche fest. Sie maßen ihn nach Höhe und Dicke, indem sie so viele Dimensionen anlegten wie nur möglich. Vor allem aber gebrauchten sie ihre Finger auf eine ganz neue Weise, jetzt, nachdem sie ihrer gewahr geworden waren.

Als ich noch meine Augen hatte, waren meine Finger steif und am Ende der Hände halb abgestorben, gerade recht, die Bewegung des Greifens auszuführen. Jetzt hatte jeder von ihnen seine Initiative. Sie wanderten einzeln über die Dinge, spielten gegeneinander und machten sich, unabhängig voneinander, schwer oder leicht.

Die Bewegung der Finger war sehr wichtig, sie durfte nicht unterbrochen werden. Denn es ist eine Illusion zu glauben, daß die Gegenstände starr an einen Punkt gebunden, auf immer an ihn gefesselt und in eine einzige Form gepreßt sind: die Objekte leben, selbst die Steine. Mehr noch: sie vibrieren, sie erzittern. Meine Finger fühlten deutlich dieses Pulsieren, und wenn sie darauf nicht mit eigenem Pulsschlag anworteten, waren sie sogleich hilflos und verloren ihr Gefühl. Wenn sie jedoch den Dingen entgegengingen, mit ihnen pochten, dann erkannten sie sie.

Doch es gab noch etwas Wichtigeres als die Bewegung: den Druck. Legte ich die Hand leicht auf den Tisch, so wußte ich, daß da der Tisch war, sonst aber erfuhr ich nichts über ihn. Um etwas zu erfahren, mußten meine Finger einen Druck ausüben, und das überraschende dabei war, daß mir dieser Druck sogleich vom Tisch erwidert wurde. Ich — der ich als Blinder allen Dingen entgegengehen zu müssen glaubte — entdeckte, daß die Dinge es waren, die mir entgegengingen. Ich brauche immer nur den halben Weg zurückzulegen. Das Universum war der Komplize all meiner Wünsche.

Wenn jeder meiner Finger verschieden stark gegen die Rundung eines Apfels drückte, wußte ich bald nicht mehr, ob der Apfel schwer war oder meine Finger. Ich wußte nicht einmal mehr, ob ich ihn berührte oder er mich. Ich war ein Teil des Apfels geworden und der Apfel ein Teil von mir. Das war es, wie die Dinge — für mich — existierten.

Meine zum Leben erwachten Hände führten mich in eine Welt hinein, in der alles ein Austausch von Druck war. Dieser Druck verdichtete sich zu Formen, und alle diese Formen hatten einen Sinn. Ich muß in meiner Kindheit Hunderte von Stunden damit verbracht haben, mich gegen die Gegenstände zu lehnen und sie sich gegen mich lehnen zu lassen. Alle Blinden werden bestätigen, daß diese Gebärde, dieses Wechselspiel, eine zu tiefe Befriedigung gewährt, als daß man sie beschreiben könnte.

Auf diese Art — die richtige Art — die Tomaten im Garten zu befühlen, die Hausmauer, den Vorhangstoff oder einen Erdklumpen, heißt, sie zu sehen, sie fast ebenso genau und vollständig zu sehen, wie es Augen vermögen; mehr noch: es heißt, sich auf sie einzustellen, gleichsam den elektrischen Strom, den sie enthalten, an jenen Strom, mit dem wir geladen sind, anzuschließen, anders ausgedrückt, nicht mehr vor den Dingen zu leben, sondern zu beginnen, mit ihnen zu leben; es heißt — so schockierend das Wort auch scheinen mag —: zu lieben. Die Hände müssen das, was sie richtig berührt haben, lieben.

Meine Hände entdeckten allmählich durch unaufhörliches Bewegen, Prüfen und Sich-Lösen vom Gegenstand — von allen Bewegungen kommt diesem möglicherweise die größte Bedeutung zu —, daß die Dinge niemals starr in ihrer Form verharren. Auf diese Form trafen die Finger zwar zunächst, doch sie war nur der Kern, um den herum die Gegenstände nach allen Richtungen ihre Strahlen aussandten.

Es war unmöglich, den Birnbaum im Garten durch Berührung vollkommen zu erfassen, indem man — eines nach dem anderen — mit den Fingern seinem Stamm, seinen Ästen und Blättern entlangglitt. Das war nur ein Anfang, denn in der Luft, zwischen den Blättern, ging der Birnbaum weiter. Man mußte unbedingt die Hände von einem Ast zum anderen gleiten lassen, um seine Ströme zu erkunden; so konnte man mich oft sehen, wie ich den Birnbaum aus einiger Entfernung untersuchte, anstatt ihn mit den Fingern zu befühlen. Wenn mich meine Kameraden vom

Lande während der Ferien in Juvardeil meine magischen Tänze um die Bäume herum machen und das Unsichtbare betasten sahen, sagten sie, ich sei wie ein *rebouteux*, ein Quacksalber — ein Name, den man in ländlichen Gegenden Frankreichs jenen Leuten gibt, die im Besitz irgendeines alten Geheimrezepts sind und die Kranken durch magnetisches — auch auf Abstand wirksames — Streichen behandeln, nach Methoden also, die von der Medizin nicht anerkannt werden. Natürlich waren meine kleinen Freunde im Irrtum, doch er war entschuldbar. Ich kenne heute mehr als einen Psychologen vom Fach, der — mit all seinen wissenschaftlichen Kenntnissen — über solche anscheinend sinnlose Gebärden keine Rechenschaft abzulegen vermag.

Wie mit dem Tastsinn verhielt es sich auch mit dem Geruch: wie der Tastsinn war auch er offensichtlich ein Teil des liebenden Alls des Universums. Ich begann zu erraten, was Tiere empfinden müssen, wenn sie in die Luft schnuppern. Wie die Töne und Formen war auch der Geruch sehr viel ausgeprägter, als ich zuvor angenommen hatte. Es gab physische Gerüche, und es gab moralische Gerüche: doch von diesen — im Leben der Gesellschaft so wichtigen — will ich später reden.

Ich war noch nicht zehn Jahre alt, da wußte ich schon — und mit welch vertrauensvoller Gewißheit —, daß alles in der Welt ein Zeichen von allem ist, daß jedes Ding allzeit bereitsteht, den Platz eines anderen einzunehmen, falls dieses ausfällt. Vollkommener Ausdruck für dieses ständige Wunder der Genesung war für mich das »Vater Unser«, das ich jeden Abend vor dem Einschlafen aufsagte.

Ich hatte keine Angst. Andere würden sagen: ich hatte den Glauben. Wie hätte ich ihn nicht haben sollen — vor diesem sich ständig erneuernden Wunder: alle Töne, alle Gerüche, alle Formen wandelten sich in mir unaufhörlich in Licht, das Licht wurde zu Farben und machte meine Blindheit zu einem Kaleidoskop.

Ich war zweifelsohne in eine neue Welt eingetreten. Aber ich war nicht ihr Gefangener. All meine Erfahrungen — mögen sie noch so wunderbar und von den gewöhnlichen Erlebnissen anderer Kinder meines Alters verschieden gewesen sein — machte ich nicht in einer inneren Leere, einem verschlossenen Zimmer, das mir und niemandem anderen gehörte. Ich machte sie zwischen Sommer und Herbst 1932 in Paris, in der kleinen Wohnung beim Champ de Mars, und an einem Strand des Atlantik, in Gegenwart meines Vaters, meiner Mutter und eines kleinen Bruders, der gegen Ende des Jahres auf die Welt kam.

Ich will damit sagen, daß alle diese Entdeckungen von Tönen, Licht, Gerüchen, sichtbaren und unsichtbaren Formen unmittelbar ihren festen Platz hatten zwischen dem Tisch des Eßzimmers und dem Fenster zum Hof, zwischen den Nippsachen auf dem Kamin und dem Ausguß in der Küche, mitten im Leben der anderen, ohne von ihm im mindesten beeinträchtigt zu werden. Diese Wahrnehmungen waren keine Phantome, die Unordnung oder Schrecken in mein Leben bringen wollten. Sie waren Tatsachen — und für mich die allereinfachsten.

Doch es ist Zeit, darauf hinzuweisen, daß auf ein blindes Kind außer vielen Wundern auch große Gefahren warten. Ich spreche nicht von physischen Gefahren — sie können sehr gut umgangen werden —, auch nicht von einer Gefahr, welche die Blindheit selbst hervorrufen könnte. Ich meine die Gefahren, die ihm durch die Unerfahrenheit der Menschen drohen, die noch ihre Augen haben. Wenn ich selbst so glücklich gewesen bin — und dies mit soviel Nachdruck sagen kann —, so deshalb, weil ich vor jenen Gefahren beschützt worden bin.

Wie man weiß, hatte ich gute Eltern; nicht nur Eltern, die mir wohlwollten, sondern Eltern, deren Herz und Verstand allen geistigen Dingen offenstanden, für die die Welt nicht ausschließlich aus nützlichen — und immer auf die gleiche Art nützlichen — Dingen bestand, für die es vor allem nicht gleich ein Fluch war, anders zu sein als andere Menschen; Eltern schließlich, die bereit waren einzugestehen, daß ihre — die übliche — Art, die Dinge zu sehen, vielleicht nicht die einzig mögliche war, bereit, die meine zu lieben und zu fördern.

Deshalb möchte ich den Eltern, deren Kinder blind werden, sagen, daß sie wieder Mut fassen sollen. Die Blindheit ist zwar ein Hemmnis, doch zum Unglück wird sie nur durch den Unverstand. Sie sollten wieder Mut fassen und niemals dem widersprechen, was ihr kleiner Junge oder ihr Mädchen entdeckt. Sie sollten niemals zu ihnen sagen: »Du kannst das nicht wissen, weil du nicht sehen kannst«, und so selten wie möglich: »Tu das nicht! Das ist gefährlich!« Denn es gibt für ein blindes Kind eine Drohung, die fürchterlicher ist als alle Wunden und Beulen, alle Schrammen und die meisten Schläge: die Isolierung in sich selbst.

Als ich fünfzehn Jahre alt war, verbrachte ich lange Nachmittage in Gesellschaft eines blinden Jungen meines Alters, der — das muß ich hinzufügen — unter ganz ähnlichen Umständen erblindet war wie ich. Selbst heute habe ich wenige Erinnerungen, die mir so peinlich sind wie jene. Dieser Junge erfüllte mich mit Schrecken: er war das lebende Bild all dessen, was aus mir geworden wäre, wäre ich nicht so glücklich gewesen — glücklicher als er. Er war wirklich blind. Seit seinem Unfall hatte er nichts mehr gesehen. Seine Fähigkeiten waren normal, er hätte sehen können wie ich. Aber man hatte ihn daran gehindert. Um ihn zu schützen, hieß es, hatte man ihn von allem isoliert. All seine Anstrengungen, auszudrücken, was er empfand, hatte man verspottet. In seinem Kummer und seinem Rachegefühl hatte er sich in eine brutale Einsamkeit geflüchtet. Selbst sein Körper lag entkräftet in der Tiefe des Sessels. Und ich sah mit Bestürzung, daß er mich nicht mochte.

Solche Tragödien sind häufiger, als man denkt, und um so furchtbarer, als sie immer vermeidbar sind. Man kann sie vermeiden — ich wiederhole es —, sobald sich die Sehenden nicht auf ihre Art, die Welt zu verstehen, als die allein gültige versteifen.

Mit acht Jahren begünstigte alles meine Rückkehr in die Welt. Man ließ mich herumtollen. Man antwortete auf alle Fragen, die ich stellte. Man interessierte sich für alle meine Entdeckungen, selbst für die sonderbarsten. Wie sollte ich zum Beispiel erklären, wie die Gegenstände sich mir näherten, wenn ich auf sie zuging? Atmete ich sie ein, hörte ich sie? Vielleicht. Was es auch war — es nachzuweisen war oft schwer. Sah ich sie? Augenscheinlich nicht. Und doch! Sie veränderten sich für mich im selben Maße, wie ich näher kam, oft sogar so sehr, daß sich — genau wie beim Sehvorgang — echte Konturen abzeichneten, daß sich im Raum eine wirkliche Form abhob und einzelne Farben sich erkennen ließen.

Ich ging auf einer mit Bäumen gesäumten Landstraße, und ich konnte auf jeden der Bäume entlang der Straße zeigen, selbst wenn diese nicht in regelmäßigen Abständen gepflanzt waren. Ich wußte, ob die Bäume gerade und hoch waren, ob sie ihre Äste trugen wie ein Körper seinen Kopf oder ob sie, zu Dickicht verfilzt, den Boden rings umher bedeckten. Diese Tätigkeit pflegte mich freilich sehr schnell zu erschöpfen; doch sie erreichte ihren Zweck. Und die Ermüdung kam nicht von den Bäumen — ihrer Zahl oder ihrer Form —, sondern aus mir selbst. Um sie auf diese Art wahrzunehmen, mußte ich mich in einem Zustand halten, der von all meinen Gewohnheiten so sehr abwich, daß es mir nicht gelang, längere Zeit in ihm zu verharren. Ich mußte die Bäume selbst ganz an mich herankommen lassen. Ich durfte nicht die geringste Absicht, auf sie zuzugehen, den geringsten Wunsch, sie kennenzulernen, zwischen sie und mich stellen. Ich durfte nicht neugierig sein, nicht ungeduldig, vor allem nicht stolz auf meine Fähigkeit.

Dieser Zustand ist indes nichts anderes, als was man gewöhnlich »Aufmerksamkeit« nennt; doch kann ich bezeugen, daß eine Aufmerksamkeit, die bis zu einem solchen Grade getrieben wird, nicht leicht fällt. Das Experiment mit den Bäumen am Rande der Straße konnte ich mit jedem beliebigen Gegenstand wiederholen, der eine gewisse — mindestens meine — Höhe hatte: mit den Telegraphenstangen, Hecken, Brückenbogen, den Häuserwänden entlang der Straße, ihren Türen, Fenstern, Vertiefungen und Schutthaufen.

Was die Gegenstände mir mitteilten, war, wie bei der Berührung, ein Druck, doch ein so neuartiger Druck, daß ich zunächst nicht daran dachte, ihn so zu benennen. Wenn ich mich ganz in die Aufmerksamkeit vertiefte und meiner Umgebung keinen eigenen Druck mehr entgegensetzte, dann legten sich Bäume und Felsen auf mich und drückten mir ihre Form ein, wie es Finger tun, die ihren Abdruck in Wachs hinterlassen.

Diese Neigung der Gegenstände, aus ihren natürlichen Grenzen herauszutreten, verursachte Eindrücke, die ebenso deutlich waren wie Sehen oder Hören. Ich brauchte allerdings mehrere Jahre, um mich an sie zu gewöhnen, sie ein wenig zu zähmen. Noch heute bediene ich mich — wie alle Blinden, ob sie es wissen oder nicht — eben dieser Eindrücke, wenn ich mich in einem Haus oder im Freien allein bewege. Später las ich, daß man diesen Sinn den »Sinn für Hindernisse« nenne und daß gewisse Tierarten, Fledermäuse zum Beispiel, anscheinend bis zu einem sehr hohen Grad damit ausgestattet seien.

Zahlreiche Überlieferungen über okkulte Erscheinungen berichten sogar, daß der Mensch über ein drittes Auge verfügt, ein inneres Auge — im allgemeinen »Auge des Shiva« genannt —, das sich auf der Mitte seiner Stirn befindet und das er unter gewissen Umständen und durch gewisse Übungen wecken kann. Schließlich haben Untersuchungen des französischen Schriftstellers und Akademiemitglieds Jules Romain gezeigt, daß es auch eine außerhalb der Retina liegende visuelle Aufnahmefähigkeit gibt, die ihren Sitz in gewissen Nervenzentren der Haut hat, vornehmlich in den Händen, der Stirn, im Nacken und auf der Brust. Ich hörte vor kurzem, daß dieselben Untersuchungen mit dem größten Erfolg nunmehr auch von Physiologen durchgeführt worden seien, namentlich in der UdSSR.

Indes, was immer die Natur des Phänomens sein mag: ich bin ihm von Kindheit an begegnet, und seine Bedingungen erscheinen mir wichtiger als seine Ursache. Die Bedingung dafür, die Bäume am Rand der Straße bestimmen zu können, ohne zu irren, war, die Bäume zu akzeptieren, mich nicht an ihre Stelle zu setzen.

Wir sind alle — blind oder nicht — entsetzlich gierig. Wir wollen alles nur für uns. Selbst wenn wir gar nicht daran denken, wünschen wir, daß das Universum uns ähnlich sei und uns seinen Raum überlasse. Nun, ein kleines blindes Kind lernt sehr rasch, daß dies nicht möglich ist. Es hat es zu lernen, denn jedesmal, wenn es vergißt, daß es nicht ganz allein ist auf der Welt, stößt es gegen etwas, tut sich weh und wird zur Ordnung gerufen. Doch jedesmal, wenn es daran denkt, wird es belohnt: alles kommt ihm entgegen.

4

HEILUNG VON DER BLINDHEIT

Die Verantwortung, vor die meine Eltern sich gestellt sahen, war so schwer und gefahrvoll, daß sie einer Wette gleichkam. Sollten sie mich bei sich behalten oder sollten sie mich in eine Spezialschule für Blinde, das »Institut National des Jeunes Aveugles« in Paris, in Pension geben? Diese Lösung schien die weitaus vernünftigere – ja die einzig vernünftige – zu sein, und meine Eltern waren nahe daran, sich für sie zu entscheiden. Doch sie setzten auf den Außenseiter und wählten die andere Möglichkeit – und dafür werde ich ihnen ewig dankbar sein.

Man verstehe mich nicht falsch: ich hatte niemals und habe noch heute keinen Grund zu glauben, die Schulen für Blinde seien schlecht. Ich weiß zumindest, daß es Schulen gibt (und das Pariser Institut für Junge Blinde ist eine solche), deren Lehrer tiefes Verständnis und große Opferbereitschaft besitzen. Viele dieser Schulen in Frankreich, den Vereinigten Staaten, in England und Deutschland haben sich die aufgeklärtesten und aufgeschlossensten Mittel der modernen Pädagogik zu eigen gemacht und haben die beklemmenden Vorurteile des neunzehnten Jahrhunderts, diese ganze alte Politik der Bevormundung, weit hinter sich gelassen.

Ich bin zahlreichen ehemaligen Schülern dieser Institute begegnet und weiß, daß viele von ihnen vollwertige Männer und Frauen geworden sind, die angesichts der Kindheit, die man ihnen bereitet hat, nur Dankbarkeit empfinden. Aber leider ist das Problem nicht so einfach, oder vielmehr, es ist anders. Die einzige Art, eine vollständige Heilung von der Blindheit zu erreichen – ich meine hier eine soziale Heilung –, ist, sie nie als Verschiedenheit zu behandeln, als Grund zur Absonderung, als Gebrechen, sondern sie als ein zeitweiliges Hindernis zu betrachten, wohl als Eigenheit, doch als eine vorübergehende, eine Eigenheit, die man heute oder spätestens morgen überwinden wird. Die große Heilung besteht darin, von neuem — und ohne zu zögern — in das wirkliche Leben einzutauchen, in das schwierige Leben, das heißt hier, in das Leben der anderen. Und das eben bietet selbst die großzügigste und einsichtigste Spezialschule der Welt nicht. Selbst wenn sie die Weitsichtigkeit und das Verständnis aufbringt, diesen Prozeß in keiner Weise zu hemmen, so hält sie ihn doch zumindest auf.

Wenn ich eine solche Meinung vertrete, laufe ich Gefahr, viele Menschen und Familien zu verstören. Das ist gewiß nicht meine Absicht. Ich weiß, daß es Eltern von jungen Blinden gibt, deren soziale Lage — Armut oder einfach der Zwang zur Arbeit — es ihnen unmöglich macht, ihr Kind bei sich zu behalten. Ich denke da vor allem an Eltern, die nicht das Glück hatten, eine vollständige Bildung zu erhalten, und die vor diesem Monstrum von Neuartigkeit — einem blinden Kind — in qualvoller Verwirrung und buchstäblich entwaffnet stehen. Ich denke vor allem an diese, weil ihr Fall vielleicht der häufigste und zugleich schwerste ist.

Unter solchen Umständen ist es zweifellos das beste, wenn das Kind weggebracht und erfahreneren Händen anvertraut wird, das heißt Männern und Frauen, die wissen, was zu tun ist, und die es tun ohne Angst und Scham. Für ein blindes Kind kann es keine größere Pein geben als die Verlegenheit seiner Eltern ihm gegenüber, dies Gefühl der Minderwertigkeit, das sie empfinden, wenn sie sich einbilden und sagen, ihr Kind sei nicht »normal«. Alles ist besser als diese Torheit, und die Spezialschule — ich wiederhole es — ist kein Übel, sie ist höchstens eine geringere Wohltat.

Für mich war das Problem in wenigen Tagen gelöst: ich sollte zu Hause bleiben. Meine Eltern waren geistig und moralisch fähig, über mich zu wachen. Sie waren — mindestens während der ersten Jahre — fähig, allen Schwierigkeiten, denen gegenüber mich mein Alter und meine Lage hilflos machten, an meiner Stelle zu begegnen. Sie begriffen, daß die Möglichkeiten der Blindheit bis zu ihrer äußersten Grenze erforscht werden und daß sie mich unverzüglich in die Welt zurückstoßen müßten.

Ich sollte zunächst, gleich nach Beginn des neuen Schuljahrs, zu meinen sehenden Kameraden in der benachbarten öffentlichen Schule zurückkehren, jener Schule, in der ich im Mai meinen Unfall gehabt hatte. Dazu mußte ich vor dem 1. Oktober die Braille-Schrift lesen und schreiben können. Man hatte mich von dieser Notwendigkeit überzeugt, und ich hatte mich mit einer Art von stillem Enthusiasmus auf meine Aufgabe gestürzt. Nach sechs Wochen hatte ich die Klippe umschifft; jene Punkte auf dem langen, breiten Papierbogen, die zuerst wie Sandkörner unter meinen Fingern wegrollten, hatten sich in Reih und Glied gestellt, standen in Gruppen unbeweglich fest, und nach und nach hatte jede dieser Gruppen ihre Bedeutung gewonnen.

Um mich die Braille-Schrift lesen zu lehren, hatte meine Mutter das verlockendste Buch ausgewählt, das sie hatte finden können: das »Dschungelbuch«. Ihre Methode wirkte großartig, denn was ich auf diese Weise entdeckte, waren nicht die Zeichen der Braille-Schrift, sondern die faszinierenden Abenteuer Mowglis. Ich bin sicher, daß dies zum großen Teil die raschen Fortschritte, die ich machte, erklärt.

Außerdem hatten meine Eltern sofort ein tragbares Modell einer Braille-Schreibmaschine aus der Schweiz kommen lassen, um mir die enttäuschende und fast immer nutzlose Mühe zu ersparen, mit Hilfe einer »Tafel« zu schreiben. Später lehrte man mich, dieses Instrument zu handhaben, doch benutze ich es sehr selten. Die mit Rillen versehene Stahlplatte, auf der man mit einem — ebenfalls metallenen — Gitter eine starkes Blatt Papier befestigt, verwirrte mich. Ich mochte den dicken Dorn nicht, es widerstrebte mir, langsam und mühselig all die Punkte zu lochen, aus denen jeder Buchstabe innerhalb der Gitterrechtecke gebildet wurde. Das war wie ein Herumtappen und erinnerte mich daran, daß ich blind war; meine Gedanken eilten meinen Bewegungen stets voraus.

Meine Schreibmaschine war hingegen ein Spielzeug. Es umgab sie der Geruch der Neuheit. Ich liebte ihr Klappern, ihre sechs runden Tasten, die sechs Dorne in Bewegung setzten und Buchstaben, Wörter und Sätze wie Bilder eines Films auftauchen ließen. Mit ihr hatte ich das Gefühl, auf Entdeckungsfahrt zu gehen. Ich schrieb und hatte, gleichsam motorisiert, eine sportliche Freude, möglichst noch schneller zu schreiben als meine Freunde, die sehen konnten.

Zum 1. Oktober war ich für die Schule bereit, doch sie war es nicht für mich. Die Satzungen und Institutionen der Gesellschaft, die mir noch mehr als einen bösen Streich spielen sollten, traten mir schon jetzt entgegen. Das war übrigens nicht so überraschend, war es doch noch nicht lange her, daß man die Blinden allesamt an den Rand der Gesellschaft verbannt und dazu degradiert hatte, in kleinen Kapellen Harmonium zu spielen, Stühle zu flechten und sogar Bettler zu werden. 1932 gab es in Frankreich kein Gesetz, das öffentlichen Schulen untersagt hätte, blinde Kinder in ihre Klassen aufzunehmen — kein Gesetz, aber handfeste Vorurteile. Es brauchte also die ganze Zuversicht meiner Familie, jene ihnen eigene Sicherheit, daß ich alle Schwierigkeiten überwinden würde, und die Güte und Großmut eines aufrechten Mannes, des Schulleiters, um zu erreichen, daß man mich zuließ. Ich wurde zur Probe aufgenommen.

Was die Leute beunruhigte, war die Überzeugung, daß ein Blinder notwendig die anderen bei der Arbeit stört, daß er weniger rasch auffaßt, liest und schreibt als diese, daß er weder die Rechnungen und Zeichnungen an der Tafel noch die Karten an der Wand sieht, kurz, daß er ein Sandkorn im Getriebe ist. Ihre Besorgnis war zweifellos berechtigt, doch es lag an mir, ob ich dieses Sandkorn war oder nicht — an mir, meiner Familie, und vor allem meiner Mutter.

Was eine Mutter für ihr blindes Kind zu tun vermag, läßt sich einfach ausdrücken: sie kann ihm ein zweites Mal das Leben schenken. Meine Mutter tat es, und den Mut dazu brachte allein sie auf, nicht ich. Meine einzige Aufgabe war, mich ihr zu überlassen, zu glauben, was sie glaubte, mich ihrer Augen immer dann zu bedienen, wenn die meinen versagten.

Sie lernte Braille mit mir. Sie überwachte mehrere Jahre hindurch Tag für Tag meine Arbeit. Mit einem Wort, sie erfüllte all die Aufgaben eines spezialisierten Privatlehrers. Doch sie war nicht nur sachverständig, sondern auch liebevoll, und man weiß gut, daß eine solche Liebe die Hindernisse besser überwinden kann, als alle Kenntnisse es vermögen.

Am Ende des ersten Schuljahrs erhielt ich den Ehrenpreis der Klasse, gewiß eine recht kleine Ehre, doch für meine Mutter und mich zählte sie, war sie das bescheidene Symbol eines Sieges über das Materielle. Das Übrige sollte leicht sein.

Man wird es mir bestimmt verzeihen, daß ich meine Mutter für außerordentlich halte. Doch glaube ich diese Worte nicht abzuschwächen, wenn ich sage, daß es Tausende anderer Frauen gibt, die ihrem blinden Kind gegenüber zu demselben Geschenk und demselben Verständnis fähig wären. Sie müßten dazu nur wissen, daß Anpassung möglich ist, ja mehr als Anpassung, daß es möglich ist, das Leben ihres Kindes auf das Leben der anderen auszurichten. Sie müßten nur öfter von dem Reichtum der Blindheit gehört haben, müßten Vertrauen haben. Und deswegen erzähle ich so gern meine Geschichte, meine wider Erwarten glückliche Geschichte. Ich wünsche nichts so sehr, als daß ich keine Ausnahme bin.

Ich erinnere mich an dieses erste Schuljahr wie an ein Schiff, und ich stehe auf dem Vorderdeck. Ich muß sagen, daß meine Einbildungskraft seit dem Unfall in mir üppig wucherte. Ich erlebte tatsächlich alles zweimal: einmal mit den kleinen Dingen und Ereignissen des Alltagslebens, ein anderes Mal in meiner Phantasie. Dieselben Elemente hier wie dort, doch hier waren sie vergrößert, reich an Farben, in Bilder umgewandelt und mit dem gesamten Universum in Einklang gebracht. Hier floß ein Strom von Licht und Freude. Ich kannte seinen Lauf und blieb in seiner Nähe. Ich ging an seinem Ufer entlang. Türen hatten sich in mir geöffnet und gaben den Zutritt frei zu einem Zufluchtsort, einer Höhle, und alles, was zu mir drang, drang hier ein, gab hier sein Echo und wurde hier tausendmal zurückgeworfen, bevor es sich verlor.

Die Vorstellung eines Schiffes rührte ganz einfach von einem Tisch und einem Stuhl her. Um in der Klasse dieselbe Arbeit wie meine Kameraden zu verrichten, brauchte ich mehr Raum als sie. Meine Schreibmaschine war größer als ein Bleistift, und die Braille-Bücher, die ich benötigte, nahmen ungefähr zehnmal mehr Platz ein als die gewöhnlichen. Die Standardpulte der Klasse konnten mir nicht genügen. Deshalb hatten meine Eltern einen breiten hellen Holztisch, der mit einem hohen Fachkasten versehen war, in die Schule gebracht. Man hatte den Tisch neben das Podium, auf dem das Lehrerpult stand, gestellt, also etwas vor die erste Reihe der Schülertische. Daher die glückliche Illusion eines Schiffes! Das ganze Jahr hörte ich die Besatzung hinter mir manövrieren, Paßworte wechseln, fluchen, mit den Füßen auf den Deckplanken scharren und schlecht und recht den Anordnungen des Kapitäns Folge leisten.

In jenem Jahr hatten wir einen gemächlichen und sanften Lehrer, der, abgesehen von einigen Wutausbrüchen, die den Faulpelzen galten, nicht aus seiner heiteren Ruhe zu bringen war. Ich fühlte mich in Sicherheit und lernte bedächtig die Grundlagen der Arithmetik. Es war äußerst schwierig, wenn nicht unmöglich, mit Hilfe einer Braille-Schreibmaschine die Zahlen in der Ordnung aufs Papier zu setzen, die sie für Addition, Subtraktion, Multiplikation oder Division haben mußten. So hatte ich eine Hartgummitafel bekommen, durch die kubische Löcher gebohrt waren und zu der ein Satz Stahlwürfel gehörte. Auf den sechs Seiten dieser Würfel waren die Braille-Zahlen erhaben aufgedruckt. Da die Schreibweise der Braille-Schrift, die aus Punkten besteht, einfacher ist als die Schrift der sehenden Menschen, waren nur sechs Seiten nötig, um die zehn Grundzahlen zu erhalten. Die Sechs wurde nach einer Drehung von 90° zur Vier; die Vier wiederum zur Null, die Null zur Acht und die Acht von neuem zur Sechs. Mit Hilfe dieses Geräts lernte ich ebenso schnell rechnen wie die anderen, die sich wiederum sehr rasch an das leise Metallgeräusch gewöhnten, das aus meiner Richtung zu ihnen drang.

Nach einigen Monaten merkte ich jedoch, daß diese Würfel und Löcher nicht unbedingt notwendig waren: um den Geist arbeiten zu lassen, war allein der Geist notwendig. Ich begann, mir alle Vorgänge in meinem Kopf zu vergegenwärtigen, jene, die eine wahrhaft verwirrende Zahl von Möglichkeiten in sich bargen, natürlich ausgenommen. Da ich ein gutes Gedächtnis hatte, wurde ich ausgezeichnet im Kopfrechnen, und das wiederum verbesserte mein Gedächtnis.

Es ist wahr, daß die Blindheit das Erinnerungsvermögen beträchtlich steigert. Das muß so sein, weil die Augen nicht mehr in der Lage sind, zu beruhigen und zu prüfen — eine Tätigkeit, auf die sie, beiläufig gesagt, allzu oft beschränkt bleiben und die einen ungeheuren Teil ihrer Energie verbraucht. Ich konnte mich gut an die Dinge erinnern, doch vor allem machte ich sie mir sichtbar. Es war eine Wonne für mich, zu beobachten, wie alle Namen und Zahlen auf einem inneren Bild erschienen, zu sehen, wie die Bilder wie von einer endlosen Spule abrollten.

Dieses Bild war nicht wie die Wandtafel, die sich — rechteckig oder quadratisch — so schnell an den Grenzen ihres Rahmens stößt, die den Platz einem nutzlosen Stück Wand abtreten muß, oder einer Türe, die ihren Sinn verliert, sobald sie geschlossen ist. Es hatte immer die Größe, die ich gerade benötigte. Es war nirgends und doch überall, und um es in Bewegung zu setzen, brauchte ich nur der »Aufmerksamkeit« einen entsprechenden Auftrag zu erteilen. Die Kreide dieser inneren Bildtafel wurde nicht zu Pulver wie gewöhnliche Kreide. Sie war fester und zu-

gleich biegsamer, sie bestand aus jenem Stoff, den man den »Geist«
nennt. Streiten wir nicht über Worte: ob »Materie« oder »Wesen«
— auf jeden Fall ist er eine Realität, die man berührt, die man
handhabt und formt. Und warum sollte ein Kind, vor dem plötzlich solche Schätze liegen, sich nicht sehr rasch über den Verlust
seiner Augen hinwegtrösten können?

Natürlich stellte ich fest, daß sich meine sehenden Kameraden
in manchen Lagen, in denen ich zögerte, schnell und bestimmt
bewegten. Sobald es sich aber um etwas nicht Wahrnehmbares
handelte, zögerten sie wiederum länger als ich. Sie mußten erst
an einem Knopf drehen, um die Welt des Äußeren abzuschalten
und die Welt des Geistes aufleuchten zu lassen. Diese Bewegung
war mir fast völlig fremd.

Auf meinem inneren Bild erschienen Namen, Zahlen, überhaupt alle Gegenstände nicht amorph, auch nicht schwarz und
weiß, sondern sie wiesen alle Farben des Regenbogens auf. Ich
erinnere mich jedoch keines Falles, dieses Phänomen bewußt ge-
fördert zu haben. Nichts gelangte in mein Inneres, das nicht mit
einer gewissen Lichtmenge getränkt gewesen wäre; um mich genauer auszudrücken: alles — von den lebenden Wesen bis hin
zu den Ideen — schien aus einem ursprünglichen Licht ausge-
stanzt. In wenigen Monaten war mein persönliches Universum
zu einem Farbenatelier geworden.

Ich war nicht Herr über jene Erscheinungen. Die Zahl Fünf war
stets schwarz, der Buchstabe L hellgrün, das Gefühl des Wohl-
wollens zartblau. Ich hatte keine Macht darüber, und wenn ich
versuchte, die Farbe eines Zeichens zu ändern, verdunkelte sich
dieses sogleich und verschwand. Die Phantasie war eine seltsame
Macht: sie saß zweifellos in mir und entzog sich doch wieder
meinem Willen.

In jenem Jahr entdeckte ich anhand von Reliefkarten der fünf
Kontinente und der wichtigsten Länder (gegen Ende des 19. Jahrhunderts in einer vorzüglichen Ausgabe von einem Blindeninsti-
tut bei Mülhausen im damaligen deutschen Elsaß herausge-

geben) die Geographie. In ihren groben Umrissen hatte die Erde auf meinem inneren Bildschirm natürlich sofort feste Gestalt angenommen, ich brauchte sie nur noch in dem Maße, wie ich dazu lernte, zu berichtigen und zu vervollständigen. Ich konnte mich mühelos zurechtfinden. Ein Bild der physischen Welt mit ihren Richtungen und Hindernissen setzte sich in mir fest; deshalb wandten sich meine sehenden Kameraden schon in meiner Kindheit gerne an mich, wenn wir bei einem Bummel durch Paris den Weg verloren hatten. Ich vergegenwärtigte mir dann das innere Bild und fand so gut wie sicher die Lösung. Oft kann ich noch heute, wenn ich im Auto fahre, als erster dem Chauffeur sagen, welchen Weg er einschlagen muß. Daß die Kunststücke der Brieftauben meine eigene Geschicklichkeit bei weitem übertreffen, brauche ich kaum zu erwähnen; und doch scheint mir ganz natürlich, was sie tun.

Wie ich weiß, haben viele Blinde die Fähigkeit, sich die Wege, die ihnen in der Außenwelt verschlossen sind, von innen heraus wieder zu erschließen. Wie sonst könnte man sich erklären, daß sich so viele von ihnen allein durch eine wenig bekannte Stadt bewegen können und sich dabei nicht öfters verirren als Leute, die sehen?

Scheinen, nach all dem, die Begebenheiten des inneren Lebens nicht allein deswegen Wunder, weil wir immer fern von ihnen leben?

5

SCHUPPEN, RAUM UND »KLEINE REPUBLIK«

Ich werde bald darauf zu sprechen kommen, was für Freunde
ich in meiner Kindheit hatte, wie ich mit ihnen lebte und vor
welchem Leid sie mich bewahrten. Doch dieses Kapitel ist noch
nicht der Freundschaft gewidmet: es gehört jenem ganz eigen-
artigen Schmerz, den man »Warten« nennt. Ob man es wahrhaben will oder nicht: die Blindheit ist in der Welt der Sehenden
nicht sehr willkommen. Sie ist so wenig bekannt, man kann
manchmal fast sagen, so gefürchtet! Deshalb beginnt die Blindheit stets mit der Isolierung. Ich habe die Einsamkeit kennengelernt, sie und alle ihre Dämonen. Doch ich muß gerechterweise
hinzufügen, daß es neben diesen bösen Geistern auch gute gibt.

Im Sommer 1933, ein Jahr nach meinem Unfall, brachten mich
meine Eltern wie gewöhnlich die Ferien über nach Juvardeil. Juvardeil war damals — und ist trotz der Invasion der Automobile
auch heute noch — eines jener kleinen Dörfer Frankreichs, die,
abseits der großen Überlandstraßen, melancholisch und nachdenklich wie das abendliche Angelus, in ihre mauerhohen
Dorn- und Buschhecken eingebettet, lang ausgestreckt an den
Ufern eines Flusses liegen.

Juvardeils Fluß ist die Sarthe; ihr träges und tiefes Wasser fließt
still dahin mitten durch breite Wiesen, die sie zur Zeit des Hoch-
wassers überflutet, und ihr Lauf wird von einer endlosen Reihe
dichtbelaubter Pappeln umsäumt. Sie gleicht jenen alten Damen,
die, mit den Jahren lächelnd und zurückhaltend geworden, das
Leben um sich herum dulden, aber nicht mehr daran teilnehmen.

Juvardeil ist ein sehr altes Dorf, das schon die Chroniken des
9. Jahrhunderts unter dem Namen Gavardolium erwähnen, den
ihm zweifellos die Einwohner dieser kleinen Provinz gaben. Eine

andere Etymologie, die zwar suspekt sein mag, die aber so poetisch ist, daß ich sie allen übrigen vorziehe, leitet den Namen vom lateinischen »iuvare oculos«, »die Augen ergötzen«, ab. Von allen Orten der Welt ist mir Juvardeil auch heute noch der liebste.

Mit neun Jahren genoß ich hier eine Freiheit, die mir Paris nicht zu geben vermochte. Nichts war mir hier feindlich. Die Säge des Bootszimmermanns kündete an, daß ich den Fluß hinter mir gelassen hatte; der Hammer des Schmieds schnitt die gerade Linie zwischen Fluß und Kirche entzwei; das Gebrüll des Viehs belehrte mich, daß ich das Gatter der großen Wiese erreicht hatte, an dem die Kühe zusammenliefen, um die Vorübergehenden zu beobachten. Ich konnte, mit einem Stock in der Hand, ohne Begleitung vom Haus meiner Großmutter zu dem meiner Großtante gehen, ohne etwas Schlimmerem als Schnecken zu begegnen.

In jenem Jahr stand mir die öffentliche Schule des Dorfes, die während der Ferien unbenutzt blieb, zur Verfügung, besser gesagt: man hatte ihre Tore unverschlossen gelassen. Der große Hof, von Mauern umgeben, wie alle Höfe in Frankreich, und mit Linden bestanden, gehörte mir ebenso wie einer der Klassenräume und ein Schuppen. Wenn ich es richtig bedenke, muß dieser Schuppen ganz einfach ein Raum gewesen sein, der seiner ursprünglichen Bestimmung entzogen worden war, vielleicht ein altes Waschhaus; er stand, gut geschützt vor den Leuten, die durch das große Tor eintraten, am äußersten Ende des Hofes und war im Vergleich zum Hof etwa um drei oder vier Stufen erhöht. Doch die Vorstellung, die ich damals von diesem mansardenartigen Raum hatte, war völlig anders, er schien mir kostbar, verschwiegen, erhaben, mit einem Wort: phantastisch.

Man wird verstehen, was einem blinden Kind ein großer, vollkommen leerer Raum mit altersschwachen, aber glatten Mauern bedeuten kann, ein Raum ohne Balken, an denen man sich hätte stoßen, ohne Haken, von denen man hätte erfaßt werden können. Nach der einen Seite hin öffnete er sich ganz dem

Rauschen des Windes im Blattwerk der Bäume. Ein leichter Überhang gab allen Geräuschen die Resonanz eines Gewölbes. Zu alledem war der Boden mit frischem Stroh und Sägemehl bedeckt, in einer Ecke lagen kleine Holzklötze aufgestapelt, runde, gespaltene, dreieckige — es war der herrlichste aller Baukästen.

In jenem Sommer verbrachte ich endlose Stunden in dem Schuppen. Ich war hier fast immer allein, doch ich entdeckte, daß diese Einsamkeit bewohnt war, bewohnt von allen Ausdrucksformen und Erfindungen einer Person, die ich bis dahin nicht gekannt hatte: von mir selbst. Ich war auf einer Insel. Ich durchlebte einzeln alle Abenteuer von Robinson Crusoe, die er vor seiner Begegnung mit Freitag hatte. Ich ordnete die Holzklötze quer durch den Raum in Form von Wald und Felsen an, und ich unternahm Reisen. Manchmal ließ ich, in die Bruchstücke der französischen Geschichte gehüllt, die man mir in der Schule vermittelt hatte, die Klötze Armeen darstellen. In diesem Fall war ich offensichtlich Napoleon!

Es ist überflüssig zu fragen, ob ich an meine Rolle glaubte. Ich dachte nicht darüber nach, ob ich daran glaubte oder nicht. Ich befand mich in jenem Zustand, den alle Kinder — dem Himmel sei dafür Dank — früher oder später kennenlernen: hier gibt es weder mehr Vergangenheit noch Zukunft, weder Traum noch Wirklichkeit, sondern nur noch sie selbst, sie allein, die auf dem Leben dahingaloppieren. Zur göttlichen Phantasie gesellte sich für mich in meinem Schuppen allerdings noch die Einsamkeit, das heißt ein Bereich, wo ich einmal mit niemand und nichts zu rechnen hatte, da der Raum leer war.

Mein Körper barg Tausende von Gebärden, die in Paris das ganze Jahr zurückgedrängt blieben, all jene Bewegungen, die ich als Blinder so sorgsam berechnen mußte, Tausende von Unvorsichtigkeiten und Verwegenheiten, die in meinem Körper knisterten. So lange schon wollte ich mich um mich selbst drehen, mit den Armen kreisen, meine Füße nach vorn werfen, hinfallen, wiederaufstehen, nach Herzenslust Grimassen schneiden oder fröhlich sein, gefährliche Gegenstände in die Hand nehmen, ohne dabei zu hören, man müsse sie mit Vorsicht handhaben; ich wollte vor allem den Raum in all seinen Richtungen erforschen, ihn in Höhe und Tiefe, kreuz und quer durchmessen, ihn gerade durchschreiten, ihn trunken durchtaumeln. Nach einigen Minuten fühlte ich mich dann tatsächlich betrunken.

Ich wünschte, man könnte allen kleinen Blinden einen Raum wie diesen geben, sei es unterm Dach oder im Innern des Hauses. In jedem Fall müßte es ein Platz sein, in dem man sich frei bewegen kann, aus dem alle scharfen Kanten und Unebenheiten, Tische, Stühle, Schemel, Waschzuber, herausstehende Nägel und Drähte – besonders diese schrecklichen Drähte – entfernt sind, ein Platz, der leergefegt ist von aller Gefahr, an dem alle Wünsche von einer Sekunde zur anderen in Erfüllung gehen können.

Im Staub des Sägemehls konstruierte ich mit den Holzklötzen Schlachtpläne. Ich tat das Napoleons wegen, zu seiner Ehre. Ihn liebte ich weit mehr als die Schlachten. Ich war nicht besonders aggressiv. Außer Wortgefechten gab es übrigens gar keine richtigen Kämpfe; der Professor, der ich eines Tages werden sollte, hielt bereits seine Reden.

Wie ließ ich den Schuppen von meiner schmetternden Stimme widerhallen! Anstatt meine Feinde zu besiegen, was mir schnell erledigt und recht atavistisch dünkte, beschäftigte ich mich lieber damit, sie zu überzeugen. Mit großem Stimmaufwand erklärte ich ihnen, daß sie unrecht hätten, oder zumindest, daß ich wünschte, sie hätten es. Und weil solche Spiele so viel schöner sind, wenn sie sich in die Länge ziehen, sah ich zu, daß sich meine Feinde nicht gleich bei der ersten Ansprache überzeugen ließen.

Man sieht sicher schwer ein, was für eine Rolle die Blindheit bei meinen Spielen im Schuppen spielt; im ganzen waren sie doch recht gewöhnlich, sehen wir von dem Rausch, den sie mir schenkten und der weit mehr war als nur ein Vergnügen, einmal ab. Sie war wie ein Riß, der plötzlich im Gewebe meines Lebens aufklaffte, eine Spalte, durch die ich unendlich viele Möglichkeiten gewahrte, und alle waren überraschend und drängten sich mir entgegen. Ich brauchte die Dinge nur zu denken, und sie waren da. Ich brauchte sie nur zu wünschen, und der Bann, der auf ihnen ruhte, begann zu weichen. Da ich blind war, mußte ich sie jedoch ein klein wenig mehr wünschen als andere Menschen.

Das Leben fiel nicht kühl wie Regen auf mein Gesicht, es fiel nicht rund wie eine Frucht in meine Hände, es war eine Woge, die aus meinem Innern aufstieg. Und ich konnte sie in mir festhalten und besänftigen, ich konnte sie aber auch nach außen hervorbrechen lassen. Was macht es schon, wenn mein Schuppen, in dem ich mit neun Jahren spielte, den anderen nichts sagt? Er kündigte mir all das an, was ich später tat. Er sprach eine Sprache, die ich sehr gut verstand, da es weder ganz die seine noch die meine war. Er gab mir Glück.

Blindheit wirkt wie eine Droge; das muß man wissen. Ich glaube nicht, daß es einen einzigen Blinden gibt, der nicht in irgendeinem Augenblick seines Lebens die Gefahr der Vergiftung kennengelernt hätte. Wie die Droge steigert auch die Blindheit gewisse Empfindungen, sie verleiht den Wahrnehmungen des Gehörs und des Gefühls zum Beispiel eine plötzliche, oft verwirrende Schärfe. Vor allem aber erweitert sie — wiederum wie die Droge — die inneren Erfahrungen auf Kosten der äußeren bis ins Maßlose.

Die Welt, die sich dem Blinden dann auftut, ist gefährlich, denn sie ist beruhigender als alle Worte, und sie ist schön. Es ist eine Schönheit, die man allein in den Dichtungen und Bildern halluzinierender Künstler findet — Künstler wie Poe, van Gogh und Rimbaud.

Ich selbst habe diese verzauberte Welt kennengelernt. Ich habe mich oft dorthin zurückgezogen. Ich habe mich in ihre Träume gehüllt. Ich liebte ihr Schillern, ihre mütterliche Wärme, ihre außergewöhnliche Freiheit, ihre Illusion über das Leben. Doch bin ich — Gott sei Dank — nicht in ihr geblieben. Denn dies ist ein abgekapseltes und in sich verschlossenes Leben, es ist nicht das echte innere Leben, sondern sein Zerrbild. Ein inneres Leben gibt es für einen Menschen — mag er erwachsen sein oder noch ein Kind — nur dann, wenn er ein richtiges Verhältnis zu allen wirklichen Dingen innerhalb und außerhalb seiner selbst besitzt. Völlig in sich zurückgezogen leben ist, wie auf einer Violine spielen zu wollen, deren Saiten schlaff sind.

Wie fast alle Blinde war ich dieser Versuchung ausgesetzt. Doch ich hatte das Glück, daß sie von einer anderen Versuchung gekreuzt wurde, der Versuchung, mich mit den Dingen zu messen, oder besser, sie zu lieben, wie sie sind, all die Konturen der Gegenstände und des Raumes zu erforschen und mich unter die Leute zu mischen. In erster Linie und mehr als alles andere interessierte mich die Tatsache, daß es Menschen auf der Erde gab.

Alles, was ein blindes Kind mit der physischen Wirklichkeit aussöhnt, besonders mit seinen eigenen Bewegungen und seinen Muskeln, ist gut. Ich kann mich selbst als Gegenbeispiel anführen: ich habe niemals schwimmen gelernt, und das war ein Fehler. Ich habe niemals einen gewissen Widerwillen vor dem Kalten, vor dem Wasser überwunden, noch vor all jenen weichen Hindernissen, die sich am Rande der Flüsse in so reicher Zahl finden. Ein Grund mehr zu wünschen, daß wenigstens die Blinden unserer Tage schwimmen lernen. Dies wird ihnen in der Welt von 1960, in der das Schwimmbecken immer mehr zum Mobiliar des Hauses gehört, in zunehmendem Maße erleichtert. Glücklicherweise war das Wasser das einzige, was mir Abneigung einflößte.

Das erste, was meine Eltern im Garten meines Großvaters in Juvardeil aufstellten, war ein Turngerät. Mir ist, als hätte ich Jahre verbracht, in den Seilen und den Ringen zu hängen, die Strickleiter hinauf- und hinunterzuklettern oder Überschläge am Trapez zu machen. Hier war der Lieblingsplatz meiner Ferien.

Hier warf ich meine Träume mit vollen Händen über Bord, räumte meine Grillen aus. Wenn ich mich mit bloßer Armkraft auf das Reck schwang, hatte ich das Gefühl, als ob ich plötzlich die Richtung änderte, als ob ich mit meinem ganzen Gewicht in die Luft flöge, der Sonne entgegen.

Das Turngerät war weit mehr als nur eine Übung für mich, es war eine Vermählung mit dem Raum. Es flößte mir auch keine Angst ein. In dem Augenblick, wo ich die Stange oder das Seil fest in der Hand hatte, fand ich die Freiheit wieder, die andere von ihren Augen erhalten. Das Trapez schwankte unter meinem Sprung, doch erlaubte mir dieses Schwanken, mich ganz auf mich selbst zu konzentrieren. Ich fühlte mich in einiger Entfernung vom Boden wohler als auf der Erde. Es schien mir sogar, daß ich hier aufnahmefähiger wurde. Alle Arten von Schatten waren wie weggefegt. Ich konnte besser fühlen, besser hören, besser sehen. Jedesmal, wenn mich die Schaukel ihn in ihrem größten Schwung streifen ließ, sah ich genau zu meinen Füßen den runden, struppigen Kopf des hundert Jahre alten Buchsbaums. Ich sah den Himmel über den Mauern des Gartens sich öffnen und sich in jähem Fall zum Fluß hin senken.

Ich konnte alles nach allen Richtungen sehen: sitzend, aufrecht, zusammengerollt, den Kopf nach unten an den Knien aufgehängt. Zu guter Letzt hatte ich immer den wundervollen Eindruck, nicht mehr nach Menschenart ein aufrecht gehendes, sondern ein kugelrundes Wesen zu sein.

Vom Turngerüst wagte ich mich auf die Bäume, besonders auf die Apfelbäume, die niedrig sind und viele Äste haben. Mein Großvater besaß und bebaute einen Obstgarten am Rande des Dorfes. Schon früh am Morgen ging ich mit einem Buch dorthin, kletterte auf einen Apfelbaum, setzte mich auf eine Astgabel und las. Doch alle zehn Minuten unterbrach ich meine Lektüre und stieg zur Erkundung höher in den Baum.

Wie aber konnte ich jetzt um die Wette rennen? Darauf verzichten konnte ich nicht, und allein war es nicht möglich. Ich mußte einen gleichaltrigen Rennpartner finden, und nichts sollte leichter sein. Man denkt immer, die meisten Kinder seien nicht hilfsbereit und haßten es, in ihren Spielen von einem »Invaliden«, wie es die Erwachsenen nennen, behindert zu werden. Ich kann jedoch fest bezeugen, daß es für Kinder keine Invaliden gibt. Die gescheiten Jungen verabscheuen die einfältigen, die kühnen meiden die Hasenfüße, das ist alles. Weder Augen noch Beine fallen dabei ins Gewicht.

Es ist mir niemals vorgekommen, daß ein Junge aus Juvardeil mir seine Hand oder seinen Arm verweigert oder sie mir nur mürrisch überlassen hätte. Sie stritten sich sogar gelegentlich, welcher von ihnen diesmal das Recht haben solle, mich an der Schulter zu nehmen und mit mir zu rennen, so schnell unsere Beine uns trügen, guten Fahrern gleich, die alles, was sie wollen, aus ihrem Auto herausholen. Ich habe beim Laufen gewiß eine größere Strecke zurückgelegt als viele Kinder, die sehen. Ich wurde in den Gärten des Dorfes kreuz und quer durch alle Gemüsebeete gelotst. Ich sprang, von Erdscholle zu Erdscholle hüpfend, durch alle frisch gepflügten — das heißt verbotenen — Felder. Ich erklomm Hunderte von Zäunen, kratzte mich an Brombeersträuchern wund und fand mich in schlammgefüllten Gräben wieder, in denen mir das Wasser bis zum Oberschenkel reichte. Es gab keinen Schelmenstreich, den ich ausgelassen hätte.

Ich lief freilich nie allein, immer war ich an einen anderen Jungen geschirrt. Doch das Gespann lief so gut, daß Fahrzeug und Lenker stundenlang nicht wußten, wer von beiden eigentlich den anderen führte.

So lernte ich die Gegend um Juvardeil ebensogut kennen wie ein kleiner Bauer und nahm regelmäßig im September an der Zeremonie, die den Sommer beschließt, teil: an der Apfelernte. Vielleicht sollte ich sie besser Apfellese nennen, denn es handelte sich darum, die heruntergefallenen Äpfel im dichten Gras aufzufinden und in große Weidenkörbe zu füllen. Hier hatte ich es viel bequemer als sonst, denn ich brauchte nur zu kriechen, mit den Händen alle Löcher zu durchsuchen, aus Nähe und Distanz zu tasten. Meine Finger arbeiteten dabei wie Suchscheinwerfer. Zudem war die Ernte im September reif, war schon schwer und faulend, mit einem Duft nach Alkohol.

Von den Äpfeln schweift meine Erinnerung zu den Heuhaufen. In Frankreich herrscht auf dem Land die Sitte, das Heu schon auf der Wiese aufzuhäufen, bevor es in die Scheunen gebracht wird. Dann kommen Tage, duftender und toller als alle anderen. Denn diese enormen Heuhaufen, die man in Anjou die *veilles*, »Wachen«, nennt, stehen auf den Wiesen verstreut wie vulkanische Inseln oder zerzauste Pyramiden. Die Bauern lieben es nicht, wenn man diese Berge besteigt; zehn zu allem entschlossene Buben reichen völlig aus, das ganze kunstvolle Bauwerk in einer Stunde niederzureißen und in alle Winde zu verstreuen. Die Buben wiederum — und nicht zuletzt ich — hatten ganz andere Dinge im Kopf als den Besitzer des Heus.

Für gewöhnlich hält ein Strick den Haufen zusammen und macht aus ihm einen sauber geordneten Block inmitten des Feldes. Man hält sich am Strick und klettert hinauf. Nun beginnt eine wilde Orgie, ein Stampfen, Niederplumpsen, Stoßen, verbunden mit Schrammen und Liebkosungen, und das alles in einer wirbelnden Wolke würzigen Staubs. Ich glaube nicht, daß dies Spiel etwas vom wirklichen Leben vorherahnen läßt. Wenn es aber doch der Fall ist, dann kann es nur den ersten Ausbruch der Liebe bedeuten.

In meinem Leben gibt es keine bedeutsame Erinnerung, die nicht mit einem anderen Menschen verbunden wäre. Doch soll ich mich darüber beklagen? Es liegt in der Natur der Dinge, daß ein Blinder niemals etwas allein zu Ende führen kann. Es kommt für ihn, beim Spiel oder bei der Arbeit, immer ein Moment, wo er der Hand, der Schulter, der Augen oder Stimme eines anderen bedarf. Das ist nun einmal so. Ist es für ihn ein Glück, ein Unglück?

Ich hörte von Blinden, diese Abhängigkeit bereite ihnen die größte Pein und mache aus ihnen arme Verwandte oder Schmarotzer. Einige unter ihnen betrachteten sie sogar als zusätzliche — und natürlich ungerechte — Strafe, als einen Fluch. Ich möchte sagen, sie haben doppelt unrecht.

Sie haben unrecht gegenüber sich selbst, denn sie quälen sich grundlos. Sie haben unrecht vor dem Leben, denn sie allein machen aus dieser Abhängigkeit ein Mißgeschick. Ja, was glauben sie denn, diese unglücklichen Blinden? Daß es einen einzigen Menschen gebe, der nicht auch mit seinen Augen von einem anderen abhängig wäre, der nicht auf irgendeinen anderen wartete, der nicht einem besseren, stärkeren oder einfach fernen Geschöpf unterworfen, nicht in irgendeinem Fall eng an all die anderen gebunden wäre? Woraus immer die Bindung bestehen mag — sei es Haß oder Liebe, Verlangen, Macht, Schwäche oder Blindheit —, sie ist unsere Bestimmung; und deshalb sollte man sie ganz einfach lieben.

Ich habe stets gern einen anderen Menschen in meiner Nähe gehabt. Natürlich fühlte ich mich auch gelegentlich dadurch gestört (es gibt Vertraulichkeiten, die ich nur schlecht ertrage), doch im ganzen muß ich der Blindheit danken, daß sie mich zu innigem Kontakt mit meinen Mitmenschen gezwungen hat und ihn weit öfter zu einem Austausch von Kraft und Freude als zu einer Qual werden ließ. Schwere Stunden hatte ich eigentlich immer nur dann, wenn ich allein war.

Ich kann die Freunde meiner Kindheit nicht zählen, doch viele Gesichter blicken mich noch an. Ich weiß nicht mehr richtig, wer sie sind, doch sie haben ihre tiefen Spuren in mir hinterlassen, sie in mir und ich in ihnen. Wen werde ich wiedererkennen in diesem Spiegelspiel?

Nicht wenige sind freilich tot. Ich gehörte einer Generation an, die einige Jahre später, im Zweiten Weltkrieg, stark gelichtet werden sollte, und viele, über die ich sprechen will, sind nicht mehr. Ich glaube aber, wir sollten nicht trauern: sie hätten es nicht gewollt, sie alle sind gestorben, weil sie das Leben zu sehr geliebt haben.

Meinen allerersten Freund hatte ich in Juvardeil; er hieß Leopold. Es kam mir immer vor, als sei er ein bißchen groß für sein Alter und könne auf seinen zu langen Beinen nur schlecht die Balance halten, wenn er in großen, schlacksigen Sätzen, mit klatschenden Holzschuhen, die steinigen Wege entlangrannte. Ich hatte immer Angst, er könne fallen. Sein Vater, ein gutmütiger Schreiner, war gestorben, als er noch ein ganz kleiner Junge war. Seine Mutter betrieb den Kurzwarenladen des Dorfes. Leopold war ein wenig taub. Zumindest sagten das alle Leute. In der Schule ließ er sich die Fragen wiederholen. Nur ich wußte gut, daß er weit weniger taub war, als die Leute glaubten: Leopold verstand auf den ersten Anhieb alles, was einen Sinn hatte, und alles, was schön war. Er hatte eine Art, mit einem Ruck seinen Kopf zurückzuwerfen, als wolle er sagen: »Ganz unnötig, so laut zu sprechen! Ich habe sehr gut verstanden.«

Leopold war so etwas wie ein Bauern-Poet. Die Dorfbewohner schnauzten ihn ein wenig an, »weil er schwerhörig sei«, vor allem aber wohl deswegen, weil sie dunkel fühlten, daß er nicht am richtigen Platze war. Und er war tatsächlich nicht am richtigen Platz, weder im Dorf, noch — wer weiß — in dieser Welt.

Er und ich, wir waren enge Freunde geworden, weil in unseren ungleichen Köpfen ähnliche Bilder abrollten. Zu ihm konnte ich vom Licht und den Tönen sprechen, von der Stimme der Bäume und dem Gewicht der Schatten: es erstaunte ihn nicht. Er hatte mir dafür jeden Tag eine neue Geschichte zu erzählen. Fast immer handelte sie von Blumen. Er sagte, daß die Blumen dazu geschaffen seien, uns zu retten. Uns zu retten, ihn zu retten, doch vor was? Ich sagte es ja schon: Leopold war ein Poet, und sogar ein romantischer.

Wir besuchten zusammen die von Spuk gezeichneten Kreuzwege um Juvardeil, das heißt, die Straßenkreuzungen, an denen ein Kreuz oder ein gespaltener Baum stand oder wo man, überlieferungen zufolge, die ebenso alt waren wie die Sarthe, einst Gespenster gesehen hatte. Die Gespenster nahmen wir nicht ernst, wohl aber ihr Geheimnis, das ja! Im letzten Jahr liebte Leopold nur noch Chrysanthemen. Er pflanzte sie überall. Und wenn einmal wirklich keine zu sehen war, stellte er sie sich in seinem Kopf vor und beschrieb sie mir.

Doch das ist noch nicht alles: Leopold hatte niemals gemeine Gedanken. Er rühmte sich nicht, auf Schürzenjagd zu gehen oder die Mädchen hinter Hecken zu beobachten. Wenn er mit ihnen sprach, war er linkisch und ehrerbietig. Natürlich machten sie sich über ihn lustig. Ihm war das gleichgültig. Was er an den Mädchen liebte, war ihr Herz und ihre Anmut. Er war im Dorf wirklich nicht am richtigen Platz.

An einem Wintertag starb Leopold im Alter von sechzehn Jahren an einer tödlichen Lungenkrankheit (ich war in Paris und hörte nur davon). Man sagte mir, er habe sich entsetzlich gewehrt. Das mag wohl möglich sein, er hatte wahrhaftig noch nicht zu Ende gelebt.

Das also war mein erster Freund – einer der dunkelsten und einer der liebsten. Es ist erstaunlich, wie leicht man Leute dieser Art trifft, wenn man blind ist; vielleicht deshalb, weil sie sich denen, die sie nicht sehen, zu zeigen wagen.

Auch Promiskuität gab es in Juvardeil, vor allem an regnerischen Tagen, draußen auf dem Feld, wenn Gärten und Äcker sich in Wasserlachen verwandelt hatten und man in die Scheune flüchten mußte. Bauernjungen sind nicht schamhaft, sie sind auch nicht schamlos. Sie sagen, was sie tun. Sie zeigen, was sie haben. Und schließlich ist das gar nicht schlecht, denn mit ihnen lernt man wenigstens leben, und zwar schneller als in der Stadt, wo die zivilisierten Leute Versteck spielen.

Zudem kommt bei diesem »alles Anfassen« zwischen Jungen oder Jungen und Mädchen – mit dem meines Wissens keine Moral jemals fertig geworden ist – zumindest eine Erfahrung heraus: daß wir alle aus einem Fleisch geschaffen sind, daß wir alle dieselben albernen Wünsche und dieselben Schranken haben, daß es zwischen uns keine Unterschiede gibt außer denen, die vom Verstand und vom Herzen kommen, kurz, daß man uns alle in denselben Topf werfen und durcheinanderrühren könnte, ohne daß unsere Würde groß darunter litte.

Ich frage mich auch, was ein kleiner Blinder von der Welt und den anderen Menschen wissen könnte, wenn er sie nicht irgendeinmal ungestraft berühren und sich mit ihnen befassen dürfte. Die Leute, die sehen können und an dieser Bemerkung Anstoß nehmen, mögen sich selbst die Frage vorlegen, was ihre Augen — sogar in vollem Mannesalter — heimlich und mitunter unbewußt tun.

In der Scheune gab es neben durchlöcherten Brettern, Leitern, Reisigbündeln und Strohhaufen auch noch die »Kleine Republik«. Dies war der Name eines Karrens, und ihn kannte jeder. Er hatte im Jahre 1870, zur Zeit, als die Dritte Republik ausgerufen wurde, meinem Urgroßvater gehört. Und da dieser eigensinnige Vorfahr — ein kluger Kopf, daran ist nicht zu zweifeln — alle reaktionären und klerikalen Ansichten der übrigen Familie verleugnet und geschrien hatte »Es lebe Gambetta, es lebe die Republik«, war sein zweirädriger Karren zum Symbol dieses wichtigen Ereignisses geworden, zum Mahnmal der Revolution.

Er stand dort mitten in der Scheune, so verlockend mit seinen Deichselstangen, die wie Arme in die Luft ragten. Wir durften ihn grundsätzlich nicht anfassen, denn er war für ernste Aufgaben vorgesehen. Doch Unordnung stellt ihre Forderungen, und wir stibitzten die Kleine Republik. Manchmal waren es zwei, manchmal zehn von uns, die sich an die Gabel klammerten und den Wagen wegschoben. Wenn die Kleine Republik leer war, machte sie auf den Kieselsteinen ein Geräusch, das wie ein Sturzbach klang. Sie tanzte auf und nieder, kippte in allen Wagenspuren um und drohte in Stücke zu zerfallen; die Angst, sie nicht heil nach Hause zu bringen, verzehnfachte das Vergnügen.

War die Kleine Republik jedoch beladen, lärmte sie so laut,

wie sie konnte. Wir verstauten in ihr Äpfel, Hobelspäne, Unkraut, das wir am Weg aufsammelten, oder Haufen von Kieselsteinen, die Straßenarbeiter am Rande der Straße liegengelassen hatten. Meine Kumpane stellten mich auf die Probe. Sie steuerten den Zug sicher, während ich zwischen ihnen lief und ihrem Kurs folgte. Doch von Zeit zu Zeit machten sie absichtlich eine falsche Wendung. Sie lenkten die Kleine Republik auf einen Seitenweg oder geradewegs auf eine Mauer zu. Sie täten das, sagten sie, um zu sehen, wieviel ich sehe. Aber sie hatten fast immer das Nachsehen, denn die Kleine Republik vor mir kündete mir sogleich an, daß sie vom Weg abgekommen war, daß sie auf Gras rollte, eine unsinnige Kurve genommen hatte oder plötzlich eine bedenkliche Neigung aufwies, die allein von einer boshaften Absicht herrühren konnte. Dann protestierte ich mit Geschrei und hielt das Gefährt an. Alle Jungen waren zufrieden, sie hatten mich als einen der ihren erkannt.

Ich weiß wohl, daß die Kleine Republik tapfer war, ob sie uns freilich überlebte, weiß ich nicht. Jedenfalls denke ich noch oft und zärtlich an sie zurück. Als Republikanerin kannte sie vielleicht die Losung der Republik. Sie hat mich zweifellos die Brüderlichkeit gelehrt, ebenso Freiheit und Gleichheit; sie lehrte mich, daß ich, wenn ich es nur wünschte, mit den anderen gehen konnte – zum Guten oder zum Schlechten.

6

WIEDER IN PARIS

In Paris wog die Blindheit schwerer. Die Straße war ein Labyrinth von Geräuschen. Jeder Ton wurde zehnmal zurückgeworfen — von den Mauern der Häuser, den Vordächern der Ge-
schäfte, den Gittern der Abwasserkanäle, dem massigen Körper
der Busse, den Baugerüsten und Laternenpfosten — und erweckte
falsche Bilder. Ich konnte mich nicht mehr auf meine Sinne verlassen. Die Leute gingen nicht auf den Gehwegen; die Schultern
vorgeschoben, die Augen ins Leere gerichtet, hieben sie sich wie
mit einer Axt ihren Weg durch die Menge. Paris war wie alle
Städte eine Schule des Egoismus.

Im Champ de Mars, dem Garten meiner frühen Kindheit,
hörte ich Mütter ihren Söhnen ins Ohr flüstern: »Spiel nicht mit
ihm! Du siehst doch, daß er blind ist!« Ich kann nicht zählen,
wie oft ich diese Sätze gehört habe. Sie trafen mich wie ein elek-
trischer Schlag.

Doch ich habe nicht die Absicht, Dummheit und Bosheit den
Prozeß zu machen; das Urteil ist schon seit langem gefällt. Ich
wollte vielmehr sagen, daß diese mürrischen, unfreundlichen,
von Angst zerfressenen Mütter mir letztlich einen großen Dienst
erwiesen haben. Wenn sie auch ihre eigenen Kinder nicht zu
schützen wußten, so haben sie doch wenigstens mich vor ihnen
geschützt.

Die Eltern eines Blinden brauchen sich über den Umgang ihres
Kindes keine Sorgen zu machen. Schlecht erzogene und herzlose
Jungen würden sich wohl hüten, einem Blinden entgegenzugehen.
Sie bleiben lieber an den warmen Röcken ihrer Mütter hängen.
Sie wagen sich nicht vor.

Bis zum Alter von fünfzehn Jahren, wo das Leben des Erwachsenen mit seinen unvermeidlichen Kompromissen beginnt, konnte ich mich immer gutherzigen Kindern anschließen, schwachen oder starken, doch guten Kindern, die bereit waren, alles, was sie hatten, wenn nicht zu geben – Geben ist nicht Sache der Kindheit –, so doch mit mir zu teilen.

In der nahegelegenen öffentlichen Schule hatte ich einen Führer für mich finden müssen, einen Jungen, der so gefällig war, mich an meinen Tisch abzuholen, wenn die Glocke das Ende der Stunde ankündigte, der mit mir die Treppe hinuntergehen und selbst die Pause in meiner Gesellschaft verbringen wollte. Einer bot mir von sich aus sogleich seine Hilfe an; er hieß Bacon. Was für ein feiner Kerl er doch war! Trotz allem war er arm dran; er hatte seinen festen Platz am Schwanz der Klasse. Welche Anstrengungen er auch unternahm – und er arbeitete hart und geduldig –, man konnte in keinem Fach einen Jungen finden, der auch nur ein einziges Mal weniger glänzend war als er. Er war nicht der Vorletzte, er war der Allerletzte. Wie ich mich noch erinnere, behandelte ihn der Schulmeister verächtlich und machte ihn vor allen anderen lächerlich. Doch die einzige Folge seiner Ungerechtigkeit gegenüber Bacon war, daß mir Bacon sehr lieb wurde.

Dieser Prügelknabe war der Sohn einer bekannten Frau, bekannt zumindest im Champ de Mars: sie ließ hier jeden Tag eine Schar kleiner Esel herumlaufen, auf denen die Kinder, die den Garten besuchten, für einige Sous reiten konnten. Da ich der Freund – einer der wenigen Freunde – ihres Sohnes war, ließ mich die stattliche Frau mit der männlichen Stimme ihre Esel umsonst reiten.

Bacon hatte ein goldenes Herz, das ihm den Verstand ersetzte. Da er so wenig an sich selbst und dafür um so mehr an die anderen dachte, wußte er über sie schließlich mehr als die besten Schüler der Klasse. Ich erzählte ihm Geschichten, die ihn aufs höchste verwunderten, wahrscheinlich deswegen, weil die anderen sie ihm nicht erzählten. Ich glaube, er wäre aus Liebe zu mir durchs

Feuer gegangen. Er war der erste in einer langen Reihe von Menschen, die der Himmel meinen Weg kreuzen ließ: sehr einfachen, wenn man will, ungeschliffenen Menschen, bei denen jedoch meine Blindheit ein instinktives, alles bezwingendes Gefühl von Zärtlichkeit erweckte. Dieses spontane Einverständnis ist indes so alt wie die Welt, es ist das in Märchen und Volksliedern ständig wiederkehrende Bündnis von Idioten und Blinden. Um keinen Irrtum zu wecken: ich sage das ohne Bosheit oder Verachtung.

Dennoch sollte Bacon mehrere Jahre auf einen Nachfolger warten müssen, denn inzwischen hatte ich Jungen ganz anderer Art um mich versammelt. Kinder neigen anscheinend viel eher als Erwachsene dazu, ihre Umwelt zu wechseln. Sie haben noch nicht die Zeit, sich mit dem Ihren zu begnügen. Es hindert und bedrückt sie, daß die großen Leute — und vor allem ihre Eltern — immer die gleichen bleiben, daß sie dies glauben und jenes kritisieren, den Tisch Tisch nennen und das Geld Geld, ständig dieselben Sätze wiederholen und darüber im ganzen die erste Wahrheit vergessen: daß die Welt doppelt, dreifach, unzählbar und immer wieder neu ist.

Meine echten Freunde haben immer zu einer besonderen Gattung von Kindern gehört: es waren Sucher, Unermüdliche, »Enthusiasten« von morgen. Wenn jemand mit mir Freundschaft schloß, geschah etwas in gewissem Sinn Erstaunliches: er konnte sich nicht mehr mit seinen gewohnten Wahrheiten begnügen und mußte etwas von den meinen übernehmen, die fast immer anders waren. Nicht Stunden, ganze Tage haben wir, meine Kameraden und ich, damit verbracht, unsere Welten zu vergleichen. Wir machten regelrechte Bestandsaufnahme. Und ich erinnere mich an unsere Überraschung, unsere Befriedigung, die wir jedes Mal empfanden, wenn wir merkten, daß wir zwischen diesen zwei Welten eine Brücke schlagen oder wenigstens einen kleinen Steg bauen konnten. Es war so leicht für uns, ineinander einzudringen. Wir waren in einem Alter, in dem Worte nicht störend wirken; man wirft sie durcheinander, um alles sagen zu können.

Meine echten Freunde sind erst nach meinem Eintritt ins Gymnasium in mein Leben getreten. Aber da war — gleich im ersten Jahr — nicht ein einziger, der nicht durch meine Verschiedenheit angelockt worden wäre. Selbst bei Jean war das so, von dem ich bald sprechen werde.

Für die Träumer hatte ich einen Sack voller Träume, so voll, daß wir zusammen die Zeit, ja selbst den Regen vergaßen und schmutzbedeckt nach Hause kamen. Für die Prahler hatte ich Prahlereien vorrätig. Wenn man Phantasie besitzt, muß man sich ihrer bedienen! Wir duellierten also eine ganze Stunde lang statt mit Klingen mit aufgeblähten Geschichten. Die Sanften hatten zunächst Mitleid mit mir (da ich nicht sehen konnte, mußte ich unglücklich sein); wenn sie mich dann näher kennenlernten, bemitleideten sie mich nicht mehr. Doch es war bereits zu spät, seiner Wege zu gehen, wir waren Kameraden geworden. Für die Harten schließlich, die darauf brannten, ihre Kraft zu zeigen, war ich der ideale Schützling: ich hatte Schutz nötig und forderte ihn doch nicht. Sie drängten sich um mich.

Einen von ihnen, Jean-Pierre, sehe ich während meines ersten Jahres auf dem Gymnasium vor mir, oder vielmehr: ich berühre noch seinen dicken Wollsweater und seine breiten Schultern, die mir übermenschlich dünkten, in der Erinnerung. Jean-Pierre hatte es sich in den Kopf gesetzt, mir »Geltung zu verschaffen«. Vor, zwischen und nach den Stunden führte er — oder besser, schwenkte er — mich durch die ganze Schule. Er zwang alle Jungen, mich an ihren Spielen teilnehmen zu lassen, und die Unbotmäßigen lehnten sich kein zweites Mal auf. Er hatte mich gelehrt, etwas hinter ihm zu laufen und mich dabei an seinem Hals zu halten. Er sagte, dies sei der beste Griff.

Mit Jean-Pierre gab es keine Gefahren mehr. Tauchte ein unvorhergesehenes Hindernis auf — er selbst räumte es weg. Es fehlte nur noch, daß er mir dafür dankte, sich meinetwegen weh tun zu dürfen. Jeden Tag zeigte er mich in der Turnhalle, der Krankenstube und der Küche vor. Schließlich machten wir noch unseren obligatorischen Besuch beim Hausmeister, denn dieser lobte Jean-Pierre in den höchsten Tönen.

Wenn manche Leute glauben, ich sehe meine Kindheit durch eine rosarote Brille, so haben sie ein Vorurteil gegen die Kindheit. Gewiß gibt es böse Kinder; auch mit ihnen mußte ich mich raufen. Ich ließ hier gelegentlich ein paar Federn, und meine Eigenliebe trug einige Wunden davon. Doch weit häufiger sind die Jean-Pierres. Ich nehme an, kein wirklicher Dichter hat jemals die Mähne des echten Pegasus in Händen gehalten. Doch als ich mich mit zehn Jahren am starken Hals Jean-Pierres hielt, war ich dieser Dichter. Und ich versichere, daß ich nicht daran zweifelte!

Es ist oft schwierig, einzelne Menschen zu überzeugen. Eine organisierte Gruppe zu überzeugen, ist unmöglich. Am besten fügt man sich ins Unabänderliche. Wie könnte man hoffen, daß eine Schule, ein Ausschuß oder gar eine Verwaltungsbehörde, daß Ämter, die nur kraft ihrer Gewohnheiten — das heißt ihrer Mittel — überleben, mit Wohlwollen auf Ausnahmen blicken? Nur ist ein Blinder notwendigerweise eine Ausnahme. Er ist es, weil er von den anderen so verschieden ist und weil er einer — glücklicherweise nur sehr schwachen — Minorität seines Landes angehört.

Dies konnte ich einmal mehr beobachten, als ich mit zehn Jahren ins Gymnasium eintreten mußte. Ich wurde zugelassen, doch, wie zwei Jahre zuvor in der Grundschule, nur »zur Probe«: man würde mich behalten, wenn am Ende von sechs Monaten oder einem Jahr der Beweis erbracht sei, daß ich die Schulmaschinerie nicht aus dem Gang gebracht habe. Im Oktober 1934 war ich Schüler der Sexta im Montaigne-Gymnasium, einem hellen Bau gegenüber dem Jardin du Luxembourg. Als ich die Verwaltung und die Pforte des Gymnasiums erst einmal überwunden hatte, traf ich glücklicherweise nur noch Menschen. Von den vielen Lehrern, die ich hier und später am Louis-le-Grand-Gymnasium kennenlernte, hat sich keiner jemals meiner Anwesenheit widersetzt, viele haben sie sogar mehr, als ihr berufliches Gewissen gebot, begünstigt. Wenn ich den Fall jenes Lehrers der Naturgeschichte anführe, der, aufgebracht vom Klappern meiner Schreibmaschine, diese, gleichsam als Rachemaßnahme, eines Tages unter den aufgedrehten Wasserhahn hielt, dann muß ich sofort hinzufügen, daß derselbe Lehrer drei Jahre später wegen Geisteskrankheit in einer Anstalt untergebracht werden mußte. In sieben Jahren meines Aufenthalts im Gymnasium habe ich schlechterdings keine Ungerechtigkeit erlitten. Es wäre sogar gerechter zu sagen, daß man mich allen anderen gleich stellte, mich in ihre Reihen aufnahm, mich ermutigte, ja mich feierte.

Von dieser Zeit an beginnt meine Lebensgeschichte so sehr derjenigen anderer zu gleichen, daß sie sich mitunter nicht mehr von jener abheben wird. Und da die Studien eines kleinen Parisers im zweiten Viertel des zwanzigsten Jahrhunderts für niemand ein Geheimnis enthalten, sehe ich mich zum ersten Mal gezwungen, auszuwählen. Mein Thema ist die Blindheit und was man mit ihr machen kann, alle anderen Einzelheiten werde ich beiseitelassen.

Ich langweilte mich im Gymnasium, langweilte mich fast ohne Unterbrechung. Gewiß nicht wegen meiner Kameraden, auch nicht wegen meiner Lehrer, sondern sozusagen trotz ihrer Gegenwart. Die Langeweile, von der ich spreche, war nicht die Ungeduld eines Kindes, das statt zu arbeiten lieber spielen würde (obwohl ich natürlich sehr gern spielte), noch war es jene Unstetigkeit des Geistes, die einen fünf Minuten zuhören, sich dann abwenden, von neuem zuhören läßt und die bei gewissenhaften Kindern schließlich zu einer Übelkeit verursachenden Angst führt, bei weniger skrupelhaften in einem geistigen Tiefschlaf endet. Mir scheint, als habe ich während des Unterrichts selten geschlafen. Auf alle Fälle schlief ich nicht öfters als meine Nachbarn. Meine intellektuelle Neugier war sehr stark. Wohl schien mir die Mathematik öde, doch Latein, Griechisch und Deutsch interessierten mich, und bei Literatur, Geschichte, Geographie und den Naturwissenschaften hatte ich das Gefühl, mich in wunderbare Gefilde zu begeben. Schularbeit und Hausaufgaben ermüdeten mich nicht, sie machten mir im Gegenteil Freude. Ich trank an den Quellen des Wissens wie an einem Brunnen. Doch in der Schule langweilte ich mich.

War einmal die Klassentüre geschlossen stieg mir der Geruch des Raumes in den Kopf. Nicht daß einer meiner Kameraden schlecht gepflegt gewesen wäre, doch jeder von ihnen besaß einen Körper, und vierzig Körper in einem so kleinen Raum -- das war zuviel. Man hätte sich am Rand eines stehenden Sumpfwassers glauben können. Wie kam das?

Ich erwähnte bereits, daß es für einen Blinden so etwas wie moralische Gerüche gibt, und ich glaube wohl, dies war hier der Fall. Ist eine Gruppe von Menschen gezwungen — oder gesellschaftlich verpflichtet, was aufs selbe herauskommt —, sich in einem Raum aufzuhalten, so wird sie alsbald einen schlechten Geruch entfalten. Man möge das wörtlich auffassen. Bei Kindern vollzieht sich dieser Prozeß noch schneller. Man denke nur an die ganze Masse unterdrückten Ärgers, gedemütigten Unabhängigkeitsdrangs, zurückgehaltener Vagabundierlust und ohnmächtiger Wißbegierde, die vierzig Buben zwischen zehn und vierzehn Jahren ansammeln können!

Hier war also die Quelle des unliebsamen Geruchs und des Dunstes, mit denen die Klasse für mich physisch angefüllt war. Was ich sah, war trübe, die Farben wurden fade, ja schmutzig. Die Tafel war schwarz, der Fußboden war schwarz, die Tische waren schwarz, die Bücher waren schwarz. Selbst der Lehrer, der im Licht stand, war nicht mehr als grau. Er hätte sich doch abheben müssen, nicht allein durch sein Wissen (Wissen enthielt damals für mich wenig Licht), sondern auch durch seine Person.

Langeweile band und knebelte all meine Sinne. Selbst die Töne verloren im Unterricht an Umfang und Tiefe, wurden kraftlos. Ich glaube, ich mußte meine ganze leidenschaftliche Liebe zum Leben aufbieten, um die Probe zu bestehen. Im Grunde war ich wohl ganz einfach ein Mensch ohne Disziplin, der sich zur Rebellion nicht entschließen konnte, ein unverbesserlicher Individualist! Ganz gewiß spielte das in meinem Falle mit. Doch dazu kam die Blindheit und ihre Welt, der die Schule Gewalt antat. Ich brauchte mehrere Jahre — mindestens bis zur Halbwüchsigkeit —, um einen Widerwillen zu beschwichtigen, den gerade die Schule in mir hervorgerufen hatte. Ich zweifle aber sehr daran, daß mir dies — selbst heute — gelungen ist!

Ich konnte nicht verstehen, warum die Lehrer niemals über das sprachen, was in ihnen oder in uns vorging. Sie sprachen in großer Ausführlichkeit von der Entstehung der Gebirge, der Ermordung Iulius Caesars, den Eigenschaften von Dreiecken, auf welche Weise und in welchem Rhythmus sich Maikäfer fortpflanzen, oder über die Verbrennung von Kohlengas. Manchmal sprachen sie sogar über Menschen, doch immer nur insofern, als es sich um Figuren handelte: da gab es die Figuren der Alten Geschichte, die Figuren der Renaissance oder der Komödien Molières, da gab es eine Figur, die seltsamer war als alle anderen — sie wurde je nach Fall »Individuum« oder »Bürger« genannt —, von der ich mir nicht die geringste Vorstellung machen konnte. Von Menschen, die Fleisch und Blut waren wie der Lehrer oder wir, von ihnen war gewissermaßen nie die Rede. Das Thema aller Themen, die Tatsache, daß die Welt nicht draußen aufhört, sondern sich in uns fortsetzt, war nicht existent.

Ich verstand wohl, daß der Lehrer von dem, was in ihm vorging, nicht sprechen konnte oder nicht sprechen wollte, das war seine Sache. Auch ich hatte nach all dem keine besondere Lust, ihm zu sagen, was in mir vorging. Doch das innere Leben war mehr als nur eine persönliche Angelegenheit. Es gab eine Menge von Wünschen und Zielen, die meine Kameraden mit mir teilten, das wußte ich. Kenntnisse waren schön und gut, doch der Grund, warum die Menschen sie erworben hatten, der sie dazu verlockt hatte, dürfte sinnvoller gewesen sein — und darüber sprach man nicht. Ich konnte mich des Gedankens nicht erwehren, daß jemand in dieser ganzen Angelegenheit irgendwo mogelte. Ich mußte mich also verteidigen, und ich verteidigte mich.

Ich ließ alle Bilder meiner inneren Welt aufmarschieren, all jene, die eine Beziehung zu lebendigen Wesen oder lebendigen Dingen hatten. Während ich auf meinem schwarzen Stuhl vor meinem ekelerregenden Tisch unter dem grauen Regen der Wissenschaft saß, wob ich verbissen an einer Art Gespinst. Ich war indes ein guter und listiger Junge zugleich: ich sah zu, daß niemand etwas von meiner Feindseligkeit ahnte. Diese innere Welt gehörte mir, und es lag mir so viel an ihr, ich wollte sie unter allen Umständen vor dem Schiffbruch bewahren, daß ich, um sie zu schützen, unaufhörlich an jedermann Konzessionen machte, an die Bücher, an meine Eltern, an meine Lehrer. Diesem »Rette-sich-wer-kann« verdankte ich es, daß ich ein glänzender Schüler war.

Um meinen Frieden zu haben, begann ich alles, was man wollte, in mich hineinzufressen: Latein, Insektenkunde, Geometrie und die Geschichte Chaldäas. Ich lernte auf der gewöhnlichen Schreibmaschine tippen, um meine Hausaufgaben wie die anderen direkt dem Lehrer übergeben zu können. Ich brachte jeden Tag meine Braille-Schreibmaschine ins Gymnasium, stellte sie auf ein Filzpolster, um den Lärm abzudämpfen, und machte mir Notizen. Ich lauschte, antwortete, lauschte, doch ich war nie mit ganzem Herzen dabei. Ich war in zwei Teile geschnitten, war hier und dort, ständig auf dem Sprung zwischen dem Wichtigen und dem Wertlosen.

Jetzt, da die Erfahrung hinter mir liegt — die Langeweile, die zähflüssig wie Öl war, diese moralische Lähmung ganzer Jahre —, sehe ich ein, daß ich dafür dankbar sein muß: sie waren ein Zeichen dafür, daß ein guter Geist sich in mir weigerte, die Kindheit aufzugeben, und nie zugelassen hätte, daß sich eine fertige Wahrheit in mir festsetzt. Sie liegt hinter mir, niemals aber möchte ich das Gefühl höchster Verwunderung missen, das ich empfand, als ich eines Tages blind war, auch dann nicht, wenn es kein Buch gäbe, es festzuhalten.

Trotz allem begegnete ich in der Schule meinen ersten Verbündeten: den Dichtern und den Göttern. Ich fand sie im Staub der Bücher, wo sie breite Straßen voller Licht vor mir auftaten. Sie schienen eigens mir zuzulächeln und zu sagen, daß nicht alles verloren sei.

Es wäre sehr wohl möglich, daß die Zeit, wo das humanistische Gymnasium verschwindet, nicht mehr fern ist. 1935, an einem Pariser Gymnasium, war es jedoch noch fest fundiert. Unsere Arbeit war in zwei fast gleiche Teile geteilt: die Welt von heute und die Welt von einst, die Träume der Antike und die Träume der Neuzeit. Es will mir scheinen, als sei das nicht schlecht gewesen. Zumindest laufen wir so nicht Gefahr, in die heute so häufige Lächerlichkeit zu verfallen, das Zeitalter der Sputniks und Polarisraketen mit dem der »Genesis« zu verwechseln!

Ganze Stunden lang hatten wir mit außerordentlichen Persönlichkeiten oder vielmehr Wesenheiten Umgang zu pflegen: mit Zeus und Aphrodite, den Nixen und Elfen, dann wieder mit Zeus, Prometheus, Hephaist und Apollon; das war, wirtschaftlich gesehen, eine Zeitverschwendung, geradezu ein Blutsturz des Wissens, vom Gesichtspunkt der praktischen Vernunft eine Verrücktheit. Vielleicht war es eine Verrücktheit, doch wer kann das schon beweisen, und für mich, so kann ich versichern, war es eine glückbringende Verrücktheit.

Auf alle Fälle war es von 1934 bis 1939 meine Aufgabe als Schüler, gleichzeitig Leute so verschiedener Kategorien wie Newton und Athene, Franklin D. Roosevelt, Léon Blum, Adolf Hitler, Herakles und Poseidon bei mir zu empfangen und mit ihnen in harmonischer Gemeinschaft zu leben. Das erstaunliche dabei war, daß gerade diese seltsame Mischung besonderes Licht hervorrief.

Ja, ich konnte in dieser Atmosphäre klarer sehen. Ich lernte mich besser kennen. Denn auch in mir war das Universum nicht zwei-, sondern dreidimensional. Es bewegte sich in der Gegenwart ebenso wie in der Vergangenheit. Es offenbarte sich im Sichtbaren wie im Unsichtbaren, in dem, was sich wägen läßt, und in dem, was nicht gewogen werden kann, in Dingen, die einen Namen tragen, die man in ihren Elementen erforschen oder die man schaffen kann, doch nicht minder in der Metamorphose.

In meinem Kopf herrschte ein ungeheurer Aufruhr, eine unaufhörliche Gärung, als ob man mehrere Flüssigkeiten in dasselbe Gefäß gegossen und durcheinandergeschüttelt hätte; doch diese setzten sich mühelos, in sauberen Schichten, voneinander ab: Adolf Hitler sank zu Boden, während Apollon wieder an die Oberfläche kam.

Alles, was ich von der griechischen Mythologie und, durch ihr weitreichendes Vermächtnis, von Homer über Racine bis Giraudoux hörte, schien mir klar. Es war indes eine Klarheit, von der ich nur mit größter Mühe Rechenschaft ablegen konnte, besonders wenn ich es schriftlich zu fixieren hatte. Die griechischen Götter gefielen mir, ja, sie waren sogar wichtig für mich. Ihr Gebaren war fast immer burlesk und anstößig. Ich erinnere mich, daß ich, als ich zwölf Jahre alt war, Zeus wegen seiner ständigen Untreue gegenüber Hera fast verabscheute. Ich tadelte ihn heftig. Doch jenseits ihrer Bettgeschichten und nichtigen Zänkereien gewannen die Götter neues Ansehen, und was sie mitteilten, deckte sich genau mit den Erfahrungen, die ich bei mir gemacht hatte. Athene zum Beispiel war Weisheit, Aphrodite Schönheit, Apollon Licht, Zeus Blitz, Stärke, Blendung und Schutz. Ich wußte meinerseits gut, daß diese Dinge wirklich existierten, daß sie keine Marionetten oder bloße Worte waren, noch einfach sinnentstellende Übersetzung aus dem Lateinischen.

Die Art, mit der die Erwachsenen »dies ist schön«, »das ist vernünftig« sagten, reizte mich, da ich gut merkte, daß für sie »dies« und »das« viel mehr zählte als »schön« und »vernünftig«. Sie interessierten sich in Wirklichkeit nur für das, was sie gerade brauchten, was sie gebrauchten. Ich wollte die Dinge noch nicht gebrauchen, ich wollte sie betrachten.

Zweifellos zog ich Apollon allen anderen Göttern vor. Ich hatte dafür meine genauen Gründe: Apollon war der einzige von den in den Büchern Erwähnten, dem das Licht genauso wichtig war wie mir. Dazuhin war dieser große Gott speziell für jenen — wie ich so gut wußte, wesentlichen — Bereich des Lichts zuständig: seine Quelle. Seine Sorge war weniger die Art, wie sich das Licht an den Gegenständen stieß und an jeder Stelle des Planeten zurückgeworfen wurde (das taugte für die Optik), als vielmehr seine Geburt und Wiedergeburt, das Mysterium seiner unerschöpflichen, alles bedeckenden Flut. Später begriff ich, daß er weder einzig noch unübertroffen dastand, daß Christus dem Licht großen Wert beigemessen hatte und daß es eines der Lebenselemente aller christlichen Mystik war. Aber mit elf Jahren wurde ich von Apollon am meisten angesprochen.

Und dann waren da die Dichter, dieses außerordentliche, von anderen Menschen so verschiedene Volk, die jedem, der ihre Stimme hören wollte, davon erzählten, daß der Wunsch wesentlicher ist als das Glück, daß ein Traum mehr wiegen kann als Eisen oder Stahl! Wie kühn waren sie doch! Und wie hatten sie recht! Sie sagten, all das, was aus unserem Inneren komme, dringe durch die Dinge hindurch und kehre in uns zurück, und eben das sei Leben, Fühlen, Verstehen, Lieben.

Die meiste Zeit blieben sie infolge der verflixten Sprache, der sie sich bedienten, dunkel — zu dunkel selbst für meinen Geschmack —, dieser Sprache, die unaufhörlich stieg und fiel, die so einlullte, daß man sie nach ein paar Minuten schon gar nicht mehr vernahm, die schillernd von einem Ende des Alls zum andern sprang, die bei näherem Zusehen das glatte Gegenteil dessen verkündete, was man vermutet hatte. Ich schöpfte den Verdacht, sie hätten ihr Leben unnütz kompliziert. Doch trotz allem wußten sie Bescheid!

A propos Komplizierung: drei oder vier Jahre später schlug ich auf diesem Gebiet Rekorde. Als ich ungefähr fünfzehn Jahre alt war, schrieb ich Gedichte, die so stürmisch und dunkel waren, wie man sich nur vorstellen kann. Ich beschrieb phantastische Gärten und Grotten, ließ alle Wörter des Lexikons aufeinanderprallen, ließ alle Sternsysteme zusammenstoßen, wie dies bestimmt jeder anständige Mensch einmal in seinem Leben gemacht haben muß!

Das seltsame aber ist, daß ich heute, wo ich viel vernünftiger und klüger geworden bin, oft ein zwingendes Bedürfnis nach dieser Unordnung früherer Tage verspüre, nach einer Verworrenheit, die im Grunde doch recht klar war und die, wie mir scheint, in einer einzigen Minute mehr Lebenskeime enthielt als meine glücklichsten Tage von heute!

Wenn uns, die »Seher«, im Gymnasium ein Schulkamerad von der »praktischen« Gattung fragte, was dieser oder jener Vers von Victor Hugo oder Vergil wohl bedeuten könne, hatten wir für ihn eine fertige Antwort parat: »Das bedeutet, was es bedeutet, nichts weiter! Siehst du's nicht?« Meist »sah« er es nicht, doch er hatte einen Trost: er konnte uns für verrückt erklären.

Kaum war ich blind geworden, da hatte ich schon das Gesicht meiner Mutter und meines Vaters wie überhaupt all derer, die ich liebte, vergessen. Von Zeit zu Zeit tauchte ein Gesicht in meiner Erinnerung auf, doch immer stammte es von einer Person, die mir gleichgültig war. Warum war das Gedächtnis so angelegt? Man könnte glauben, Zuneigung sei mit ihm unvereinbar.

Sollte uns Zuneigung oder Liebe den Menschen so nahe bringen, daß wir nicht mehr in der Lage wären, ihr Bild zu beschwören? Vielleicht haben wir jene infolge unserer Liebe sogar niemals richtig gesehen. Statt ihres Aussehens hatte ich freilich die Stimme meiner Eltern ständig vor mir, und auch nach dem Unfall interessierten mich zwar Gestalt und Gesicht der Menschen noch immer, doch auf eine ganz neue Art. Es war plötzlich gleichgültig geworden, ob sie dunkel oder blond waren, blaue oder grüne Augen hatten. Ich fand sogar, daß die sehenden Menschen viel zu viel Zeit auf diese unnützen Beobachtungen verschwendeten. Die gängigen Redewendungen wie »er flößt Vertrauen ein« oder »er ist gut erzogen« schienen mir alle nur eben die Oberfläche des Menschen zu berühren; das war der Schaum, nicht das Getränk. Ich für meinen Teil hatte eine Idee von den Menschen, ein Bild, doch das stimmte nicht mehr mit dem der Welt überein. Oft sah ich sie gerade umgekehrt: den Jungen, den man verschlossen nannte, sah ich schüchtern, jenen, den man für faul hielt, sah ich den ganzen Tag in seiner Phantasie mit einem Eifer arbeiten, der ganz das Gegenteil von Faulheit war. Meine Ansichten über die Menschen waren tatsächlich von denen anderer Leute so verschieden geworden, daß ich mir angewöhnte, ihnen zu mißtrauen. Zu guter Letzt fand ich mich selbst sonderbar!

Kurz und gut: Haare, Augen, Mund, Krawattenknoten oder die Ringe an den Fingern zählten für mich nicht, ja, ich dachte an all das gar nicht mehr; die Leute schienen es nicht mehr zu besitzen. Vor meinem geistigen Auge tauchten Bilder von Männern und Frauen ohne Kopf und ohne Finger auf. Jene Dame im Sessel wiederum schrumpfte plötzlich zu ihrem Armband zusammen, sie wurde Armband. Da gab es Leute, deren ganzes Gesicht die Zähne beherrschten, und Leute, die in ihrer Harmonie aus Musik zusammengesetzt schienen. Doch in Wirklichkeit taugen all diese Schauspiele nicht dazu, beschrieben zu werden. Sie sind so beweglich, so lebendig, daß sie den Worten trotzen.

Nein! Die Leute glichen nicht dem, was man mir über sie sagte. Vor allem waren sie keine zwei Minuten dieselben. Es gab wohl einige. Doch das war ein schlechtes Zeichen: ein Zeichen, daß sie nicht verstehen oder nicht leben wollten, daß sie an der Leimrute einer ungehörigen Leidenschaft gefangen waren. Und das sah ich ihnen sofort an, denn da sie ihr Gesicht unbeobachtet glaubten, konnte ich sie überrumpeln. Das sind die Leute nicht gewohnt, sie putzen nur ihr Äußeres heraus!

Ich vernahm die Stimme meiner Eltern an meinem Ohr oder in meinem Herzen — wo, ist ohne Bedeutung —, doch sehr nah. Und all die anderen Stimmen nahmen den gleichen Weg. Es ist verhältnismäßig leicht, sich vor einem mißliebigen Gesicht zu schützen: man braucht es nur fernzuhalten, es in der Außenwelt zu belassen. Dasselbe versuche man einmal bei den Stimmen; da will es nimmer gelingen!

Die menschliche Stimme erzwingt sich ihren Weg in unser Inneres; eben hier vernehmen wir sie. Will man sie richtig hören, muß man sie im Kopf und in der Brust vibrieren, in der Kehle nachklingen lassen, als ob sie für einen Augenblick die eigene wäre. Das ist sicher der Grund, warum Stimmen uns nicht täuschen.

Ich konnte die Gesichter nicht mehr sehen. Wahrscheinlich würde ich sie mein ganzes Leben lang nicht mehr sehen. Mitunter hätte ich sie gern berührt, wenn sie mir schön schienen. Doch die Gesellschaft unterbindet sorgfältig solche Gesten. Übrigens untersagt die Gesellschaft überhaupt alle Gesten, die die Menschen einander näher bringen könnten. Sie glaubt zu unserem Besten zu handeln, uns vor den Zugriffen der Schamlosigkeit und der Gewalt zu schützen. Sie hat vielleicht recht: Menschen sind oftmals schmutzige Tiere. Doch kann ein blindes Kind die Gefahr schon erkennen? Es muß solche Tabus unbegreiflich finden.

Ich machte mir indes die Stimmen voll zunutze — ein Gebiet, in das die Gesellschaft nie ihre Nase gesteckt hat. Das ist übrigens recht verwunderlich. Während die Vorschriften der Menschen in Dingen des Körpers so heikel sind, sind sie doch nie auf den Gedanken gekommen, die Blöße der Stimmen zu bedecken, ihre Berührung einzuschränken. Offenbar haben sie nicht bedacht, daß die Stimme im Grad erlaubter und unerlaubter Berührungen weiter gehen kann, als es alle Hände und Augen jemals getan haben.

Überdies weiß ein Mensch nicht, daß er sich beim Sprechen

verrät. Wenn sich die Leute an mich, den kleinen Blinden, wandten, waren sie nicht auf der Hut. Sie waren überzeugt, daß ich die Worte vernähme, die sie sagten, daß ich ihren Sinn verstehe. Sie ahnten nie, daß ich in ihrer Stimme wie in einem Buch lesen konnte.

Der Mathematiklehrer betrat das Klassenzimmer, klatschte in die Hände und begann entschlossen mit dem Unterricht. Er sprach an diesem Tag klar wie gewöhnlich, vielleicht etwas fesselnder als sonst, etwas zu fesselnd. Anstatt gegen Ende der Sätze in die Ausgangslage zurückzufallen, wie sie es hätte tun müssen, das heißt, sich um zwei oder drei Töne zu senken, blieb seine Stimme, nach oben gewendet, in der Luft hängen. Es war, als wolle unser Lehrer an diesem Tag etwas verbergen, eine gute Figur machen vor wer weiß was für einem Auditorium, beweisen, daß er sich nicht gehen lasse, daß er durchhalten werde, durchhalten müsse! Und ich, der ich an die Kadenz seiner Stimme gewöhnt war, die so regelmäßig war wie das Schlagen eines Metronoms, spitzte die Ohren, und der Lehrer tat mir leid. Ich hätte ihm gern geholfen, doch das schien mir albern, hatte ich doch keinerlei Grund anzunehmen, er sei unglücklich. Aber er war allen Ernstes unglücklich: die schreckliche »Kenntnis« böser Zungen überbrachte uns acht Tage später, daß seine Frau ihn gerade verlassen hatte.

Ich konnte schließlich, ohne es zu wollen, ohne daran zu denken, so vieles in den Stimmen lesen, daß sie mich mehr interessierten als die Worte, die sie formulierten. Manchmal hörte ich im Unterricht ganze Minuten lang nichts mehr, weder die Fragen des Lehrers noch die Antworten meiner Kameraden. Ich war viel zu sehr von den Bildern in Anspruch genommen, die ihre Stimmen vor mir vorbeiziehen ließen, und das um so mehr, als diese Bilder oft in auffallendem Widerspruch zum Augenschein standen. Dem Schüler Pacot zum Beispiel war vom Geschichtslehrer eben eine »10 von 10«, die beste Note, erteilt worden. Ich war verdutzt. Die Stimme Pacots hatte mir verraten — ein Zweifel war nicht möglich —, daß Pacot rein gar nichts begriffen hatte.

Er hatte seine Lektion nur mit den Lippen vorgeleiert; seine Stimme klang wie eine Schnarre, der Ton war ausdruckslos.

Was die Stimmen mich lehrten, lehrten sie mich fast immer sofort. Zwar wirkten gewisse physische Faktoren störend. Es gab da Jungen, die schlecht atmeten — man hätte ihnen Wucherungen oder die Mandeln entfernen müssen — und deren Stimme wie von einer Wolke bedeckt blieb. Andere konnten nur ein lächerliches Falsett herausbringen, so daß man zunächst dachte, man habe Hasenfüße vor sich. Die Nervösen, Schüchternen gebrauchten ihre Stimme immer im falschen Moment und machten sich hinter ihrem Gestammel so klein wie möglich. Doch wenn ich mich täuschte, dann immer nur für kurze Zeit.

Eine schöne Stimme (und schön bedeutet viel in diesem Zusammenhang, bedeutet, daß der Mensch, dem diese Stimme gehört, schön ist) blieb auch bei Husten und Stottern schön. Eine häßliche Stimme dagegen konnte sich süß stellen, sich parfümieren, behaglich schnurren oder flöten: sie blieb stets häßlich.

Kurz, ich entdeckte die Welt der Stimmen — eine unbekannte Welt. Im Leben des Alltags wurde sie kaum beachtet. Allein die Musiker und einige Dichter schienen sich ihrer Gegenwart bewußt zu sein. Doch sie griffen immer nur die Augenblicke heraus, wo die Stimmen ihren größten Zauber ausstrahlten, dem Irdischen schon fast entglitten; auch sie kannten sie also nicht bis ins Letzte. Die gewöhnliche Stimme, die Stimme, die den Menschen enthüllt — existierte sie wirklich nur für mich?

Wie sollte ich anderen Menschen erklären, daß alle meine Gefühle ihnen gegenüber — Sympathie oder Antipathie — von ihrer Stimme ausgingen? Ich versuchte es wohl einigen zu sagen, ihnen darzulegen, daß weder sie noch ich etwas dafür könnten. Doch bald mußte ich schweigen, da ihnen diese Vorstellung sichtlich Angst machte.

Es gab also eine moralische Musik. Unsere Gelüste, unsere Launen, unsere heimlichen Laster und selbst unsere sorgsamst gehüteten Gedanken übertrugen sich auf den Klang unserer Stimme, wurden offenbar in ihrer Modulation, in ihrem Rhythmus. Lagen drei oder vier Töne zu nah beisammen, dann hieß das Zorn, selbst wenn man dem Sprechenden nichts davon ansah. Auch die Heuchler konnte man auf der Stelle ertappen: ihre Stimme war gedehnt und wies leichte, aber abrupte Abstände zwischen den Tönen auf, als ob sie beschlossen hätten, ihrer Stimme niemals freie Bahn zu lassen.

Man erzählte mir später von einer Wissenschaft, deren Entfaltung die Entwicklung des Radios und die in der Werbung üblichen Methoden indirekter Beeinflussung wünschenswert erscheinen ließen: die Wissenschaft von den Stimmen oder Phonologie. Ist eine solche Wissenschaft möglich? Zweifellos. Ist sie wünschenswert? Ich fürchte, nein. An dem Tag, an dem gierige, skrupellose Menschen die Kunst, die menschliche Stimme zu durchschauen, ganz beherrschten, sie zu entziffern und nach Belieben zu formen verstünden, wäre es mit dem bißchen Freiheit, das wir haben, vollends zu Ende. Sie hätten ihre Hand an einem Steuer, das den Blicken aufs beste entzogen ist. Ein neuer Orpheus wäre geboren, der wilde Tiere anlocken und Steine bewegen kann. Doch Orpheus — erinnern wir uns — hatte nur solange einen Anspruch auf sein Geheimnis, als er es nicht mißbrauchte.

7

MEIN FREUND JEAN

Schon seit einiger Zeit bin ich in meiner Erzählung nicht mehr allein: Jean ist da. Man hat das noch nicht bemerken können, und doch ist er in all dem, was ich sage und tue, gegenwärtig. Hätte ich nicht Angst, unnötig dunkel zu erscheinen, würde ich für die neun Jahre meines Lebens, die vor mir liegen, nicht mehr »ich«, sondern nur noch »wir« sagen.

In der Sexta des Gymnasiums saß Jean fast in allen Stunden am Tisch hinter mir. Er hatte diesen Platz selbst gewählt, er wollte mich nicht allein lassen. Doch das hat er mir nicht gesagt. Ich spürte immer das Verlangen, mich umzudrehen und seine Stimme noch näher zu hören, eine Stimme, die klug war — auch heller als die anderen — und die mich glücklich machte.

Wir waren noch keine Freunde; wir wagten nicht, es einander anzubieten. Gegen Ende des Schuljahrs fragte seine Mutter die meine, ob er nicht abends nach der Schule zu mir nach Hause kommen, mir die Bücher, die ich brauchte, vorlesen und mit mir arbeiten könnte. Und zu unserer allergrößten Freude wurde daraus sogleich Wirklichkeit. Doch wer hätte damals geahnt, daß diese aufkeimende Freundschaft so traurig enden würde? Weder er noch ich, das kann ich versichern! Wir waren Kinder und wußten nur, daß wir uns gern hatten.

Jean war der Sohn eines Architekten, eines fröhlichen und gütigen Mannes, der vier Jahre später an einem Herzanfall sterben sollte. Seine Mutter war Malerin. Sie war eine sanfte Frau voller Phantasie, die eine hohe Achtung vor anderen Menschen besaß.

Mit elf Jahren war Jean viel unschuldiger als fast alle meine Kameraden; er wußte nichts vom Leben. Er wollte von mir darüber auch noch gar nichts wissen. Das war bei ihm zum Teil

Schamgefühl, zum Teil aber auch die Einsicht, daß man die Dinge zu ihrer Zeit an sich herankommen lassen müsse: er sagte mir öfter, daß er warten könne.

Im ganzen war er langsamer als ich. Seine Bewegungen waren zuweilen sogar etwas ungelenk; entweder preßte oder streichelte er. Wenn er die Hand drückte, drückte er zu stark und zu lange, so daß es fast schmerzte. Er hatte eine engelgleiche Altstimme. Bis zu seinem vierzehnten Jahr machte ihm das große Sorgen: er fragte sich, ob er jemals wie ein Mann sprechen werde. Im Frühling 1938 fiel dann seine Stimme innerhalb von zwei Wochen um drei Oktaven und verwandelte sich in einen würdevollen und schützenden Baß.

Schützen: das Wort drückt alle Wünsche aus, zu denen Jean fähig war. Später, als wir beide die Selbstkritik entdeckt hatten, sagte er mir, er sei so glücklich, schwach zu sein, das würde ihn stets davor bewahren, andere auszunutzen. Aber war er tatsächlich schwach? Für die Lehrer ja. Obwohl er große Intelligenz besaß, war sein geistiger Rhythmus gemessen und seine Rede gesetzt; man warf ihm vor, sein Phlegma überschreite jegliches Maß. Auf seinem Gesicht lag immer eine Spur von Überraschung, was einfältige Menschen oft für versteckten Spott hielten.

Jean trat also durch alle Türen gleichzeitig in mein Leben: durch die Arbeit, durch die Phantasie, die Zuneigung und eine dauernde Gemeinschaft, die nur mit der geistigen Vertrautheit einer Ehe verglichen werden kann — einer Ehe freilich, wie man sie selten trifft. Jean war ernst, er war schwerblütig. Es wären noch andere Worte nötig, um ihm gerecht zu werden, Worte wie »Größe« und »Adel«, wenn man ihnen ihre steife Feierlichkeit nehmen könnte. Er war ernster als ich, weniger geneigt zu all den Torheiten der Triebe, und er übte einen mäßigenden Einfluß auf mich aus.

Wir waren beide sehr arbeitsam: die Bücher hatten uns gefangengenommen. Das schönste Geschenk, das ich Jean gemacht habe (er selbst sagte es), war eine Ausgabe von »Pelléas und

Mélisande« von Maeterlinck. Wir arbeiteten und wir träumten: auf zwei Körpern hatten wir nur einen Kopf. Sein Körper schoß weit schneller in die Höhe als der meine, so daß seine Hand jedes Jahr von etwas höher auf meine Schulter fiel. Jean hielt mich nie anders als an der Schulter, und fürwahr, er hielt mich fest! Mit sechzehn Jahren maß er zwanzig Zentimeter mehr als ich. Er war ein großer magerer Bursche, ein ernster — immer ernsterer — Junge.

Wir waren von der Sexta an zusammen. Es war das erste von sieben Schuljahren, in denen wir uns niemals länger als für achtundvierzig Stunden trennten. Und nach diesen sieben Jahren kamen nochmal zwei Jahre, Jahre voll Unheil. Doch es ist zu früh, darüber zu reden. In diesen neun Jahren gab es keinen Gedanken, keine Gemütsbewegung, die wir nicht geteilt hätten. Und dennoch waren wir gänzlich verschieden.

Wir hörten dieselben Lehrer, lasen dieselben Bücher, hatten dieselben Freunde, machten dieselben Reisen, zu denselben Zeiten erwarteten uns dieselben Vergnügungen, wir gingen im selben Schritt — und man glaube mir, das war, als er so groß wurde, für mich gar nicht einfach. Wir waren zusammen verrückt und wir waren zusammen traurig. Wenn sich einer über etwas nicht klar war, dann deshalb, weil es der andere nicht wußte. Wir waren so sehr eins, daß wir uns telepathisch verständigen konnten. Doch trotz allem blieben wir zwei, freudig und ungezwungen zwei, so sehr zwei, daß wir jeden unserer Tage zweimal lebten.

Was uns verband, war nicht nur Freundschaft, es war eine Religion. Das Mietshaus, in dem ich wohnte, lag auf halbem Weg zwischen dem Gymnasium und Jeans Wohnung. Zweimal am Tag legte Jean die Strecke zu Fuß zurück, um mich auf seinem Weg abzuholen und wieder abzusetzen. Ich wartete unten im Flur des Hauses auf ihn. Ich wartete gern auf ihn. Wenn er sich etwas verspätete, spürte ich ein Prickeln in den Fingerspitzen, und meine Kehle schnürte sich zusammen, nicht, weil ich unruhig gewesen wäre, sondern aus Freude. Plötzlich stand er dann, in voller Größe, zuverlässig wie ein Ehrenwort, vor mir. In der ersten Sekunde sagte er nie etwas. Auch ich schwieg. Wir mußten schweigen, um uns wiederzufinden.

Mit sechzehn Jahren hatten wir feierlich beschlossen, daß wir niemals mehr Banalitäten austauschen, keinen dieser abscheulichen Ausdrücke wie »Wie geht es dir heute? – Ganz gut. Und dir?« mehr gebrauchen wollten, die nach Freundschaft klingen, eine Minute später aber wie Blasen zerplatzen. Wir hatten geschworen, uns die Wahrheit zu sagen, die reine Wahrheit, und, wenn wir das nicht könnten, zu schweigen. Man stelle sich zwei Jungen vor – den einen hoch aufgeschossen, den anderen von mittlerem Wuchs –, die mit langen, gleichen Schritten auf einem Waldweg in der Ile-de-France (Rambouillet, Saint-Germain, Chantilly) ausschreiten, hin und wieder einander zulächeln, aber stundenlang nichts sprechen: das sind Jean und ich mit fünfzehn Jahren, an einem Tag, an dem wir unser selbst nicht sicher sind, nicht sicher, ob wir, wenn wir sprächen, einander nicht verletzten.

Ja, wir konnten anspruchsvoll sein, damals! Wir wußten beide so gut, daß Anstand und Respekt einen größeren Genuß gewährten als alle Vergnügungen der Welt. Jean zumindest war mit diesem Wissen geboren, er hatte es mich gelehrt. Ich war für ihn kein allzu schlechter Schüler. Wir konnten aber auch reden. Ich erinnere mich an einen Sonntag im September 1940, an dem wir uns vierzehn Stunden lang ohne Unterbrechung und ohne Zeugen unterhielten! Doch wenn wir redeten, dann darum, um uns zu suchen, uns zu finden. Wir machten keine Aussagen, wir erforschten uns. Und dann registrierten unsere Köpfe schon Stunden vorher keine Wörter mehr, wir sprachen nur noch durch Gedanken, durch Regungen des Geistes zueinander. Unsere Leben selbst teilten sich einander unverhüllt mit.

Jean holte mich jeden Tag zur Schule ab, bei Regen, Wind oder Schnee. Ich kann mich nicht erinnern, daß wir Wärme oder Kälte empfunden hätten, wenn wir zusammen waren, zumindest nicht so stark, daß es uns berührt hätte. Ich hatte nie irgendwelche körperlichen Schmerzen; bei Jean war das anders. Er litt häufig an sehr starkem Kopfschmerz, dessen Ursache medizinisch nie geklärt worden ist. Er wurde dann von Schwindel ergriffen und mußte den ganzen Tag liegenbleiben. Wagte er sich hinaus, begannen seine Hände zu zittern und seine Stimme wurde heiser. Ich wußte immer, bevor er es mir sagte, daß es ihm schlecht ging. Aber ich sprach mit ihm nicht darüber, das hatte ich ihm versprechen müssen. Sobald der Anfall vorbei war, bekam seine Stimme wieder ihren schönen hellen Klang. Seine erste Frage war, was sich in der Zeit ereignet habe, in der er abwesend gewesen sei.

Die Leute waren schließlich so daran gewöhnt, uns zusammen zu sehen, daß sie uns nicht mehr klar unterscheiden konnten. Jean sagte manchmal zu mir — ich zu ihm —, wie schade dies sei; eines Tages müßten wir uns trennen. Doch diese Vorstellung kam für uns dem Gedanken an den Tod gleich, wir wiesen sie sofort von uns.

Jean liebte es, daß ich blind war, denn er dachte, daß unsere Freundschaft sonst niemals so vollkommen gewesen wäre. Wir liehen einander übrigens ständig unsere Augen, an einem Tag sah er, am nächsten ich. Auch daraus machten wir ein Abenteuer.

Das ist Jean. Sicher habe ich ihn noch nicht sehr deutlich gezeichnet. Ich weiß nicht, ob ich es besser vermag. Aber ich werde ihn mit mir führen bis zu der Zeit, da wir beide neunzehn Jahre alt sind. Bis dahin wird man ihn bestimmt kennengelernt haben.

Habe ich gesagt — ich glaube, ich habe es noch nicht getan —, daß Jean und ich gleich zu Anfang einen Vertrag schlossen, nach dem jeder von uns das Recht hatte, unabhängig vom anderen mit jedem ihm beliebenden Jungen zu verkehren? Nicht um unsere eigene Freiheit zu schützen (Freiheit schien uns erst mit der Gemeinsamkeit all dessen, was wir besaßen, zu beginnen), sondern um die Freiheit der anderen zu respektieren. Es wäre ja möglich, daß ein anderer Jean sein Vertrauen schenkte und mir nicht, oder umgekehrt. Die Menschen sind zuweilen so sonderbar!

Die Maßnahme war weise. Bis 1938 hätten zum Beispiel die meisten meiner Kameraden Jean nicht geduldet. Sie hätten seine Unschuld albern gefunden. Sie hätten ihm das Leben schwer gemacht. Da ich das wußte, hielt ich sie etwas abseits. Manchmal schämte ich mich wohl ein wenig darüber. Doch die Scham braucht Zeit, unsere Handlungen zu ändern.

Hier war ich das Opfer meiner Leidenschaft für ungestüme Spiele. Mein Bedürfnis zu laufen hatte nicht nachgelassen, weder im Champ de Mars noch in Juvardeil. Ich mußte jeden Abend nach der Schule das äußere Gitter des Luxembourg ablaufen — das waren ungefähr vier atemlose Kilometer. Ich mußte trotz — oder besser: wegen — der Verbotstafeln durch die Rasenflächen rennen, mußte in schreiendem Lauf panischen Schrecken zwischen Kinderwagen und junge Mütter schleudern — sie schienen mir damals sehr alt und hatten daher eine solche Behandlung verdient —, mußte Staubwolken aufwirbeln, das Azetylen des Karussels riechen, Menschenmengen spalten, Passanten terrorisieren, Überfälle auf einen Plattenhändler am Boulevard Saint-Michel organisieren, um die letzten Lieder von Maurice Chevalier oder Tino Rossi zu hören — was uns der Gipfel der Verwegenheit schien. Und für alle diese Heldentaten war Jean einfach nicht der Mensch, den ich brauchte. Dazu brauchte ich Jungen, die zu allem bereit waren, wenn nötig, sogar bereit, vor ihren Familien oder in der Schule Unschuld zu heucheln.

Bei all dem war ich Jean sehr fern. Ich war in einem Niemandsland, in einer unklaren Zone zwischen Kindheit und Jugend. Wie alle meine anderen Kameraden war ich voll possenhafter Ignoranz und frühreifen Wissens.

Ich begann zu ahnen, daß die Menschen einen Körper haben und daß dieser Körper ihnen manchmal lästig ist, daß sie sich seiner erfreuen möchten, ihnen dies aber nicht immer erlaubt ist, daß man im Bereich des Vergnügens auf unzählige und meist dunkle Riten stößt. Meine Luxembourg-Gefährten glichen denen aus Juvardeil nicht; sie schauten immer nur heimlich auf die

Mädchen. Natürlich dachten sie an sie, doch sie berührten sie niemals: auf die Dauer litten sie darunter. Sie schienen in dieser Beziehung unter den Augen irgendeiner versteckten Polizei zu leben. Illustrierte, Kino und Rundfunk verdrehten ihnen den Kopf, aber ihr Kopf drehte leer.

Daraus sind unsere wiederholten Ausflüge in die Gegend des Luxembourg zu verstehen, wo sich abends die Liebespaare ein Stelldichein zu geben pflegten. Unser Ziel war, sie mitten in der Ausübung ihrer geheimnisvollen Riten zu überraschen. Aber wir waren regelmäßig enttäuscht: es gab gar kein Geheimnis. Hier und da gewahrten wir einen Arm, der um eine Taille gelegt war, einen Kuß, der sich etwas länger hinzog, als zu verstehen war; es war wie im Kino, nicht mehr. Unverrichteter Dinge schlichen wir von dannen und besprachen aufgeregt die Lebens-krümchen, die wir aufgepickt hatten.

Ich war nicht glücklich, wenn ich fern von Jean war, fern vor allem von jener Reinheit, die er besaß. Aber wie hätte ich wider-stehen sollen? Wo doch all diese Jungen, die sich so viel Mühe gaben, ihre Kindheit zu vergessen, mich brauchten und mir das auch sagten. Mehrere von ihnen waren überzeugt, daß ich als Blinder in Fragen des Gefühls (so nannten sie die Regungen ihres Körpers, und wir täten Unrecht, ihnen daraus einen Vorwurf zu machen, denn drei Viertel der Erwachsenen tun dasselbe!) Spe-zialist sein müsse. Und welch ein unverhoffter Zeuge ist anderer-seits ein Blinder! Da er die Mädchen nicht sehen konnte, mußte man sie ihm ausmalen. Bei ihm hatte man auf alle Fälle keinen Widerspruch zu fürchten.

Ich nahm an all diesen Spielen teil, obwohl ich im Innern dar-über Mißvergnügen empfand, bis Jean mich schließlich befreite. Ich verdanke ihm viel. Wenn er da war, entfaltete sich die gute Seite meines Ichs. Ich verstand dann nicht einmal mehr, wie ich mich ein paar Stunden vorher für Dinge hatte interessieren kön-nen, die so wenig Vollkommenheit besaßen, so wenig Raum für die Hoffnung ließen. Die Jungen vom Luxembourg erschienen mir in häßlichem Licht. Sie waren schon keine Kinder mehr, und sie waren auch noch keine Männer. Aber schon wurde irgendetwas in ihnen kraftlos, wenn ich auch nicht wußte, was. Jean jedoch blieb stolz.

Auch er sprach zu mir über Mädchen, doch in einem Ton, als spreche er von den Sternen. Sie seien dazu da, um in weiter Ferne zu weilen und für lange Zeit noch mit einer kleinen, unsicheren Flamme zu leuchten. Sie besäßen keine Erdenschwere. Man dürfe nicht einmal intensiv an sie denken, denn sie seien so wichtig wie die Zukunft.

Diese Sprache tat mir gut. Es lag in ihr eine solche Verheißung. Und ich wußte, daß Jean als einzelner mehr recht hatte als alle anderen zusammen.

Ich wußte es, denn wenn ich auch trotz all meiner Streiche im Luxembourg nie gewagt hätte, ein Mädchen anzusprechen, so begegnete ich doch einigen von ihnen zu Hause: den Schwestern meiner Kameraden oder Freundinnen der Kindheit. Jean, der in seiner Unschuld alles erriet, sagte mir öfters, ich müsse das nützen, denn bald würde es nicht mehr möglich sein. Er hatte recht: es waren die letzten Stunden, die ich in dieser wundervollen Ungezwungenheit verbrachte.

Ich fühlte mich in der Gesellschaft von Mädchen wohl. Sie waren noch bessere Zuhörer als Jungen. Vielleicht taten sie auch nur so. Doch das war ein Zweifel, der mich nicht berührte. Erzählte ich eine Geschichte, erfand ich ein Märchen oder variierte ich die Erzählung eines Buches entsprechend meinen Träumen (und in ihrer Gegenwart war ich darin unerschöpflich) — immer folgten sie mir willig. Im Unterschied zu den Jungen diskutierten sie nie über absurde Wahrscheinlichkeitsfragen. Sie waren in der Welt der Phantasie so zu Hause, daß ich mit ihnen zusammen doppelt träumen konnte. Sie gaben Echo. Und je unwirklicher meine Erfindungen waren, desto zufriedener waren sie. Sie setzten das Unmögliche in Szene. Von Zeit zu Zeit mußte ich mich allerdings daran erinnern, daß sie Mädchen waren, daß sie mir etwas Wichtiges verbargen, und das beunruhigte mich. Doch im allgemeinen dachte ich daran nicht. Ich lebte mit ihnen außerhalb dieser Welt. Ich nützte die Vergünstigung.

Eines Tages — es war ein dunkler Tag — kamen die Mädchen nicht mehr zu mir; sie waren zu Heranwachsenden geworden. Um sie zurückzuerobern, mußten Jean und ich einen langen Weg zurücklegen.

Zwischen dreizehn und sechzehn Jahren hatten uns böse Buben und nette Mädchen gleichermaßen verlassen. Das war die Zeit der Ferien zu zweit, des unbegrenzten und gegenstandslosen Vertrauens, des Gefühls, die Welt ganz neu zu entdecken, eine Welt, die daran erinnert, daß man noch nicht voll lebt, die Zeit aufkeimender Gedanken, die, noch ehe sie sich ganz entfalten können, von anderen abgelöst werden, die Zeit vor allem jenes Glücks zu leben, das wir in Ermangelung eines anderen Wortes Liebe nannten.

Schon seit einer halben Stunde kletterten wir an der Flanke eines Hügels oberhalb des Seine-Tales durch Geröll und Buschwerk. Plötzlich — ich hatte bemerkt, daß die Landschaft zu meiner Rechten die endgültige Tiefe erreicht hatte — sagte ich zu Jean: »Schau! Dieses Mal sind wir oben! Du siehst die ganze Biegung des Flusses, sofern dich die Sonne nicht stört!«

Jean fuhr hoch, öffnete die Augen und rief: »Aber du hast ja recht!« Diese kleine Szene wiederholte sich zwischen uns in tausend Variationen. Verwunderung erregt sie nur, wenn man vergißt, wie schwierig es für diejenigen, die etwas besitzen — Augen, Glück oder Erfolg —, ist, dies zu erfassen und zu nutzen.

Vom Spaziergang zurück, erzählte Jean in seiner Familie von mir dann etwa so: »Unglaublich, wie viele Dinge er mir heute gezeigt hat!«

Ich muß hinzufügen — aber das hat man wohl schon bemerkt —, daß Jean lange Stunden damit verbrachte zu träumen. Er versank fortwährend in seine innere Welt. Er hatte meinen

Worten, daß jene Welt zwar vielleicht nicht reicher als die andere, aber doch sicherlich ebenso reich und fast völlig unerforscht sei, Glauben geschenkt. Ich hatte ihm den Zugang gezeigt, ich kannte den Weg gut. Und jetzt ging er ihn beinahe noch weiter als ich.

Er hatte zwar gelernt, in sich hinabzusteigen, doch wenn es darum ging, wieder emporzutauchen, war er ungeschickt. Der Aufstieg ist immer der schwierigste Teil dieser Reise. Für mich war das Hin und Zurück seit fünf oder sechs Jahren zur Routine geworden.

Ich erklärte Jean, daß nur ein Vorurteil ihn bei dieser Bewegung störe — ein Vorurteil übrigens, das fast allen Menschen gemeinsam ist: die Vorstellung, daß es zwei Welten — eine äußere und eine innere — gebe. Ich mußte meine Erklärungen immer wieder von neuem beginnen, weil Jean mir so gerne glauben wollte, es aber nicht vermochte. Immer stand das Vorurteil dazwischen!

Wir sprachen mindestens einmal in der Woche — so wie man sonntags zur Messe geht — von diesem Thema. Es war übrigens wirklich ein religiöses Thema. Die Tatsache, daß die Welt so offensichtlich eine Einheit war, machte mich unfähig, darüber gut zu sprechen. Ich konnte nur wiederholen: »Es gibt nur eine Welt. Die äußere existiert nur dann, wenn du ihr all das, was du in dir trägst, entgegensetzt. Die innere wirst du niemals deutlich sehen, wenn du nicht die äußere vollständig in dich eindringen läßt.«

Vom inneren Licht zum Licht der Sonne überzuwechseln, war nicht Sache der Sinne, es genügte ein Ausklinken, eine sehr leichte Änderung des Blickwinkels, wie wenn man den Kopf um ein Hundertstel dreht. Es genügte letztlich zu glauben: das andere kam von selbst.

Um Jean zu überzeugen (was mir unsagbar am Herzen lag), sammelte ich all meine Argumente. Wollte er vollkommen glücklich sein, durfte es für ihn nur eine einzige Welt geben: das war die Voraussetzung.

Ich kannte diese Freude. Sie war die Gnade meines Zustands. Wenn ich in den Evangelien las, daß das Wort Fleisch wurde, sagte ich mir, daß dies tatsächlich wahr sei. Gleichzeitig wußte ich, daß ich nichts getan hatte, um diese Gnade zu verdienen: sie war mir gegeben worden. Ich betete zu Gott, damit sie auch Jean zuteil werde.

Wenn es einen Unterschied zwischen einem Jungen von fünfzehn Jahren und einem Mann von vierzig Jahren gibt, so ist das bedauerlich! Ich fürchte nämlich, daß ein Vergleich zugunsten des ersteren ausfällt. Der Knabe tut alles aufmerksam, der Mann tut alles nur noch gewohnheitsmäßig. Jean konnte aufmerksam sein, so aufmerksam, daß nichts ihn ablenken konnte: nicht der Anbruch der Nacht, nicht mein Geschwätz ohne Hand und Fuß, nicht einmal der Hunger. Fünfzehn Jahre! Ein Alter, in dem man alles zu sagen wagt und immer einen findet, der zuhört. Auch ich verstand es, Jean zuzuhören. Wenn einer von uns damit rang, aus seinem Kopf eine Idee oder ein ganzes Schauspiel zu entlassen, die sich hartnäckig wehrten, Gestalt anzunehmen, fand das der andere ganz natürlich; er wartete, verstand bereits.

Man hüte sich, einem Erwachsenen zu sagen, man sehe die Dinge anders als er! Er würde gelangweilt, vermutlich sogar beleidigt sein. Und wenn man sich gar auf die Darlegung der eigenen Verschiedenheit einläßt, steht die Chance eins zu eins, daß man sich einen Feind schafft. Jean und ich jedoch tolerierten alles voneinander. Wir lagen nach der kleinsten Neuigkeit auf der Lauer.

Er konnte mir eine Stunde lang erzählen, wie die Musik Schuberts und wie anders die von Beethoven auf ihn wirke. Dafür zeigte ich ihm das Kino der Geschichte. Ich hatte keine Ahnung, wie ich dazu gekommen war. Doch jedes Mal, wenn man vor mir ein Ereignis erwähnte (ob es nun unter der Herrschaft des Tiberius oder im Ersten Weltkrieg war), fiel dieses sogleich an seinem Platz auf einen Bildschirm, eine Art innerer Leinwand. Diese Leinwand konnte sich in der Art von Altarwänden, die die Künstler am Ende des Mittelalters malten, vollständig öffnen oder zusammenfalten, und zwar so oft, wie ich es wollte. Benötigte ich das Jahrhundert des Augustus, fixierte ich es auf der Leinwand und ließ die Römische Republik links, die anderen Kaiser und die Zeit des Verfalls rechts davon versteckt liegen.

Ich konnte mein Gesichtsfeld nach Belieben erweitern oder verengen. Die Epochen, in denen sich nicht viel ereignet hatte — wie das sechste und siebte Jahrhundert, zwischen dem Wirken Mohammeds und der Krönung Karls des Großen —, sah ich in Grau. Die mit Ereignissen vollgestopften Epochen, etwa die, die mit der Amerikanischen und der Französischen Revolution begannen, zerschnitt ich in so viele Bilder wie nötig. Auf diese Weise (ich brauche das kaum zu sagen) wurde für mich das Studium der Geschichte zum Spiel. Und welch ein farbenprächtiges Spiel!

Auf diesen großen und kleinen Bildern sah ich nämlich keine Zahlen oder gedruckte Zeilen, sondern die bedeutenden Personen und Plätze der Geschichte in all den Einzelheiten, die ich über sie erfahren hatte: Jeanne d'Arc in Reims, Jeanne d'Arc auf dem Scheiterhaufen, die Pest von Marseille, Gutenberg vor seiner ersten Bibel, die Plünderung der Hagia Sophia durch die Türken, Christoph Kolumbus auf seiner Karavelle.

Jean hatte ein hundertfaches Recht auf alle Details. Sie langweilten ihn nicht. Er verglich meine Welt mit der seinen. Er stellte fest, daß seine viel weniger Bilder und viel weniger Farben besaß. Das machte ihn fast zornig: »Wer von uns beiden«, sagte er, » ist eigentlich blind?« Wenn ich ihn zu sehen bat, tat er es daher bereitwillig: er schaute. Dann bediente ich mich sogleich seiner Augen. Und wenn ich wiederum sagte »Ich habe den Wald gesehen, ich sehe die Sonne untergehen«, glaubte er mir.

Dennoch mußten wir diese Geheimnisse für uns behalten: sie waren wirklich nicht gewöhnlich genug. Und als Jean weggegangen war, sollten Jahre vergehen, bevor ich wieder Mut hatte, sie jemandem anzuvertrauen. Es ist nicht immer einfach, anders zu sein.

8

DER »VISUELLE« BLINDE

Der erste Konzertsaal, den ich mit acht Jahren betrat, bedeutete in einer einzigen Minute mehr für mich als alle legendären Königreiche. Der erste Musiker, den ich hier hörte, dort vor mir, ein paar Schritte von meinem Orchestersessel entfernt, war ein anderes Kind: Yehudi Menuhin.

Sechs Jahre lang holte mich mein Vater von Oktober bis Mai jeden Samstag am Ausgang des Gymnasiums ab, rief ein Taxi herbei und führte mich in eines der Konzerte, die von den großen Symphonieorchestern in Paris gegeben wurden. Paul Paray, Felix Weingartner, Charles Münch, Arturo Toscanini, Bruno Walter waren mir so vertraut geworden, daß ich, ohne daß man es mir zu sagen brauchte, wußte, wer an diesem Tag am Pult stand. Das Orchester nahm das Tempo Münch, das Tempo Toscanini an. Wer würde sich dabei täuschen? Der Eintritt in den Saal war die erste Episode einer Liebesgeschichte. Das Stimmen der Instrumente war meine Verlobung. Danach stürzte ich mich in die Musik wie einer, der sich im Glück wälzt.

Die Welt der Violinen und Flöten, Hörner und Celli, der Fugen, Scherzos und Gavotten gehorchte so schönen und klaren Gesetzen, daß mir jegliche Musik von Gott zu sprechen schien. Mein Körper lauschte nicht, er betete. Mein Geist hatte keine Grenzen mehr. Und wenn mir Tränen in die Augen stiegen, spürte ich sie nicht herabrollen, sie waren außerhalb von mir. Ich weinte jedesmal vor Dankbarkeit, wenn das Orchester zu spielen begann. Die Welt der Töne — welch eine unerwartete Gnade für einen Blinden! Nicht mehr sich zurechtfinden müssen. Nicht mehr warten müssen. Die innere Welt ist Objekt geworden.

Ich habe Mozart so sehr geliebt, ich habe Beethoven so sehr

geliebt, daß sie letztlich das aus mir gemacht haben, was ich bin. Sie haben meine Emotionen geformt und meine Gedanken geleitet. Habe ich etwas in mir, das ich nicht einst von ihnen empfing? Ich zweifle daran.

Heute hängt für mich die Musik an einem goldenen Nagel, der den Namen Bach trägt. Aber nicht mein Geschmack hat sich geändert, sondern meine Bekannten. In meiner Kindheit lebte ich mit Mozart, Beethoven, Schumann, Berlioz, Wagner und Dvořak, weil sie die waren, denen ich jede Woche begegnete. Auch ohne daß es jemand ausgesprochen hätte — und dieser Jemand ist Mozart —: jede Musik ist Musik. Geometrie, aber auf den inneren Raum bezogen. Sätze, doch frei von Bedeutung. Von allen menschlichen Schöpfungen ist die Musik zweifellos die am wenigsten menschliche. Wenn ich sie hörte, war ich ganz da, mit meinen Sorgen und Freuden, und dennoch war es nicht ganz und gar ich: was dasaß, war besser als ich, war größer, war sicherer.

Die Musik ist für einen Blinden eine Nahrung, wie es für die, die sehen, die Schönheit ist. Er braucht sie, er muß sie regelmäßig erhalten wie eine Mahlzeit. Andernfalls entsteht in ihm ein quälendes Gefühl der Leere.

Mein Vater hatte die Gewohnheit, vom Konzert zu Fuß nach Hause zu gehen; er schenkte mir damit einige der schönsten Stunden meiner Kindheit. Wie können Leute die Musik einen Genuß nennen? Ein befriedigter Genuß verarmt, macht traurig. Musik, die man gehört hat, richtet auf. Am Arm meines Vaters war ich voll von Tönen, von den Tönen geleitet. Mein Vater pfiff vor sich hin, summte eine Melodie. Er sprach über das Konzert. Er sprach zu mir über all die Dinge, die mir das Leben eines Tages bieten würde; er brauchte sie mir nicht zu erklären. Intelligenz, Mut, Offenheit, die Beschaffenheit von Glück und Liebe, all das drückten Händel oder Schubert voll aus, konnte man in ihnen wahrnehmen wie die Sonne, wenn sie um Mittag hoch am Himmel steht. Wenn alle Väter, so wie der meine, mit ihren Söhnen etwas mehr teilten als sich selbst, die Welt würde besser werden!

Und doch — wer würde es glauben? — war ich nicht musikalisch, nicht wirklich. Ich lernte Cello spielen. Acht Jahre lang drillte ich Tonleitern und Übungen. Ich spielte einige einfache Stücke ganz anständig. Einmal beteiligte ich mich an einem Trio, und es gelang mir, seinen totalen Zusammenbruch zu vermeiden. Aber Musik war nicht meine Sprache. Ich konnte sie ausgezeichnet hören, doch ich könnte sie niemals sprechen. Musik ist geradezu für Blinde geschaffen. Aber die Blinden sind nicht für sie geschaffen: ich war einer von ihnen, ich war ein »visueller« Blinder.

Ich wurde nicht Musiker, und der Grund dafür war komisch. Kaum hatte ich einen Ton auf der a-, d-, g- oder c-Saite gebildet, hörte ich ihn schon nicht mehr. Ich betrachtete ihn. Töne, Akkorde, Melodien, Rhythmen, alles verwandelte sich sofort in Bilder, krumme und gerade Linien, Figuren, Landschaften und vor allem in Farben. Wenn ich mit dem Bogen die a-Saite leer anklingen ließ, sprühte vor meinen Augen so starkes und anhaltendes Licht, daß ich im Spiel oft innehalten mußte.

Im Konzert war das Orchester für mich wie ein Maler: es überschwemmte mich mit allen Farben des Prismas. Wenn das Violinsolo einsetzte, war ich oft angefüllt mit Gold und Feuer, und mit einem so hellen Rot, das ich mich nicht erinnern konnte je an einem wirklichen Gegenstand gesehen zu haben. Bei der Oboe erfüllte mich ein durchsichtiges Grün, das so frisch war, daß ich auf mir den Hauch der Nacht zu spüren glaubte. Ich besuchte das Land der Musik. Ich heftete meine Augen auf jedes ihrer Schauspiele. Ich liebte es, wenn sie mir den Atem raubte. Aber um ihre Sprache sprechen zu können, sah ich die Musik zu sehr. Die mir eigene Sprache war die der Formen.

Seltsame Chemie, die eine Symphonie in eine moralische Intention verwandelte, ein Adagio in ein Gedicht, ein Concerto in einen Spaziergang, die Worte an Bilder und Bilder an Worte band, das Universum mit Farben besudelte und aus der menschlichen Stimme schließlich das schönste aller Instrumente machte!

Mit Jean, der musikalischer war als ich, führte ich lange Debatten über dieses Thema. Sie alle endeten mit einer überwältigenden — und immer der gleichen — Entdeckung: es gibt nichts auf der Welt, was nicht durch ein anderes ersetzt werden könnte, Töne und Farben tauschen sich unaufhörlich aus wie die Luft, die wir atmen, und das Leben, das sie uns gibt, nichts ist je einzeln, nichts je verloren, alles kommt von Gott und kehrt zu Gott zurück auf vielerlei Wegen, und die schönste Musik ist nur ein Weg unter diesen. Freilich gibt es verzauberte Wege, und ich wußte gut, daß sie, deren Stationen die Namen Vivaldi, Beethoven oder Ravel tragen, weiter führten als Erdenwege.

Mit vierzehn Jahren war ich ein Turm zu Babel im Kleinen. Lateinische, deutsche, französische und griechische Wörter führten in meinem Kopf ein lustiges Leben. Jeden Abend schlief ich halb betäubt ein. Das kommt davon, wenn man ein zu guter Schüler ist, wenn man ein zu gutes Gedächtnis besitzt, wenn man einen Hang zur Literatur hat, wenn man im Übermaß liest und die Wörter einem ebenso wirklich erscheinen wie Lebewesen.

Glücklicherweise hatte ich ein Mittel gefunden, mich zu schützen: ich hatte entgegen allen Bücherweisheiten entdeckt, daß die Wörter einen um so größeren Sinn erhielten, je weniger ernst man sie nahm. Man mußte sie aus der Distanz, als eine große Masse, betrachten. Je zahlreicher sie waren, um so größer war letztlich die Aussicht, daß sie etwas bedeuteten.

Ich hielt plötzlich im Lesen inne, zog meinen Kopf unter den Wogen der Sprache hervor und legte mich auf die Lauer. Ich fing die Wörter im Fluge. Das war nicht schwierig, im Zimmer flatterten immer einige um mich herum. Ich richtete auf jedes von ihnen eine Sekunde lang meine Scheinwerfer, und flugs ersetzte ich sie durch andere. Die Verbindungen, die Ehen, die sich daraus ergaben, schienen mir oft erstaunlich. Aber ich nahm mir nicht die Mühe, sie zu vermerken — das hätte mir die Freude verdorben.

Mein größtes Vergnügen war, die Wörter tönen zu hören, zu sehen, wie sie alle möglichen komischen Anstrengungen machten, um mich von ihrem Sinn zu überzeugen. Sie waren übrigens keine abstrakten Figuren, die in der Welt des Geistes umherschwirrten, jedes von ihnen hatte eine Stimme, eine flatternde Stimme, die mein Ohr jedoch deutlich wahrnehmen konnte.

Donnerstags, wenn ich zur Comédie Française ging, hatte ich das Gefühl, die Schule zu schwänzen. Doch kann man sich eine ernstere Form der Zerstreuung vorstellen? Ich hörte Polyeucte und Britannicus, Tartuffe, Athalie, Zaïre!

Jean begleitete mich ausnahmsweise nicht, da er immer noch einige Schularbeiten zu erledigen hatte. Ich nahm Zuflucht zu leichtfertigeren — das heißt weniger gewissenhaften — Jungen, die sich alle vor längerer oder kürzerer Zeit in eine Schauspielerin verliebt hatten. Indem ich ihnen zur Pflicht gemacht hatte, mich zu begleiten, begünstigte ich ihre Leidenschaft: vom Olymp herab betrachteten sie bewundernd das Objekt ihrer Anbetung, wie es mit der Grausamkeit eines trojanischen Prinzen rang oder ganz darin aufging, sich ein Gift einzuverleiben. Ich war berauscht von dieser wöchentlichen Dosis klassischer Alexandriner.

Da die von der Bühne am weitesten entfernten Plätze die einzigen waren, die wir uns leisten konnten — vor allem, wenn wir uns in den Pausen den Luxus einer Eisschokolade erlauben wollten —, hörten wir gewöhnlich die Schauspieler sehr schlecht. Allein die tragischen Schreie stiegen sicher bis zu unserem Platz auf. Also mußten wir die Lücken mit Phantasie füllen, das hielt uns wach und verzückt.

Während wir zwischen den französischen Dramaturgen seit der Renaissance durch die festlichen Gänge des Theaters wanderten, stellten wir unsere Hypothesen über die Teile des Stücks auf, die wir nicht gehört hatten. Das wirkte ausgesprochen berauschend auf uns. Noch Stunden nach dem Theater schaukelte der Rhythmus der Alexandriner mein Gehirn von rechts nach links, wie, so sagt man, die Mondanziehung den Ozean bewegt. Oben im

Olymp hörte ich schlecht: zum einen wegen der Entfernung, zum anderen wegen der Theater-Fans (und von ihnen wimmelte es zu dieser Zeit), die nicht an sich halten konnten, gerade zu gleicher Zeit wie die Schauspieler laut und leidenschaftlich die Prosa von Marivaux oder die Verse Racines zu rezitieren; schließlich auch wegen meiner Blindheit, die mich hinderte, das, was auf der Bühne vor sich ging, zu sehen. Doch gleichzeitig wuchs meine Erfindungsgabe.

Ein Ellbogenpuff meiner Kameraden genügte, um mir zu verstehen zu geben, daß der Verräter, der Henker oder der Liebhaber die Bühne betrat. Ins Ohr geflüsterte Satzfetzen entwarfen die Dekoration, beschrieben die Handlung: »Sie fällt! . . . Er stirbt! . . . Rechts ist ein Sessel . . . Er hebt seinen Hut auf . . .« Mehr wollte ich nicht wissen, mehr brauchte ich nicht zu wissen.

In der Pause fragten mich meine Gefährten, die doch den Hut oder den Dolch gesehen hatten, mit dem größten Ernst, was ich von der Inszenierung halte. Das war eine wohl festgelegte Zeremonie: ich legte meine Meinung dar und berichtigte ihr Urteil. Sie kamen nicht einen Augenblick darauf, mich lächerlich zu finden.

Es ist wahr, ich hatte das Stück gesehen. Ich hatte für jede römische Palastvorhalle die Stellung der Säulen gewählt. Ich hatte sorgfältig die Schminke Agrippinas und Neros zusammengestellt. Ich hatte die Beleuchtung von Akt zu Akt verändert. Warum hätte ich es nicht sagen sollen?

Von Zeit zu Zeit stieß ich zwar an einen Ungläubigen. Doch seine Zweifel belasteten mich nicht lange. »Wenn du einen Roman liest«, sagte ich zu ihm, »siehst du die Personen schließlich auch nicht. Ebensowenig den Ort der Handlung. Und doch siehst du sie, sonst ist der Roman schlecht.« Und sein Widerspruch wurde schon leiser.

Am Theater liebte ich, daß es — wie die Musik — jedesmal Türen zum Leben öffnete, die man vorher nicht bemerkt hatte. Ich war weder dem Misanthropen noch gar Phaedra je in der

Realität begegnet, aber ich spürte, daß diese Menschen nicht unwirklich waren: nicht weniger und nicht mehr als meine Eltern
oder meine Lehrer. Das Erstaunliche, wenn man Phaedra oder
den Misanthropen sah, war ihre Transparenz: diese Menschen
verbargen nichts. Im Theater war alles so wie bei den Stimmen:
der Schein schmolz so schnell dahin wie Schnee an der Sonne.
Seit einiger Zeit hatte ich die Gewohnheit, in der schmachtenden
Stimme einer Dame der Gesellschaft Grausamkeit, in der Rhe-
torik eines mit Wissen vollgestopften Professors Dummheit zu
entdecken, und entsprechend hundert andere unschöne Dinge.
Die Menschen des Theaters mußten wie ich sein, sie waren mit
einem doppelt stark ausgeprägten Gehör begabt.

Es blieben natürlich einige unbegreifliche Momente. Der Miß-
brauch, den man auf der Bühne der Comédie Française mit dem
Ehebruch, dem Größenwahn, dem vorsätzlichen Mord, der Untreue und dem Inzest trieb, stimmte mich nachdenklich. Wenn
meine Kameraden und ich wie durch ein Wunder noch etwas
Geld hatten, uns nach dem Schauspiel die Torheit eines Glases
Bier zu genehmigen, nahmen diese großen Probleme am
Tisch des Bistros das Air einer Verschwörung an. Wir waren damals der Ansicht, daß die Welt eine beunruhigende Angelegenheit und ohne jeden Zweifel noch außergewöhnlicher sei als
aller Racine und Shakespeare. Wir hatten es so eilig, uns selbst
davon zu überzeugen, daß wir im Laufschritt nach Hause rannten.

In jener Zeit schätzte die Comédie Française Shakespeare nicht
besonders. Es ist bemerkenswert, daß in Frankreich die Liebe zu
Shakespeare immer wieder Trübungen ausgesetzt war, als ob es
die Franzosen von Zeit zu Zeit verdrossen hätte, einen so großen
Mann außerhalb ihres Landes anzutreffen. Dennoch stieß ich
eines Abends im Radio auf eine Hamlet-Aufführung. Ich erinnere
mich deutlich, daß ich nichts verstand, daß ich aber von ihr fasziniert war. Das war ebenso überzeugend wie Racine, noch dazu
mit seinem Nebel, seinem alles bedeckenden Schleier zwischen
den Versen, zwischen den Szenen, mit seinen Personen, von

denen man nie richtig wußte, wo sie waren oder wie man sie nennen sollte: verrückt oder klug, ehrgeizig oder gut? Die englische Mehrdeutigkeit schien mir wahrhaftiger zu sein als all die Definitionen der Franzosen.

In Shakespeare hatte ich endlich einen Geist gefunden, der ebenso komplex war wie das Leben. Ich begann, das ganze Werk in der Übersetzung zu lesen. Shakespeare im Kopf zu inszenieren war eine Freude. Er half so gut mit! Er schüttete allen Schatten und alle Sonne auf mich, den Gesang der Vögel und das Seufzen der Gespenster. Bei ihm gab es nichts Abstraktes. Bei ihm mußte man sich Romeo und Julia nicht mehr vorstellen, man konnte sie mit Händen greifen. Man sah sich selbst als Romeo.

Hier galten nicht mehr die kleinen oder auch großen Maßstäbe des Verstandes, galt nicht mehr schicklich oder unschicklich. Das Wahrscheinliche und das Unwahrscheinliche vermischten sich, wie sie es in der Wirklichkeit tun müssen und tun. Shakespeare war größer als die anderen, weil er das besaß, was ich vergeblich im gesamten Theater der französischen Klassik gesucht hatte: das göttliche Übermaß. Puck, Mercutio, Prospero, Heinrich VIII., Lady Macbeth, König Lear und Ophelia geisterten durch meinen Kopf. Sie plagten mich schließlich so sehr, daß mir — um mich von ihnen zu befreien — nur ein Ausweg blieb: mich selbst ans Werk zu machen.

In zwei Jahren verfaßte ich an die zehn shakespearische Tragödien. Freilich, keine von ihnen gelangte ins Stadium der Niederschrift. Mit einem geschriebenen Text fing ich auch gar nichts an, ich schrieb nicht, ich erfand! Zwischen einer lateinischen Übersetzung und einem Geometrieproblem flüchtete ich mich ins Phantasiedrama. Blutbefleckte Mauern und Spukschlösser zogen an mir vorüber.

Ich muß jedoch bemerken, daß die französische Seite meiner Natur sehr rasch wieder die Oberhand gewann. Am Schluß des shakespearischen Dramas nahmen meine Helden, die ein serienweises Sterben für verfrüht, ja primitiv erachteten, Zuflucht zum

Räsonnement: sie richteten lange Reden aneinander, um sich schließlich zu beschwichtigen. So leidenschaftlich ihre Kalkulationen auch waren, sie liefen doch auf einen Kompromiß, auf eine Versöhnung hinaus.

Kurz, die Toten wieder zum Leben zu erwecken, indem man zum Beispiel — durch eine zur rechten Zeit arrangierte Zusammenkunft — vermied, daß Hektor schimpflich um die Mauern Trojas geschleift wurde, schien mir eine edle, eines Dichters würdige Sache. Ich beschloß, sie zu der meinen zu machen.

Jean und ich konnten zwischen zwei Wegen zum Gymnasium wählen: entweder die Rue d'Assas einschlagen und den Luxembourg diagonal in Richtung Boulevard Saint-Michel durchqueren, oder direkt über die Anlagen des Observatoriums gehen und den Luxembourg in gerader Linie schneiden. Dieselbe Entfernung. Dieselben Begegnungen. Doch zweierlei — und welch verschiedenes Klima!

Wenn wir die Rue d'Assas wählten, legte sich Schweigen auf uns. Wir konnten nicht sprechen. Die Worte blieben in unseren Köpfen in der Schwebe, und das ließ in uns ein Gefühl der Ungeduld und des Kummers aufkommen. Auf der anderen Route hatten wir uns dagegen so viel zu sagen, daß wir einander bremsen mußten. Niemals hätte ich meine Eindrücke anderen mitteilen können; man hätte mir ins Gesicht gelacht. Jean brauchte ich sie gar nicht zu sagen, er erlebte sie zur gleichen Zeit wie ich.

Für uns waren sich keine zwei Plätze auf der Welt gleich. Kein Gehweg, der bedeutungslos, keine Mauer, die ohne Ausdruck gewesen wäre, keine namenlose Straßenecke, kein Baum, der durch einen anderen hätte ersetzt werden können — es gab nichts Unpersönliches. Das war unsere Beobachtung, unsere Erkenntnis, und daran hielten wir uns wie an einen Schatz.

Eines Sommers schließlich planten unsere Eltern gemeinsame Ferien für uns. Wir beide sollten einen Monat in den Bergen verbringen — im Haut Vivarais, den östlichen Ausläufern des Zentralmassivs, dort, wo er in zwei abgerundeten, doch deutlich ausgeprägten Stufen ins Rhône-Tal abfällt. Es ist ein Land, wo die Weiden nach Zitronenkraut und Majoran duften, Heidelbeeren das Unterholz violett färben, die Kiefernwälder von Fliegen und Bienen schwärmen, mit steilen, aber gras- und moosbewachsenen Talabfällen, an denen der Felsen selten aus dem Boden tritt.

Ich hatte die Berge schon einige Jahre früher entdeckt, aber Jean war noch nicht dort gewesen; die Freude, die sie mir schenkten, hatte ich geheim gehalten. Diesmal konnte ich sie im einzelnen beschreiben, konnte sie besingen. Jean fand das keineswegs albern! Wir brachen am Morgen auf und kehrten abends mühselig heim, unsere Füße trugen uns kaum noch. Dabei wären wir so gerne dort oben in der freien Luft geblieben.

Um mich besser führen zu können, hatte Jean ein System erfunden. Ein Druck seiner Hand auf meine rechte Schulter besagte: »Abhang rechts. Körpergewicht nach links verlagern«, und umgekehrt. Ein Druck mitten auf den Rücken zeigte an: »In gerader Sicht keine Gefahr vor uns. Schneller gehen«. Ein Druck auf den linken Teil des Rückens bedeutete: »Langsamer! Wendung nach rechts«. Und wenn der Druck seiner Hand stärker wurde, hieß das, daß es sich um eine Haarnadelkurve handelte.

Für jedes Hindernis gab es ein Zeichen: für einen Stein, über den man klettern, einen Bach, den man überspringen, Zweige, denen man gesenkten Kopfes ausweichen mußte. Jean versicherte, daß seine Methode in weniger als einer Stunde vollkommen funktioniere und daß es für mich dann so sei, als hätte ich meine Augen wieder; für ihn sei es so einfach, daß er schon gar nicht mehr daran denke.

Tatsächlich funktionierte sein Radarsystem so gut, daß der Abstieg auf einem schmalen Pfad am Rande des Abgrunds und auf rollenden Steinen eine kaum größere Anspannung bedeutete als ein Spaziergang zur Appetitanregung auf den Champs-Elysées. Physische Probleme konnten immer gelöst werden, das zeigte diese Funktechnik. »Ich muß«, sagte Jean, »auf alle Fälle darauf achten, wo ich gehe. Es dir zu sagen, ist eine rein mechanische Sache.«

Bei unserer Orientierung ließen wir uns vom System der Sonnenuhr leiten. Wenn Jean mir von den rötlichen Nebeln erzählen wollte, die gegen sechs Uhr abends den Gipfel des Mont Chaix umwallten, oder mir angeben wollte, von wo sie kamen oder wohin sie gingen, sagte er einfach: »Vor einer Minute standen sie auf drei Uhr. Doch während ich spreche, bewegen sie sich auf zwei zu.« Um das zu verstehen, mußte man nur ein für allemal festsetzen, daß Mittag, wo wir uns auch befänden, gerade im Blickpunkt meines Gesichts liege. Denn da in der physischen Welt alles Standpunkt und Übereinkommen ist, blieb nur eines, um über sie zu triumphieren: für unseren Gebrauch ebensoviele Übereinkommen und Standpunkte zu schaffen und sich ihrer zu bedienen.

Wenn wir über Hänge kletterten und durch Täler wanderten, ging alles von selbst. Nur von Zeit zu Zeit bat ich Jean, mir einen Anhaltspunkt zu geben: hier der Baum mit dem gespaltenen Stamm, der Fels, dessen Spitzen wie Hörner aussahen, dort das Dach eines den Blicken entzogenen Hauses, das Gattertor, durch das eben die Ziege gelaufen war. Ich tat das Übrige.

Jean war — wie man sich erinnert — zerstreut. Nicht bei entscheidenden Dingen. Da fühlte er sich verantwortlich, er machte nicht einen Fehler, wenn er mich führte. Aber pausenlos die Landschaft betrachten — das war zu viel für ihn. Das war gut für mich. Das war die Aufgabe, die in unserer Mannschaft mir zufiel.

Mir oblag es (selbst auf die Gefahr hin, das Gespräch zu unterbrechen), Jean auf jede Veränderung des Landschaftsbildes aufmerksam zu machen. Wenn an einer Wegbiegung der Wald dichter wurde und uns so die Gelegenheit gab, das Licht dem dunkleren Strahl entsprechend einzufangen, wenn die Wiesen jäh zum Bergbach abfielen, auf der anderen Seite im selben Winkel wieder anstiegen und an ihrem Fuß schwarze und blaue Reflexe erwarten ließen — ich mußte darauf hinweisen.

Ich kündigte die Stationen des Weges an. Ich wies auf die einzelnen Dörfer hin: »Dort unten, hinter diesem Hügel, liegt Satillieu. Wenn die Bäume niedriger werden, siehst du Saint-Victor.« Alles in allem ergab das recht sonderbare Dialoge. Der Sehende führte, der Blinde beschrieb. Der Sehende sprach von naheliegenden, der Blinde von entlegenen Dingen. Und keiner von beiden irrte sich.

Die Berge waren für mich der Ort, wo ich am besten in die Ferne sehen konnte. War es das Summen der Insekten ringsum, das für mich den Wald umriß? War es der Aufprall und das leise Echo der Steine, die mir die Form der vor mir liegenden Bergspitze eingaben? War es dieser scharfe, aus den schweren Pflanzendämpfen plötzlich hervorbrechende Geruch, der mir den von frischem Wasser glitzernden Felsen ankündigte? Ich stellte mir diese Fragen nicht mehr.

Alles sprach, das war sicher. Es gab keinen Baumschatten, der genau so dicht, auf die gleiche Art gezackt oder gewunden war wie der des danebenstehenden Baumes. Der Duft der wilden Minze verbreitete sich auf zweierlei Weise, je nachdem, ob er über einer fetten Wiese oder über einem Geröllfeld emporstieg. Das Licht zeichnete, wenn es Hügel bedeckte und Senken füllte, genau deren Konturen nach. Um sie zu erkennen, mußte man nur dem Licht folgen.

Die Landschaft bildete, veränderte sich für mich von Sekunde zu Sekunde neu, und wenn die Luft kühl war, wenn der Wind nicht meinen Kopf zauste, sogar so deutlich, daß ich sie durch eine Lupe zu sehen glaubte. Welche Überraschung, wenn ich Jean, ohne mich zu irren, zwei aufeinander folgende Bergketten anzeigen konnte! Dann blieben wir stehen. Doch wir fanden keine Worte dafür. Es war so — ob es die Leute glauben oder nicht, ob es in den Büchern zu lesen steht oder nicht. Auf Bergpfaden, wie überall sonst, stießen Jean und ich auf eine feste Tatsache — die Tatsache, daß es keine Grenzen gibt. Oder daß es, wenn es welche gibt, niemals die sind, die man uns gelehrt hat.

Die Menschen um uns herum schienen befriedigt, wenn sie sagten, daß ein Hinkender hinkt, ein Blinder nicht sieht, ein Kind nicht alt genug ist, um zu begreifen, daß das Leben mit dem Tode endet. Für uns zwei hielt in jenem Sommer, einem Sommer der grünen Wiesen, der unaufhörlich wiederkehrenden Morgen- und Abenddämmerungen, keine dieser Versicherungen stand.

Wir hatten die Freundschaft auf unserer Seite. Wir hatten die Unwissenheit und die Freude. Durch dies hindurch betrachteten wir alles. Es lehrte uns alles. Und der Blinde — er sah, und der Sehende in seiner Nähe wußte es. Das Leben war gut, so gut.

9

DER STERN DES UNHEILS

Wie ich am 12. März 1938 an den Knöpfen des Radios drehe, um, wie jeden Abend, meine kleine Europa-Rundreise zu machen — was höre ich plötzlich, auf der Wellenlänge von »Radio Wien«, für einen Lärm?

Wogendes Gebrüll dringt aus dem Lautsprecher. Eine Menschenmasse in Raserei. »Deutschland über alles«, das »Horst-Wessel-Lied«, Musik und Stimme wie geladene Revolver aus nächster Nähe auf den Hörer gerichtet! »Anschluß! Heil Hitler! Anschluß!« Deutschland hat sich auf Österreich gestürzt. Österreich ist nicht mehr. Das Deutsche, diese Sprache, die ich liebe — jetzt ist sie so entstellt, daß ich ihre Wörter nicht mehr erkenne. Die Vorstellung meiner dreizehn Jahre würde gerne dem Anprall standhalten, aber mit einem Schlag das — das ist zuviel für sie. Die Geschichte fällt über mich her: sie trägt das Gesicht von Mördern.

Ich hatte — und sogar sehr viel — vom Leiden sprechen hören. Es war neben der Liebe das beherrschende Thema in den Büchern. Liebe und Leiden trafen in ihnen übrigens fast immer zusammen. Ich frage mich, warum eigentlich! In meinem eigenen Leben hatte das Leiden keinen Platz. Unmittelbar nach meinem Unfall hatte ich sehr viel Leid erfahren. Aber das war nicht von langer Dauer. Zudem war es ein Unfall. Ein jeder weiß, daß es Dinge gibt, die unvermeidbar sind.

Eines Morgens im Gymnasium hatte ich während der Pause gesehen, wie sich jener Junge mit der zischenden Stimme auf einen meiner Kameraden stürzte und ihm mit seinen Nägeln in die Augen fahren wollte. Der andere warf sich glücklicherweise zur Seite und rannte weinend davon. Ich war schreckgelähmt. Doch jeder kam letztlich zu dem Schluß, der Angreifer müsse verrückt sein. Das war eine Erklärung.

Eines Abends — es war der 6. Februar 1934 — war mein Vater gegen Mitternacht vom Etoile-Viertel zurückgekommen und hatte mit einer Erregung in der Stimme, die ich an ihm nicht kannte, erzählt, daß Demonstranten auf den Champs-Elysées die Metallgeländer, mit denen die Blumenbeete eingefaßt sind, herausrissen und den Polizeibeamten ins Gesicht schleuderten und daß auf der Place de la Concorde ein Autobus brenne. Ich hatte es nicht richtig begriffen. Das klang nach Tragödie oder Roman. Das war — nur ein wenig hitziger — wie im Geschichtsbuch, das schien nicht wirklich.

Ich hatte noch niemals jemand sterben sehen. Sicher mußten alle Menschen sterben, doch sie starben dann, wenn Gott sie wieder zu sich rief, es gab keinen Grund zur Entrüstung. Im Gegenteil!

Im März 1938 verstand ich schon genug Deutsch, um den Nachrichtensendungen des Nazi-Rundfunks folgen zu können. Doch ich wollte diese Sprache gründlich lernen, um sicher zu gehen, um zu merken, was die Menschen von uns wollten. Europa schaukelte gen Osten, Berlin, Hamburg, Nürnberg und München zu, und ich schaukelte mit ihm; dies Gefühl konnte ich nicht loswerden. Ich hatte keine Ahnung, wo das enden würde, doch ich bereitete mich vor. Während der folgenden fünf Jahre lernte ich täglich zwei Stunden Deutsch. In der Zeit vom Anschluß bis zur Kapitulation von München machte ich solche Fortschritte, daß ich Heines »Buch der Lieder«, Schillers »Wilhelm Tell« und die Autobiographie von Goethe lesen konnte. Alle diese Bücher forderten meinen Verstand heraus: ich konnte keinerlei Beziehung zwischen ihnen, ihrer harmonischen, menschlichen Sprache, ihren hohen Gedanken, denen man oft nicht bis ins letzte folgen konnte, und den Panzerabteilungen, der SA und SS, den Versammlungen des Hasses im Berliner Sportpalast oder auf dem Messegelände in Nürnberg sehen, keinen Zusammenhang zwischen ihnen und der Tatsache, daß Juden verhöhnt, verhaftet und — wie manche sagten — sogar gefoltert wurden, daß all die vielen Menschen aus Deutschland flohen, weil in Deutschland, so sagten sie, ein freier Mann nicht mehr leben könne, keinen Zusammenhang zwischen ihnen und dem Krieg, dem Tod.

Krieg! Es gab Menschen, die ihn tatsächlich liebten. Jetzt war ich dessen sicher. Es gab Menschen, die aus Vergnügen töteten. Die Geschichte war also vollkommen wahr: all die Versklavungen, alle die Mißhandlungen, alle die Schlachten, all die Massaker. Und all das sollte sich bei uns wiederholen. Das war nur noch eine Frage von Wochen oder Monaten. Die Politiker in Europa, die im Sommer 1938 noch daran zweifelten, hätten gut daran getan, den dreizehnjährigen Gymnasiasten, der ich war, zu Rate zu ziehen: er war nicht schwankend.

Jeden Abend wartete ich am Radio auf die Erklärungen Daladiers, Chamberlains und Ribbentrops. Im September, in den Wochen vor München, versäumte ich nicht ein Interview, nicht eine Rede. Wenn ich auf den BBC stieß, machte mir meine Unkenntnis des Englischen wahre Gewissensbisse; geduldig wartete ich zwei Stunden, bis der BBC die gleichen Nachrichten auf französisch oder deutsch brachte.

Ich hatte keine Angst, noch nicht, dessen bin ich wenigstens sicher. Ich hatte weit interessantere Seelenzustände: ich verspürte Neugier auf das Unglück, den Drang zu verstehen, den Zauber des Geheimnisses, die Erhabenheit der Zukunft und Überraschung – vor allem Überraschung.

Durch meinen Vater hatten wir deutsche Freunde. Er hatte als Ingenieur beruflich mehrere Reisen nach Deutschland unternommen und sich dort einige Verbindungen geschaffen. Doch vor allem hatte er, der seine ganze freie Zeit philosophischen und geistigen Studien widmete, in Deutschland echte Freundschaften mit hervorragenden Männern geknüpft: einem Mathematikprofessor und einem früheren bayerischen Minister. Und jetzt ergriffen diese friedliebenden Männer, die mir Heine, Goethe, Beethoven zu gleichen schienen, die Flucht. Ich erfuhr, daß sie alle von der Verhaftung, vielleicht sogar vom Tod bedroht waren.

In den ersten Tagen des Augusts 1938 ergriff mein Vater die Initiative, die mich mitten ins Abenteuer stürzte: er nahm mich für drei Tage nach Stuttgart mit. Wir besuchten auf der Uhlands-höhe oberhalb der Stadt den Direktor einer deutschen Schule, einen Freund meines Vaters. Ich war beeindruckt von der ruhi-gen Gelassenheit dieses Mannes, seiner Bescheidenheit und sei-ner leisen Trauer. Er sagte uns, alle Deutschen, die den Frieden wünschten oder ihn einfach dem Krieg vorzögen, hätten bereits zu leiden oder seien darauf gefaßt. Er sprach wenig und mit leiser Stimme. Doch er ließ uns merken, daß selbst unsere kühnsten Vorstellungen hinter der Realität zurückblieben und daß nicht nur Deutschland, sondern Frankreich, England, die ganze Welt von einem Moment zum anderen in Flammen aufgehen werde. Er selbst müsse sein Land vor Jahresende verlassen, er wisse es, aber er könne sich nicht dazu entschließen.

Nach Paris zurückgekehrt, spielte ich natürlich vor meinen Kameraden den Propheten. Sie begriffen mich fast ausnahmslos nicht. In ihren Familien hörten sie nichts Besonderes: Ereignisse gab es immer und würde es immer geben. Drei Jahre vorher hatte es einen Kolonialkrieg in Äthiopien gegeben, Blockadedrohun-gen von seiten der Westmächte, aber keine Blockade. Zur Zeit gab es einen Bürgerkrieg in Spanien. Man las es in der Zeitung. Doch eine der Regeln bürgerlicher Behaglichkeit — Familienbe-haglichkeit — war es, die Zeitungen zwar zu lesen, ihnen aber keinen Glauben zu schenken. Die Presse log immer: mehr oder weniger, doch immer. Das beste war also, so wenig wie möglich darüber nachzudenken.

Ich empfand diese Weigerung, der Realität ins Auge zu sehen, als die größte Einfalt, die mir in den dreizehn Jahren mei-nes Daseins vorgekommen war. Ich schämte mich für meine Ka-meraden und ihre Eltern. Hätte ich es nur vermocht, ich hätte sie von den Tatsachen überzeugt. Ich fand, daß die meisten Erwach-senen fraglos große Einfaltspinsel oder gewaltige Feiglinge waren. Uns, den Kindern, erklärten sie ohne Unterlaß, daß wir uns auf das Leben vorbereiten müßten, das heißt eben darauf, dasselbe Leben zu führen wie sie, weil dies das einzig gute und richtige sei — davon seien sie überzeugt! Nein, danke! Ein Leben in Giftgasdämpfen auf den Straßen Abessiniens, in Guernica, an der Ebro-Front, in Wien, Nürnberg, München, im Sudetenland und bald auch in Prag — was für eine Aussicht!

Ich war bereits kein Kind mehr, mein Körper sagte es mir. Doch all die Dinge, die ich geliebt hatte, als ich klein war, liebte ich noch immer. Was mich am deutschen Rundfunk zugleich anzog und erschreckte, war, daß er dabei war, meine Kindheit zu zerstören.

Die äußere Hölle — hier war sie. Ein Ort schlimmer als alle Melodramen, wo die Menschen aus vollem Halse brüllen müssen, um sich Gehör zu verschaffen, wo sie von Ehre sprechen, wenn sie entehren wollen, und von Vaterland, wenn sie die Lust zu plündern ankommt.

In einer derartigen Schule hätte ich den Krieg lieben lernen müssen. Aber nein! Ich liebte ihn nicht! Meine Familie brachte mich davon ab. Die Bücher und Symphonien sagten mir, daß es nicht richtig sei. Ich sprach weiterhin respektvoll von den »Deutschen«.

Einige meiner Kameraden erklärten sich zu Patrioten. Nicht ich. Ich hatte keinerlei Lust, ihnen zu gleichen: sie waren alle Aufschneider, und nicht einer von ihnen hatte den geringsten Versuch unternommen zu begreifen, was vor sich ging. Auf der anderen Seite war es erstaunlich, wie nachsichtig man in diesen antideutschen Familien gegenüber Hitler und seinen Verbrechen war.

Ohne es mir selbst klar einzugestehen, sah ich bereits überall Nazis. Die Welt glich hinfort einem riesigen Topf, der von Rachsucht und Gewalttat erhitzt wurde. Ich hatte zwar Ende 1938 noch Träume, aber sie kamen zum ersten Mal nicht mehr von selbst; man mußte darüber wachen, gewissermaßen die Türe zum Himmelreich hinter sich offen halten. Die große Einheit war entzwei geschnitten: auf der einen Seite Liebe, auf der anderen Haß, auf der einen Angst, auf der anderen Freude.

Ohne Zweifel würden die Schwierigkeiten zunehmen: von Tag zu Tag etwas mehr. Doch wenn auch das Leben nicht gut war, so sah es doch ganz darnach aus, als sollte es spannend werden.

Das junge Mädchen, das Jean am Sonntag zum zweiten Mal getroffen hatte, hieß also Françoise. Warum hatte er mir ihren Namen nach ihrem ersten Zusammentreffen verborgen gehalten?

Das Mädchen war mir gleichgültig, da ich ihm nicht begegnet war. Außerdem würde ich es wahrscheinlich niemals sehen: sie war die Tochter ziemlich entfernter Freunde von Jeans Familie. Trotzdem ging alles für mich verquer, seitdem von ihr die Rede war.

Jean hatte eine sonderbare Art, von ihr zu sprechen: er sagte, sie habe engelhafte Augen von haselnußbrauner Farbe. Vor allem wiederholte er dauernd, sie sei sehr schlank und habe Schuhe, von denen man die Augen nicht losreißen könne. Immer wieder kam er auf ihre Figur zurück, auf ihre Schuhe, auf den Stoff ihres Kleides und auf ein gewisses Schönheitsmal an ihrem Nacken. Wenn er von diesen Dingen sprach, nahm seine Stimme einen säuselnden Ton an, der mir auf die Nerven ging. Ich hatte gute Lust, ihm zu sagen, daß er lächerlich sei, aber aus Angst, ihn zu unterbrechen und daß er mir dann keine weiteren Details mehr erzählen würde, wagte ich es nicht. War es möglich, daß mich diese Françoise interessierte? Ich war nicht glücklich wie früher. Kein Zweifel: ich hatte Sorgen.

An jenem Montagmorgen, dem Tag nach seiner zweiten Begegnung mit dem Mädchen, konnte Jean nicht mehr an sich halten und verriet mir sogleich, daß sie Françoise hieß. Auf dem Weg zu mir war er auf der Plattform des Autobusses zufällig auf sie gestoßen. Und da die Plattform voller Menschen war, mußte er fünf Minuten lang dicht bei ihr stehen bleiben. Sie war kleiner als er und mußte, um ihm zu antworten, ihn ansehen, ein wenig die Augen zu ihm erheben. Er hatte sie also gut sehen können, diese Augen: sie waren zum Mittelpunkt der Welt geworden.

Ich hörte Jean zu und fühlte mich elend, ausgesprochen elend. Ich fühlte einen Klumpen in der Brust anschwellen. Jean schien das durchaus nicht zu merken. Er sprach mit sich selbst. Glücklicherweise: denn hätte er mir eine Frage gestellt, ich hätte meinen Mund nicht aufmachen können. Doch warum? Es war nichts Neues an einem Mädchen, das Françoise hieß und haselnußbraune Augen hatte.

Meine Pein dauerte tagelang. Sie wurde immer größer und immer unbestimmter. Schon hatte Françoise gar nichts mehr damit zu tun. Sie hätte Monique heißen können, sie hätte Jeanine heißen können. Sie hätte blonde statt, wie Jeans Françoise, dunkle Haare haben können: ich hätte mich gleich elend gefühlt.

Ich mußte es unverzüglich Jean sagen, es war der einzige Ausweg. Einen anderen Arzt als ihn würde ich nicht finden. Er hatte mich noch gern, er würde etwas unternehmen. Anstatt mich ihm freilich wie gewöhnlich ganz offen anzuvertrauen, sah ich mich endlose Vorbereitungen treffen. Ich berechnete meinen Anschlag. Ich hatte Angst um mich.

Ich hatte ganz einfach Angst! Ja Angst — das war mein Leiden! Kaum war mir dieser Gedanke gekommen, stürzte ich mich kopfüber in Geständnisse. Ich schleppte Jean auf einen dreistündigen Spaziergang um die Porte d'Italie, denn ich wußte, daß dieses Viertel bis zu Fabrikschluß ausgestorben blieb.

Zuerst bat ich ihn um Verzeihung für all das Schlimme, das ich ihm noch nicht zugefügt hätte (was ihm anzutun ich aber wahrscheinlich gerade im Begriff sei). Ich machte ihm klar, daß Françoise nur ein Anlaß gewesen sei: durch sie hätte ich mich daran erinnert, daß ich blind sei. Ich könne niemals die Haare der Mädchen sehen, ebensowenig ihre Augen oder ihre Figur. Daß Kleider und Schuhe von Bedeutung seien, könne ich mir gut vorstellen, doch was könne ich schon damit anfangen? Es mache mir Angst zu wissen, daß ich immer von diesen großen

Wundern ausgeschlossen sein werde. Zudem seien die Mädchen im allgemeinen so darauf aus, daß man sie anschaue, daß ich für sie womöglich überhaupt nicht existiere.

Während ich sprach, begann ich mir schon zu sagen, daß ich unrecht hätte, daß es auch Mädchen von anderer Art gebe. Jean aber war ungeheuer verwirrt, als ich zu Ende geredet hatte. Noch nie hatte ich ihn in einem solchen Zustand gesehen: er fand keine Worte, seine Hand tätschelte meine Schulter, als wolle er sie an seiner Stelle sprechen lassen.

Nein: der Zwischenfall hatte keine Folgen. Zunächst sah Jean Françoise nicht — oder kaum — wieder. Sodann behandelte er mich mit einer Freundlichkeit, die mir mehr als einmal das Herz brach. Keine Frage, die Gefahr mußte echt sein, wenn Mitleid die Behandlung war, die ich verdiente!

Ohne es zu wissen, war ich soeben auf eines der härtesten Hindernisse gestoßen, dem ein Blinder begegnen kann, und von jetzt an mußte ich zwei Jahre lang von Abgrund zu Abgrund gehen, bis mein gesunder Menschenverstand wiederkehrte.

Ich stellte mich ans Fenster meines Zimmers. Ich lauschte den Geräuschen, die vom Hof heraufdrangen. Ich tastete, ich hörte, aber ich konnte nicht mehr wie früher wahrnehmen. Ein Schleier fiel vor mein Auge. Ich war blind.

Da schloß ich das Fenster. Ich verkroch mich. Ich erzählte mir Geschichten von Grenzen, die unüberschreitbar sind. Ich machte mich über die Träume meiner Kindheit lustig. Mein Herz war voll, meine Hände leer, unbewaffnet angesichts einer Welt, in der alles zum Sehen geschaffen ist, in der man nirgends hingehen kann, wenn man nicht allein geht. Ich fühlte mich auf das beschränkt, was ich am besten konnte, mich aber am wenigsten interessierte: in der Schule zu glänzen. Mein Hals wurde eng vor Neid, wenn man mir von Jungen erzählte, die Radausflüge mit Mädchen machen wollten. Ich mußte zu Hause bleiben, das war mein unseliges Schicksal.

Zum Glück nahmen Eifersucht und Dummheit, selbst in diesen zwei Jahren, nie mehr als die Hälfte meines Ichs gefangen: ja sogar nur den kleineren Teil. Das verdankte ich vor allem Jean, der mit einer umwerfenden Geduld alle nur möglichen Argumente hervorsuchte, um mir zu beweisen, daß seine Vorteile so gut wie wertlos seien. »Wenn du wüßtest«, sagte er, »wie wenig wir tatsächlich sehen! Die Mädchen zeigen uns nichts.« Dann gab es auch eine Stimme, die in mir sprach. Wenn ich die Kraft hatte, sie anzuhören, vernahm ich deutlich, wie sie mich einen Dummkopf schalt. Sie sagte, ich sei in eine Falle geraten, ich hätte die wahre Welt vergessen, jene Welt, die in uns liegt und die Quelle aller anderen ist. Ich müsse daran denken, daß diese Welt, anstatt zu vergehen, mit den Jahren immer größer werde, freilich nur unter einer Bedingung: daß ich unerschütterlich an sie glaube.

Die Stimme fügte hinzu, daß man das, was man einst in der Kindheit gesehen habe, auf ewig sehen werde. Sie eröffnete mir prächtige Aussichten: die leichten Mädchen — solche, die an nichts als sich selbst denken (und auch das kaum!) — würden mich fallen lassen. Aber es gebe die anderen, die echten. Und auf diese müsse ich meine Hoffnung setzen. Sie erwarteten von mir, daß ich nicht an ihnen zweifle. Sie wünschten nicht, daß ich das, was ich liebe, aufgebe, weil auch sie es liebten. Vor allem verböten sie mir, meine Lage mit der des Durchschnittsmenschen zu vergleichen. Das hatte ich ja bereits begriffen: vergleichen bedeutete leiden, sinnlos leiden, denn nichts auf der Welt ist jemals vergleichbar.

Doch vergeblich mühte ich mich, hörte ich auf die gute Stimme. Ich hätte viel darum gegeben, den Frieden meiner zwölf Jahre wiederzufinden. Seit ich fünfzehn war, schien die Welt von undurchdringlicher Grobheit. Die Menschen arbeiteten, sprachen im Rundfunk oder machten Mädchen den Hof, als ob jeder von ihnen allein auf der Welt sei.

Nur mit Jean teilte ich noch etwas. Aber würde selbst das ewig dauern? Diese Frage quälte ihn ebenso wie mich, so daß wir schließlich, um uns zu beruhigen, im Sommer 1939 zu feierlichen Eiden Zuflucht nahmen. Jeder von uns schwor, daß er dem anderen immer die volle — und selbst die unangenehmste — Wahrheit sagen und daß uns kein Mädchen jemals trennen werde.

Kaum war der Eid von den Lippen, entdeckten wir mit Bestürzung, daß wir uns noch niemals die volle Wahrheit gesagt hatten. In unseren Gewissen gab es unzählige verborgene Windungen, wohin wir noch nie geblickt hatten. Wir waren so schlecht, das heißt so furchtsam, egoistisch, wankelmütig, eifersüchtig, prüde und vergeßlich, daß wir uns unsere Oberflächlichkeit schon eingestehen mußten. Jeder von uns hatte ganz einfach einen doppelten oder dreifachen Boden: einen Mechanismus, sich selbst und den anderen zu täuschen.

Doch wir hatten geschworen, also wollten wir darüber wachen! Vorbei war es mit dem Geheimnis, der Zurückhaltung zwischen uns! Man würde sich nichts ersparen! Man würde die Dinge aussprechen, und wenn das schmerzte, würde man sich gegenseitig trösten.

Da die Welt eben so war, mit all diesen Ministern und Familienvätern, die den Krieg vorbereiteten, mit all diesen Mädchen, die wegen nichts lachten und mit Blicken um sich warfen, von denen man nie wußte, was sie eigentlich bedeuteten, hatte man sicher gerade darauf gewartet, daß wir zwei uns gegen sie auflehnten.

10

MEIN LAND, MEIN KRIEG

Nachdem er vor mir stehen geblieben war, um auch ganz sicher zu sein, sagte der Busfahrer mit der Heiterkeit des Südfranzosen zu mir: »Na, Kleiner! Du siehst nicht. Nun, diesmal hast du Glück. Und wenn er hundert Jahre dauert, dieser Krieg, du brauchst ihn nicht mitzumachen.«

Darauf drehte er sich munter um, setzte sich ans Steuer und begann, mit den Fingern aufs Armaturenbrett trommelnd, eine militärisch klingende Melodie vor sich hinzupfeifen. Warum sagte der Mann, ich sei glücklich, nicht in den Krieg gehen zu müssen?

Der Vorfall ereignete sich am 2. September 1939 in Tournon-sur-Rhône, einige Stunden, nachdem Plakate in ganz Frankreich die allgemeine Mobilmachung befohlen hatten. Seit einigen Tagen weilten Jean und ich in dieser kleinen Stadt, in der die Straßen voll von Pfirsich- und Zwiebelduft waren, bei meiner Patentante. Der Weltkrieg hatte am Vortag begonnen.

Alle Männer zogen in den Krieg. Auch der Fahrer des Autobusses. Er war fünfundzwanzig Jahre alt und hatte eine Frau und eine kleine Tochter. Er erzählte uns sein ganzes Leben. Dies war die letzte Fahrt, die er mit seinem Bus machte, morgen früh würde er Soldat sein. Wohl brummte oder seufzte er von Zeit zu Zeit, doch im ganzen machte er keinen traurigen Eindruck. Er wartete auf die Fahrgäste, die nach Lamastre fahren wollten. Aber heute — er sagte es mit lauter Stimme — gibt es keine Fahrgäste. Das amüsierte ihn. »Es kommt kein Mensch«, sagte er. Und er wiederholte es, wie um das Ende der Sache besser auskosten zu können.

Es schlug fünf Uhr. Jean und ich waren tatsächlich die einzigen Fahrgäste. Da ließ unser Chauffeur singend den Wagen an. Er verschlang mit hundert Stundenkilometern ein Stück der Route Nationale entlang der Rhône, dann nahm er, fast ohne das Tempo zu verlangsamen, die ersten Kurven der Bergstrecke in Angriff. Er fuhr nach rechts, er fuhr nach links, er hupte wie ein Irrer. Hatte er etwas getrunken, um sich Mut zu machen? Nicht einmal! Er war stocknüchtern! Er zog nur in den Krieg — und davon träumte er bereits.

Seit dem gestrigen Tag, seitdem das Radio in aller Frühe gemeldet hatte, daß die Panzerdivisionen der Nazis weit nach Polen vorgestoßen waren, waren die Leute nicht mehr dieselben, ich merkte es deutlich. Man traf weinende Frauen, Frauen, die Tränen zurückhielten. Auf dem Rathausplatz erinnerten die Alten an die Zeit von 1914—18. Das war nicht gerade ermutigend. Offensichtlich wußten die Franzosen nicht im mindesten, warum man kämpfen mußte. Der Korridor von Danzig, die Verträge mit Polen sagten ihnen nichts.

Als unser Fahrer schließlich von seinem Sitz geklettert war, waren Jean und ich genauso erregt wie er. Und — wer weiß — vielleicht aus denselben Gründen. Übrigens waren alle Leute erregt.

War es Kummer oder Freude? Man hätte es schwer sagen können. Doch überall spürte man das Abenteuer. Die Menschen nahmen nicht mehr den Autobus. Sie gingen nicht mehr rechtzeitig zu Bett. Die großen Schnellzüge ließen zweimal ihren Pfiff ertönen und hielten in den kleinen Stationen. Das Radio spielte bis mitten in die Nacht Militärmusik. Man schrieb keine Briefe mehr, man schickte sich Telegramme. Es gingen Gerüchte, Görings Flugzeuge hätten schon Paris bombardiert, andere sagten, es sei London. Man diskutierte, ob es Giftgas, Bakteriengranaten, Schützengräben wie im letzten Krieg geben würde. Nur von einem sprach niemand — vom Sieg. Diesmal ging man nicht nach Berlin!

Die Realität des Krieges drang Tropfen für Tropfen, wie Alkohol, in mein Bewußtsein. Nachdem der erste Rausch verebbt war, wurde eine Frage immer größer und unterdrückte schließlich alle anderen: »Betrifft uns der Krieg?«

Jean und ich waren darüber noch zu keiner Entscheidung gekommen. Nicht daß wir die Antwort nicht gewußt hätten. Im Gegenteil, wir wußten sie zu gut, aber sie schien uns gegen die Vernunft, ja kindisch. Da wir erst fünfzehn Jahre waren, waren wir in Sicherheit: alles andere war Rauch! Dennoch verdichtete sich dieser Rauch von Tag zu Tag mehr: er wurde zu einer Wolke über unserer Zukunft. Keine Figur der Wolke war klar zu erkennen. Trotzdem konnten wir letztlich eine Gewißheit herauslesen: »Dies wird Euer Krieg sein, für alle beide.« Bestürzung, ja Besorgnis und Angst befiel uns. Es gab keinen Ausweg.

Jean sagte mir schließlich, in seinem Fall sei — alle Phantasie einmal beiseite — diese Ahnung nicht unbedingt dumm. Der Krieg daure vielleicht zwei Jahre. Er würde eben Soldat werden: warum nicht! Oder vier Jahre, wie der vorige; man würde sogar die ganz jungen Jahrgänge einziehen. Aber in meinem Fall sei sie absurd. Hier könne es gar keine Vorahnung geben; ich sei nicht betroffen.

Ein weises Urteil, das aber keine Antwort brachte: für mich und selbst für Jean nicht. Ich merkte es sogleich und empfand eine unsagbare Freude: er glaubte nicht an das, was er sagte. Er hatte dieselben Zukunftsvisionen wie ich. Ob sie nun verrückt waren oder nicht, sie waren eindringlich wie eine Prophezeiung. Sie zogen uns mit ihrem ganzen Gewicht vorwärts. Sie waren für uns mehr ein Appell als eine Drohung, eine Art Schwindel, eine magnetische Kraft. Schließlich sagte ich zu Jean: »Ich werde kämpfen. Ich weiß nicht wie, aber ich werde es tun.« Und er gab jeden Widerspruch auf.

Ein leerer September ging dahin. Man kämpfte kaum an der Front. Polen war schon besiegt, doch wer hatte ihm den Gnadenstoß versetzt? Man wußte es nicht. Am 17. September waren plötzlich sowjetische Truppen im Osten des Landes eingefallen. In Europa gab es nur noch Feinde.

Eine große Veränderung (eine Veränderung, die uns groß dünkte) hatte in unserem Leben stattgefunden: mein Vater war als Pionieroffizier in eine Pulverfabrik nach Toulouse einberufen worden. Meine Mutter, mein Bruder und ich wollten ihm folgen. Aber auch Jean, der sich nicht von mir trennen wollte, hatte seine Mutter überredet, sich ebenfalls in Toulouse niederzulassen. Zum ersten Mal würden wir nicht mehr in Paris wohnen. Ich bemerkte zu Jean, das Unmögliche werde Wahrheit.

Eine Zeitlang wurden unsere Vorahnungen vom Alltag überdeckt: eine andere Stadt, der Süden Frankreichs, neue Stimmen, eine andere Sonne. Doch in den unerwartetsten Augenblicken überfielen sie uns von neuem. War der Krieg letztlich etwas, was wir liebten — was man lieben konnte?

Wenn man die Leute hörte, verabscheuten sie ihn alle. Doch nichtsdestoweniger stellten wir fest, daß seit dem 1. September mürrische Gesichter viel seltener geworden waren als früher. Es war vielleicht nicht gerade Heiterkeit, was aus diesen Gesichtern sprach, doch Interesse. Zumindest war niemand mehr zur gewohnten Zeit am gewohnten Ort. Die Menschen kehrten abends nicht mehr zu derselben Frau, denselben Kinden, demselben Haus mit denselben Nachbarn zurück. Überall wehte ein freiheitlicher Wind. Die Leute sagten leichter, was sie dachten. Die Zeit war wertvoll geworden, man zählte sie, sagte, daß sie zu schnell oder zu langsam verging, kurz, sie dachten an sie, und dies war eine aufregende Tätigkeit.

Die Toten waren noch nicht lästig geworden. Es gab gegen Ende des Jahres ihrer viele, gefallen auf Finnlands zugefrorenen Seen, Tausende von Helden, die für eine Freiheit kämpften, die unerreichbar und deshalb — wäre sie möglich — schöner war als die unsere. Aber wer kümmerte sich damals in Frankreich um Finnland? Geographieschüler wie wir, die jeden Vormarsch und jeden Rückzug gewissenhaft auf der großen Karte verfolgten. Sonst niemand oder fast niemand.

Dieser Krieg schien unwirklich. Manche murmelten bereits,

daß er niemals stattfinden werde, daß er ein gigantisches politisches Machwerk sei. Ich war nicht dieser Überzeugung: er würde stattfinden, ohne jede Frage. Um es zu wissen, brauchte ich nur jeden Abend den deutschen Rundfunk zu hören. Und da war sie, die dunkle Prophezeiung – in jenem Winter 1940 zweifelte ich nicht mehr daran. Er war da, mein Krieg.

Die Wolke, das Ungeheuer, erhob sich aus den Zusammenrottungen der Nazis. Die Stimme dieser Massen war zu fern gewesen: sie hatte die Welt der Menschen verlassen. Sie würde verstummen müssen, oder ich würde etwas tun. Ich fühlte mich beunruhigt, gefangen zwischen meiner Leidenschaft und dem Sinn für das Lächerliche. Ein fünfzehnjähriger Junge, ein Blinder, und, auf der anderen Seite, Hitler und sein Volk! Das war zum Lachen! Trotzdem mußte ich mich geradezu dazu zwingen, die Neuigkeit nicht in meiner Umgebung zu verbreiten.

Ich habe in Toulouse ein so berauschendes Glücksgefühl kennengelernt, daß ich jedem nur diesen Rat geben kann: wenn er mit sechzehn – Junge oder Mädchen – glücklich ist, dann sage er es niemandem! Oder er wähle seinen Vertrauten gut, er suche sich einen Gleichaltrigen. Wenn er sich aber tatsächlich nicht beherrschen kann, den Erwachsenen zu zeigen, daß er glücklich ist, dann mache er sich nicht zuviel Hoffnung. Fast alle Erwachsenen haben ein kurzes Gedächtnis, sie glauben immer, das Glück beginne mit achtzehn oder gar erst mit einundzwanzig. Auf alle Fälle gebe er ihnen nie die Gründe seines Glücks an: selbst die liberalste und liebevollste Familie würde sich sogleich beunruhigen und ihn für geistesgestört halten. Wenn er das Geheimnis wahrt, verliert er nichts; das Geheimnis vermehrt das Glück nur.

Diese Politik glückte Jean und mir. Ein ganzes Jahr lang verkrochen wir uns. Je unwahrscheinlicher unsere Schlupfwinkel, desto besser waren sie. Manche unserer Freuden waren so schön, daß wir sie uns nicht an einem gewöhnlichen Platz – auf der Straße etwa – anvertrauen konnten. Wohl waren die Straßen von

Toulouse schmal, gewunden, schlecht oder gar nicht gepflastert. Die Rinnsteine schlängelten sich inmitten der Straße. Der Geruch nach Katze, schimmeligen Steinen, Seifenwasser, in Olivenöl Gebackenem, Knoblauch und Honig überfiel einen auf Schritt und Tritt. Nun, nicht einmal diese poetischen Sträßchen genügten uns. Wir brauchten einen häßlichen Ort, um dem Glück einen prickelnden Reiz zu geben, wir wählten die Halle des Hauptbahnhofs.

Oder aber wir flüchteten aufs Land; Prinzip dieser ganztägigen Ausflüge war, kein Ziel zu haben. Im voraus zu wissen, wohin wir gingen, wäre ein Verstoß gewesen. Wir hatten den richtigen Sinn, das zu begreifen. Wichtig war, sich zu verlieren: auf den ausgedörrten, öden Hügeln südlich der Stadt, im üppigen Tal des Ariège-Flusses, zwischen den Häuserruinen verlassener Dörfer, inmitten brachliegenden Landes rund um die Gehöfte mit den tönenden Namen — Sayss-en-Gayss, Courtousour, La Croix-Falgarde. Sich verlieren, gleichgültig wo! Nicht daran denken, den Weg wiederzufinden, nichts als sein Glück im Kopf, kreuz und quer oder geradeaus marschieren, bis die große Erschöpfung — auch sie ist eine Art Glück — einen übermannt.

Wir wurden jeden Tag, als wäre es das erste Mal, Freunde. Auch dies war wichtig. Die Freundschaft war ein zerbrechlicher seelischer und körperlicher Zustand, sie zerbrach, sobald man eine Gewohnheit aus ihr machte. Sie jeden Tag neu zu schaffen war eine Aufgabe. Es war sogar eine Arbeit. Bald mußten wir ihr freien Lauf lassen, sie schwatzhaft und nachsichtig machen, mußten all unsere Träume wahllos und ohne Skrupel auspacken. Bald wünschten wir sie schwierig und sogar streng. An solchen Tagen war unsere Zensur unerbittlich: weder Jean noch ich durften die geringste Albernheit von uns geben. Und wir prüften alles, einen Punkt des Vertrages nach dem anderen: Aufrichtigkeit, Treue, Toleranz und Teilung. Von allen Klauseln war die über die Teilung die mißlichste. Es gelang uns nicht, klar festzusetzen, wie weit sie gehen sollte. Diese zunächst theoretische Frage bekam gegen März praktische Bedeutung. Es nahte die Stunde der Bewährung.

Seit seiner Niederlassung in Toulouse lebte Jean in einer bescheidenen Wohnung, einem Haus mit dunklen Treppen, das an einer engen Straße lag. Doch dieses düstere Haus wurde durch die Gegenwart eines jungen Mädchens erhellt. Jean hatte zunächst — wie er sagte, aus »Sittsamkeit« — versucht, sie nicht zu sehen. Doch sein Versuch war im Lauf der Zeit kläglich gescheitert.

Aliette (so hieß das Mädchen) konnte man sich tatsächlich nicht entziehen. Sie war achtzehn Jahre alt. Sie war schön, ohne sich dessen bewußt zu sein. Sie ging nicht, sie flog. Sie stieg nicht die Treppen hinunter; sie glitt hinab wie eine Blume, die man dem Wind übergibt. Sie sang von morgens bis abends, so daß man sich fragte, wie sie es wohl schaffen konnte, ihre Aufgaben zu lernen. Und man lernte selbst die seinen nicht mehr, weil man immer die Ohren spitzte, um die trennende Wand zu durchdringen, weil man nur noch den einen Gedanken hatte: bei ihr zu sein, ihren Gesang von ihren Augen und ihren Lippen zu trinken, und ungesehen wieder zu verschwinden. Oder sie sang nicht. Dann sicherlich deshalb, weil sie traurig war. Womöglich krank! Man wollte ihr zu Hilfe eilen. Aliette zu trösten — das wäre so schön gewesen!

Nichts sagte und tat sie wie die anderen. Jean verkündete mir das mit einer Überzeugung, daß ich teilzuhaben begann. Er fragte sich, woher dieser Unterschied komme. Sie gebrauchte die üblichen Wörter, doch kaum waren sie ihrem Munde entflohen, nahmen diese Wörter tausend Bedeutungen auf einmal an, man hatte nicht einmal mehr Zeit, sie zu vernehmen, die Sonne begann auf ihnen wie auf Schmetterlingsflügeln zu spielen und einem den Blick zu trüben.

Um alles noch mehr zu komplizieren, war sich Jean seit ein oder zwei Wochen sicher, daß sie sich für ihn interessierte. Der Beweis: sie sprach mit ihm, ließ sogar ihn sprechen. Auf ihrem gemeinsamen Treppenabsatz hatten sie Tips zu Mathematikproblemen ausgetauscht. Sie behauptete, nichts von Mathematik zu verstehen. Schließlich hatte sie ihn eingeladen, bei ihr Klavier zu spielen, und als sie sich vorbeugte, um die Seiten zu wenden, hatten Aliettes Haare seine Backe gestreift.

Mit einem Wort, Jean war verliebt. Aber verliebt ist natürlich ein sehr schwaches Wort! In Wirklichkeit lebte mein armer Jean nicht mehr, er machte Sprünge. Und hier ist es unausbleiblich, daß sich mein Bericht verwirrt. Denn auch ich lebte nicht mehr, auch ich hatte mich verliebt.

Diese Entdeckung war furchtbar. Sie stellte mit einem Schlag alles in Frage: die Freundschaft — ihre Rechte und ihre Grenzen —, die Zukunft, unsere Arbeit, die Unbeschwertheit unseres Lebens, und schließlich unsere Liebe selbst. Wem gehörte sie, diese Liebe? Jean oder mir?

Wenn es zwischen Aliette und Jean nur eine Trennwand gab, dann war das ein reiner Zufall. Und durch einen anderen Zufall hatte ich Aliette als erster getroffen, hatte als erster mit ihr gesprochen. Historisch gesehen hatte ich gewisse Rechte.

Wenn ich heute bei der Erzählung dieser Dinge etwas scherze — damals scherzten wir nicht. Wir unternahmen längere Märsche denn je über die Hügel, auf denen wir uns von Anfang bis Ende in einem einzigen Aufruhr befanden. Man glaube ja nicht, daß wir uns stritten! Wir waren nicht zornig, wir meditierten. Die Intensität, die Tiefe des Problems war so groß, daß sie uns fast sicher nach ein, zwei Stunden das Problem selbst vergessen ließ. Dann waren wir für den Rest der Zeit alle beide allein mit unserem doppelten Mädchen. Wir betrachteten unaufhörlich das doppelte Bild, daß wir von ihr in uns trugen, und nichts auf der Welt schien weiter auseinanderzuklaffen.

Zu Jeans, meiner und Aliettes Ehre muß ich sagen, daß keiner von uns dreien das Bild jemals verdorben hat. Im Gegenteil, es wurde so zart und rein, daß niemandem mehr daran lag, es mit seinem Modell zu vergleichen. Das Modell freilich war da, voll

Leben, immer wärmer, immer vertrauter. Von jetzt an trafen wir Aliette jeden Tag, doch immer zu zweit, nie getrennt.

Wir verabredeten uns mit ihr auf den Plätzen der Stadt, an der Ecke kleiner Straßen, im roten Schatten der Backsteinhäuser. Wir warteten auf sie am Ausgang der Schule. Wir führten mit ihr Gespräche unter feuchten Bogenhallen. Wenn ich bis zu ihrem Haus mitgegangen war, brachten mich Aliette und Jean zu meinem zurück, wir wanderten wieder zu ihr, sie begleiteten mich wieder zu mir, und die Sommernacht breitete sich um uns aus und wiegte uns sanft.

Ich weiß nicht mehr richtig, was wir all die Stunden gesprochen haben. Wir zählten die Sterne, daran erinnere ich mich. Jeder von uns hielt Aliette am Arm, doch ohne allzu großen Druck: Aliette war heilig. Wir ließen ihre Stimme durch unser Herz und unsere Gedanken die Runde machen. Wir hätten sie schon aus Freude darüber sprechen lassen. Ich glaube, wir vergaßen sie schließlich, unsere Aliette, während sie kichernd und leichtfüßig so zwischen uns herhüpfte, weil sie schöner war als alles, weil nichts anderes mehr Bedeutung hatte. Zum Teufel mit der Realität!

War dies Mädchen Traum oder Wirklichkeit? Wirklichkeit: soviel ist sicher. Manchmal bis an den Rand der Tränen, so groß war die Freude, die sie uns gab. Doch Wirklichkeit nur für den Augenblick des Lebens, wo die Dinge, um Gestalt anzunehmen, noch nicht Geschehnis sind.

In der Ferne, im Norden, ging der Krieg weiter und warf ein unheimliches Licht auf unser Glück. Er endete in einer Katastrophe. Innerhalb von fünf Mai- und Juniwochen war Frankreich besiegt worden. Hitlers Armeen rückten unheildrohend nach Süden vor. Sie allein konnten uns trennen.

Als uns Aliette gestern abend verließ, sagte sie, es sei wohl besser, sich nicht mehr zu treffen, zumindest nicht mehr alle drei zusammen und nicht mehr so oft. Wir wußten nicht, warum sie es gesagt hatte. Sie hatte keine Erklärungen gegeben. Und zehn Minuten später meldete das Radio, daß die deutschen Truppen in Paris einmarschiert seien, daß Paris sich ohne Widerstand ergeben habe. Paris eingenommen! Aliette weggelaufen! An was sollte man zuerst denken?

Heute morgen nun hing in großen, ungeschickten Buchstaben folgende handgeschriebene Bekanntmachung am Haupteingang der Schule (es war offensichtlich keine Zeit geblieben, sie drucken zu lassen): »Infolge der Ereignisse sind die schriftlichen Prüfungen für das erste und zweite Bakkalaureat auf einen späteren Termin verschoben. Mit dem heutigen Tage ist der Unterricht im ganzen Schulbezirk von Toulouse bis zur weiteren Bekanntmachung eingestellt«.

Die Ereignisse. Aliette. Die Ereignisse! Unsere Köpfe waren am Zerspringen. Jean war meiner Meinung: wir durften nicht mehr nur an uns selbst denken. In acht Tagen würde unser Land vielleicht schon nicht mehr existieren. In einem solchen Augenblick kommt das Interesse der Allgemeinheit vor dem des Individuums.

Leicht gesagt! Doch die Gefühle schlugen von allen Seiten zugleich auf uns ein, die einen heftiger als die anderen. Wir wußten nicht, wohin uns wenden, um vor ihnen Schutz zu suchen.

Für Frankreich war der Krieg verloren. Unsere englischen Verbündeten ergriffen die Flucht; sie schifften sich alle in Dünkirchen ein. Man konnte es ihnen nicht zum Vorwurf machen. Auch die französischen Armeen ergriffen die Flucht; südlich der Loire, hieß es, gab die Front nach.

Im Lauf der letzten zwei Wochen hatten dreihunderttausend Flüchtlinge Toulouse überschwemmt: Frauen, alte Leute, Kinder, sogar Männer. Sie kamen aus Holland, Belgien, Luxemburg, dem Norden und Osten Frankreichs, aus Paris, der Normandie, aus Orléans. Sie hatten kein bestimmtes Ziel. Sie gingen nach Süden: das war alles. Toulouse war eine große Stadt: hier machten sie halt.

Man pferchte sie in Zelten auf den Sportplätzen am Garonne-ufer zusammen. Zweitausend von ihnen (vornehmlich Frauen und Säuglinge) hatten die Nacht in der Kapelle des Gymnasiums verbracht. Die Häuser der Stadt nahmen so viele auf, wie sie fassen konnten; oft wohnte man zu fünft, manchmal sogar zu zehnt in einem Raum.

Die Stadtverwaltung war beunruhigt: eine solche Menschen-konzentration bot für die feindlichen Flugzeuge ein ideales An-griffsziel. Toulouse stand vor einem Bombardement.

Im Stadtzentrum hätte man sich ins Paris der Revolution ver-setzt glauben können. Die Menge bildete einen einzigen riesigen und unübersehbaren Knäuel. Allerdings machten die Leute kei-nen drohenden oder gar erschreckten Eindruck; sie wirkten ver-ständnislos.

Drecküberzogene Fahrzeuge mit von Maschinengewehrkugeln durchlöcherten Kotflügeln standen verlassen am Gehsteig. Doch wo war die Armee, wo die Generale? Wo war die Regierung? Es ging das Gerücht, sie sei nach Bordeaux geflüchtet.

Erschreckende Nachrichten machten die Runde und wurden von Presse und Rundfunk bestätigt: Flugzeuge schössen auf flie-hende Zivilisten auf den Landstraßen. Auf den Straßen im Nor-den waren es deutsche, im Süden italienische Flugzeuge. Ein vor-übergehender Mann sagte: »Zum Weinen ist es zu spät. Diesmal ist es das Ende.« Was hatte er gesagt, der dort! Wir waren ent-rüstet. Ein Land stirbt nicht so. Frankreich . . .

Doch schon waren wir in eine ruhigere Seitenstraße geraten. Und die Erinnerung an den gestrigen Abend stieg wieder auf: Aliette will uns nicht mehr sehen.

Sollten wir ihr mißfallen haben? Oder hatte sie unsere Absich-ten mißverstanden? Plötzlich agte ich zu Jean: »Ich hab's! Sie liebt einen von uns beiden. Es kann nur so sein.«

Die Idee war unglaublich einfach: wir hatten Aliette zwei Mo-nate lang den Hof gemacht, ohne eine Sekunde danach zu fragen, ob sie unsere Neigung erwidere. Oder — selbst wenn sie uns möge — welchen von uns sie wähle. Denn wählen würde sie müssen. Auch das hatten wir vollständig vergessen. Wir hatten die Tatsache — eine traurige, doch nicht zu umgehende Tatsache — übersehen, daß Liebe eine persönliche Angelegenheit ist. Wir hatten uns lächerlich gemacht, das war alles. Und wie böse mußte sie auf uns sein!

Jean faßte sich und sagte zu mir: »Denken wir nicht mehr an sie, willst du?« Wie aber soll man es vermeiden, an alles auf einmal zu denken, wenn alles so schwer ist?

Bei Nacht schliefen wir gut (man schläft mit sechzehn Jahren, was auch geschieht), doch kaum hatten wir die Augen geöffnet, stand uns das doppelte Drama vor Augen: unsere Liebe und unser Land.

Man weiß, wie gut wir trotz unseres Alters informiert waren. Alles, was sich ereignete, hatte für uns einen Sinn. Wir wußten Bescheid über die Parteien, die Regierungen, die politischen Systeme und Bündnisse. Wir waren sehr wohl in der Lage, zwischen einem Waffenstillstand und einer Niederlage zu unterscheiden.

Als am Mittag des 17. Juni Marschall Pétain im Rundfunk zu den Franzosen sprach und ihnen sagte, daß die Armeen die Waffen niedergelegt hätten, daß man sich ergeben müsse, daß von jetzt an jeder Widerstand falsch sei und daß er, der älteste und berühmteste Soldat Frankreichs, der Sieger von Verdun, darin einwillige, den Waffenstillstand mit Hitler und den Generalen der Wehrmacht zu unterzeichnen und so »seine eigene Person Frankreich zum Geschenk« mache, da waren wir zugegen, lauschten und glaubten ihm nicht. Der Gedanke, er könne ein Verräter sein, kam uns nicht in den Sinn. Aber wir waren sicher, daß er sich irrte. Die Sache Frankreichs war mit der seiner Armeen nicht identisch.

Als am Abend des 18. Juni ein junger, fast noch unbekannter General mit einem an die Heldenlegende anklingenden Namen, Charles de Gaulle, von London seinen ersten Aufruf an die Franzosen richtete, Widerstand zu leisten, den Krieg in allen Gebie-

ten, wo Frankreich noch die Zügel in der Hand habe — in Nordafrika, in Westafrika, in Äquatorialafrika, in Indochina —, und
selbst im Mutterland Frankreich fortzusetzen, sich mit allen
noch verfügbaren moralischen und physischen Waffen einzusetzen, da waren wir auch zugegen, aber diesmal glaubten wir, und
unsere Antwort war »ja«.

Nicht der leiseste Zweifel: wir würden Soldaten des Freien
Frankreichs werden. Wann? Wie? Welches würden Jeans Waffen
sein? Und die andere, weitaus schwierigere Frage: welches würden meine Waffen sein? Ich kann nur das eine sagen: wir wußten
nichts, und doch wußten wir schon alles. Wir waren in den Ernst
des Lebens eingetreten wie ein gut ins Holz geschlagener Nagel:
er saß.

Das war keine Prahlerei. Das war auch kein Patriotismus:
Frankreich war für uns ein etwas vager, durch die Ereignisse ver-
zerrter Begriff. Was wir im Kopf hatten, was uns am Herzen lag
— wir nannten es Freiheit: die Freiheit, Glauben und Lebensweise
zu wählen und sie die anderen wählen zu lassen, sich zu weigern,
Unrecht zu tun. Doch ist es nötig, sich darüber zu verständigen?
Die Freiheit!

Auch Aliette war frei. Sie rief uns wieder. Sie hatte das Recht,
uns zu sehen oder uns nicht zu sehen. Sie hatte sogar das Recht,
einen von uns beiden wegzuschicken. Wenn wir sie wenigstens
hätten fragen können, welchen von beiden sie liebe! Wir waren
beinahe dazu entschlossen. Aber wo hätte dann die Freundschaft
ihren Platz gehabt?

Jean schreckte vor meinem Schmerz zurück. Ich schreckte vor
Jeans Schmerz zurück. Wenn wir sprachen, mußte sich einer von
beiden zurückziehen. Wie die Sache auch ausging, wir konnten
nur Schmerz davontragen. Da zog Jean einen Schluß, der im Ausdruck völlig wirr, für mich aber absolut klar war.

Ich sei blind, und das habe, sagte er, in diesem Fall eine Bedeutung: meine Chancen, mit Aliette zu sprechen, mit ihr allein zu
sein, seien nicht die gleichen wie die seinen. Meine materiellen

Chancen, wohlgemerkt. Das war bestimmt nicht richtig. Jean fühlte die moralische Verpflichtung, mir beizustehen. Er verspreche also, um Aliette zu gewinnen nichts zu unternehmen, was nicht auch ich meinerseits zu unternehmen in der Lage wäre. Er werde sich mit ihr unterhalten (wenn sie das noch wünsche), doch nur an Orten und zu Zeiten, wo auch ich mich mit ihr ohne jemandes Hilfe hätte treffen können. Er werde ihr alles sagen, was er wolle, mit einer Ausnahme: er werde ihr nicht seine Liebe erklären. Auch ich solle das nicht tun: darauf solle ich wie er mein Wort geben. Jean sagte darauf noch einmal: »Danke mir nicht. Es ist ein Tausch.«

Er dachte, daß nach einer Niederlage, wie wir sie eben erlitten hatten, schreckliche Jahre bevorstünden, schrecklich selbst für uns sicherlich. Man würde schwierige Entscheidungen zu treffen, Gefahren zu begegnen haben. Niemand konnte sagen, ob nicht am Ende gar der Tod drohte.

»Du hast mehr Phantasie als ich«, sagte er. »Ich liebe das Leben, doch du liebst es noch mehr. Ich werde deine Kraft brauchen. Mit dir zusammen werde ich niemals hilflos sein.« Wir waren sehr romantisch, nicht wahr? Ja und nein. Doch wir haben unsere Versprechen bis zum Ende gehalten: unsere Abmachung über den Krieg und unsere Abmachung über die Liebe. Ich glaube, wir lachten ein wenig über uns selbst. Unser Enthusiasmus war so groß, daß er ein bißchen Humor gut vertragen konnte.

Aliette war seit dem Waffenstillstand ganz verändert. Hatte sie unseren Beschluß, der doch geheim geblieben war, erraten, ihr von unserer Liebe nichts zu sagen? Man hätte meinen können, daß sie plötzlich begonnen hatte, uns zu respektieren. In Kriegszeiten haben die Frauen die Männer so furchtbar nötig. Auch sie bereitete sich auf das Abitur vor, auf dasselbe wie wir, und da wir nicht wußten, wann die Prüfung stattfinden würde, hatten wir beschlossen, viel zu arbeiten, um uns mit Geduld zu wappnen.

Viel Arbeiten, das war eine Sache, die Aliette nicht liebte; sie sagte sogar, sie könne es gar nicht, wenn sie allein sei. Wie um einen Gefallen bat sie uns, sie zur Arbeit anzuhalten. Noch nie war ein Kavalier vom Auftrag seiner Dame so begeistert wie wir damals!

Wir nahmen Aliette mit uns in die Wälder, setzten sie inmitten einer Lichtung an den Fuß eines Baumes und ließen sie um die Wette ihren Stoff hersagen.

Jean spezialisierte sich auf die Naturwissenschaften. Um Aliette zu betören, zog er aus Gleichungen zweiten Grades, der Stereometrie und dem Prinzip der Elektrolyse all das, was diese dem Geist eines jungen Mädchens so herausfordernd feindlich gegenüberstehenden Dinge an Reiz, ja Schönheit bieten konnten.

Meine Aufgabe, ich gestehe es, war einfacher. Der Vorteil, den ich genoß, machte mich fast verlegen. Ich sollte Deutsch, Geschichte und die göttliche Literatur unterrichten, in der sich alle Worte auf die Liebe bezogen.

Ich wage kaum zu sagen, daß Aliette drei Wochen später im Bakkalaureat durchfiel, während Jean und ich bestanden. Für uns war das eine persönliche Schlappe. Doch glücklicherweise war Aliette — sie wischte sich zwar vor der Liste der Ergebnisse ein paar Tränen ab — netter als je. Und wie gut wußte sie, daß es ganz natürlich und richtig war, wenn wir als Männer aus Wettbewerben dieser Art als die Besseren hervorgingen!

Das Examen war also geschafft. Ich hatte es gar nicht richtig wahrgenommen. Am Morgen des französischen Aufsatzes war ich derart glücklich über einen Kuß, den mir Aliette wie eine kleine Schwester auf die Backe gegeben hatte, um mir Glück zu bringen (sie hatte denselben auch Jean gegeben), daß ich, als ich herauskam, keine Ahnung mehr hatte, was ich geschrieben hatte. Für den Aufsatz erhielt ich die beste Note, die man mir jemals in sechs Jahren meines Aufenthalts auf dem Gymnasium gegeben hatte.

Seit Juli lastete die Stille der Trauer auf Frankreich. Die Deutschen hatten die Teilung des Landes in zwei Zonen angeordnet: Norden und Süden. Sie selbst übernahmen die »Nord-Zone«. Und niemand, wohin wir sahen, hatte den Mut sich vorzustellen, was das bedeutete.

Von der südlichen Zone sprach man bereits als von der »freien Zone«. Das schien uns der reine Hohn. Am 10. Juli hatte sich eine französische Regierung unter Marschall Pétain in Vichy installiert: eine Regierung, zugegeben, aber nicht die Regierung Frankreichs.

Die militärische Niederlage hatte eine Bresche geschlagen, durch die sich alle Feinde der Dritten Republik, der Demokratie gestürzt hatten. In wenigen Tagen hatten die Worte ihre Bedeutung geändert. Man sprach nicht mehr von Freiheit, sondern von Ehre. Das klang ermutigender. Man sprach nicht mehr von Parlament und Institutionen: man sagte Vaterland. Man sprach nicht mehr vom französischen Volk oder seinem Willen, sondern von der Familie. Eine Familie war kleiner: man hatte sie besser in der Gewalt.

Mein Vater, der treu an den demokratischen Prinzipien hing, sagte, daß Frankreich eben einen jener feindseligen Rückfälle in den Geist der Reaktion durchmache, von denen seine Geschichte voll sei, daß dieser aber stärker als alle früheren zu sein scheine.

Ende August wurden Züge zusammengestellt, um alle Flüchtlinge und all jene, die nach Hause zurückkehren mußten, in den Norden zurückzubringen. Meine Eltern hatten keine Wahl; wir mußten nach Paris zurückkehren. Auch Jeans Familie hatte sich dazu entschlossen. Die Stunden unserer Liebe waren gezählt.

11

ZWEI WELTEN

Ein riesiges Kloster mit verlassenen Empfangsräumen — das war Paris in jenen letzten Septembertagen 1940. Ein Jahr zuvor hörte man die Glocken der Kirchen nur ein paar Stunden am Sonntagmorgen, wenn der Verkehr nachgelassen hatte. Jetzt hörte man nichts als die Glocken.

In unserer Wohnung am Boulevard Port-Royal im äußersten Süden des Quartier Latin vernahm ich jeden Tag die Glocken von Val-de-Grâce, von Saint-Jacques-du-Haut-Pas und, wenn der Wind von Westen kam, von Notre-Dame-des-Champs; kam er von Norden, hörte ich auch die von Saint-Etienne-du-Mont, die von der Place du Panthéon herübertönten. Die Glocken drangen mit der ganzen Fülle ihres Klangs bis in mein Zimmer: hatten sie, um hierher zu gelangen, nur die lautlosen Räume des Schweigens durchquert?

Das besetzte Paris schien in nicht enden wollendem Gebet versunken. Es schien irgend jemand zu rufen. Es war ein großer, stummer Schrei. Doch man mußte aufwachen! Das waren alles nur Träume! Seit meiner Rückkehr hatte ich nichts gesehen.

Am Abend waren wir aus Richtung Toulouse auf dem Austerlitz-Bahnhof angekommen. Mein Herz war bei Aliette zurückgeblieben. Wir hatten kein Taxi gefunden. Es gab keine Taxis mehr. Wir hatten die Koffer in die Hand nehmen und die drei Kilometer bis zu unserem Haus zu Fuß zurücklegen müssen. Den ganzen Boulevard de l'Hôpital, Saint-Marcel und Port-Royal entlang hatten wir nicht ein Auto getroffen, und die wenigen Fußgänger gingen mitten auf der Straße zielstrebig und sehr schnell ihres Weges. Paris war viel größer und viel stiller als in meiner Erinnerung. Sonst hatte ich nichts gesehen.

Wo war das Unglück? Niemand schien es zu wissen. Es gab fast keine Autos mehr, nur Lastwagen. Es gab gar keine Autobusse mehr; reich oder arm, alle mußten mit der Metro fahren. Der Preis für Zigaretten war leicht gestiegen. Auch Brot und Fleisch waren etwas teurer geworden, doch nur wenig. All das war nichts, das war nicht das Unglück. Wo waren die Deutschen? Sie machten sich unsichtbar. Sie steckten in den Kasernen, in den Hotels. Wollte man sie nicht zu Gesicht bekommen, brauchte man nur den Concorde, die Champs-Elysées und den Etoile zu meiden. Dort stieß man auf ihren Geruch — den Geruch ihrer Zigaretten —: ein süßer Geruch nach den Orientmischungen, die sie liebten, süßer als ihn unsere Zigaretten haben.

Sonst sah man sie so gut wie nicht, und wenn, fuhren sie im Auto und ließen in den Kurven der ausgestorbenen Straßen die Reifen kreischen. Wenn sie einmal ausstiegen, hörte man ihre Schuhe knarren, ihren schweren — immer schweren — und lauten Schritt. Sie machten den ernsten und zufriedenen Eindruck von Menschen, die wissen, wohin sie gehen. Wußten sie es wirklich? Von einem Tag zum andern rechnete man mit ihrer Landung in England. Aber der Termin wurde immer wieder hinausgeschoben.

Ich suchte das Unglück auf der Straße. Ich fand es nicht. Vielleicht äußern sich die Katastrophen der Geschichte, wenn sie so echt sind wie diese hier, nicht mit einem Schlag. Sie brauchen zweifellos Zeit. Morgen würde ich sicher Schreie hören, würde erfahren, daß Menschen leiden, morgen würde das gefangene Paris gegen seine Türe schlagen, um freizukommen. Doch am anderen Tag herrschte das gleiche Schweigen wie tags zuvor.

Das lastete auf der Seele. Das ließ die Gedanken melancholisch werden. Die Häuser waren zu hoch, die Straßen zu breit geworden. Die Menschen waren durch zu viel Raum voneinander getrennt. Selbst die Luft, die durch die leeren Straßen strich, war verschlossen: sie wahrte ihr Geheimnis.

Man wußte nicht mehr, woran man denken sollte. Man dachte

an sich selbst. Jeder dachte vielleicht nur noch an sich und an nichts anderes. Ich sagte zu Jean: »Dies ist ein sonderbarer Krieg. Wir werden unseren Feind niemals zu sehen bekommen. Mut zu zeigen wird nicht leicht fallen.«

Vor allem: Mut wozu? Es gab keine einzige Richtung, die wir hätten einschlagen können. Wir konnten nur zu Hause bleiben, an Aliette denken, jeder auf seine Weise, stundenlang mit aller Kraft an sie denken, um am Ende nur ein beschädigtes Bild zu erhalten, ein kleines Gesicht, das ebenso traurig war wie unseres, fast ohne Ausdruck, fast ohne Stimme, eine mißratene Photographie, um einem Kummer nachzuhängen, der sich auf die Nerven legte, der einen aufspringen ließ, der den Wunsch wachrief zu kämpfen, der einzig und allein — und sofort — nach dem einen verlangte, das nicht da war — nach Aliette, die fern war, Aliette, die fortgegangen ist (aber nein! ich habe sie ja verlassen); Aliette, die ich in meine Arme nehmen, festhalten wollte!

Es war seltsam: in Toulouse hatte ich diesen Wunsch nicht gehabt. Ich hätte Aliette nicht berühren wollen. Mein Gott! Hätte ich sie berührt, wäre sie verschwunden! Doch seit ihr Körper von meinem getrennt war, existierte dieser Körper. Ich umarmte nur Schatten.

Wir hatten unsere Freundin nicht mehr, wir hatten noch keinen Feind. Wir waren schwer und leer. Wir hatten Fieber. Zu allem hin würden wir niemals erfahren, was aus Aliette geworden war: der Briefwechsel zwischen der Nord- und der Südzone war verboten. Die Besatzungsmacht erlaubte nur sogenannte »Interzonenkarten«: ein rechteckiges Stück Pappe mit vorgedruckten Formulierungen, die man eben noch vervollständigen durfte. »Mir geht es«, sagte die Formel, und man schrieb: »gut«, »sehr gut« oder »einigermaßen«. »Ich habe Ihre (oder Deine) Karte vom ... erhalten«, und man schaute auf einem anderen, mit diesem hier genau identischen Stück Pappe nach dem Datum, an dem jene, die man liebt, einem zum letztenmal ebendieselben Phrasen geschrieben hatten.

Der französische Geist ist erfinderisch: er findet immer einen Weg, die Vorschriften zu seinem Nutzen auszulegen. Es gelang uns, bedeutungsschwere Wörter einfließen zu lassen, bedeutungsschwer zumindest für uns, denn was würden sie jenseits der Mauer begreifen können?

Die Leute sagten nicht mehr viel Besonderes über den Krieg: sie erfuhren nichts mehr. Die einzigen Zeitungen, die erschienen, waren deutsch oder vertraten die deutsche Sache. Radio Paris war deutsch, und den englischen Rundfunk zu hören war verboten. Das allerdings wußte man: es war fast die einzige klare Anordnung, die bis zu diesem Zeitpunkt von den Kommandanturen erlassen worden war.

Trotzdem hörten natürlich von Tausend Hunderte das »Hier London. Franzosen sprechen zu Franzosen«: General de Gaulle, Jean Oberlé, Pierre Bourdan, Jean Marin, Maurice Schumann. Sie allein gaben Nachrichten. In ihren Stimmen lag eine strahlende Zuversicht. Doch man sprach nicht über das, was man gehört hatte. Man hatte Angst vor den Nachbarn. Ein vom Unglück betroffenes Land wimmelt von Verrätern.

Wir würden nie mehr wissen, was die anderen denken. Es würde kein Mittel mehr geben, sie danach zu fragen; sie hätten ohnehin nicht geantwortet. Da war es, das echte Unglück von Paris: fünf Millionen menschlicher Wesen, die sich in acht nahmen, bereit, sich zu verteidigen, sich zu verstecken, entschlossen zu schweigen, was da kommen mochte, denen es überlassen war, Gutes oder Schlechtes zu tun. Wir würden Feigheit von Mut nicht mehr unterscheiden können. Denn überall wäre Schweigen.

Mittlerweile öffneten die Gymnasien wieder ihre Tore. Am ersten Oktober traten wir am Louis-le-Grand-Gymnasium in die Oberprima ein; die Vorbereitung auf das zweite Bakkalaureat hatte begonnen.

Gleich am ersten Tag betritt ein neuer Geschichtslehrer das Klassenzimmer. Er geht sehr schnell. Er scheint sehr gut zu wissen, was er will. Wir stehen alle auf. Mit einer kleinen Geste der

Ungeduld winkt er, daß wir uns setzen sollen. »Meine Herren«, sagt er, »ich bitte Sie, mir zuzuhören, nicht mir zu gehorchen. Dies Land wird zugrunde gehen, wenn jeder gehorcht.« Er ist jung, er trägt dicke Brillengläser. Er ist von kleiner Statur. Es hält ihn nicht an seinem Platz. Er geht zwischen den Bänken herum. Er legt seine Hand auf den Kopf des einen, auf die Schulter des anderen. Er fragt uns persönlich von Angesicht zu Angesicht: nach unserem Alter, unseren Plänen, über die Juni-Niederlage und ihre Ursachen, über das »tadellose« Verhalten der Besatzungsarmee, über de Gaulle, Hitler, Pétain. Er erkundigt sich, ob wir wissen, was die UdSSR, Amerika und Japan sind, ob wir ihm sagen können, wo es auf der Welt Kohle, Stahl, Erdöl, Mangan gibt.

Er spricht schnell. Ich muß meine ganze Aufmerksamkeit aufbieten, um ihn zu verstehen. In einer Stunde sagt er mehr, als ich in zwei Wochen gehört habe. Wenn man ihn hört, ist Paris zwar noch immer besetzt, doch die Besetzung hat eine neue Bedeutung bekommen, und ebenso die Zukunft. Seine Stimme ist weich und warm. Man könnte glauben, sie sei ein Lebewesen. Sie legt in jedes Wort eine Gebärde. Gedanken schießen in mir mit solcher Schnelligkeit hoch, daß ich keine Zeit mehr habe, sie festzuhalten und zu sehen. Macht nichts! Ich werde sie mir am Abend, wenn ich allein bin, ins Gedächtnis zurückrufen. Doch was hat er eigentlich gerade gesagt, der Lehrer? Daß es in der Klasse mindestens einen Verräter gibt und daß er das weiß! Einen Jungen, der bereit ist, den Besatzungsbehörden zu hinterbringen, was im Unterricht gesagt worden ist? Das ist nicht möglich. Ich muß schlecht gehört haben. Aber nein, es ist so: er wiederholt es. Eine glühende Welle läuft mein Rückgrat hinab. Mir scheint, als sei ich wieder lebendig geworden. Jetzt gilt es, das Böse zurückzuweisen und das Gute zu tun.

Aus dem Umstand, daß ich blind war, zog ich fraglos nur Vorteile. Nach zwei oder drei Wochen mühsamer Anpassung konnte ich zum Beispiel Aliette wieder sehen. Jean gelang das noch nicht.

Er sagte zu mir: »Es glückt mir nie, meine Augen fest genug zu schließen, um sie zu sehen.« Diese Sorge war mir zweifellos erspart. Ich stand der inneren Welt nicht nur näher als Jean, sondern hatte mich seit acht Jahren auch fast vollkommen mit dieser Welt identifiziert. Ich hatte keine Wahl gehabt. Die Anlage sollte sich als gut erweisen; jetzt strich ich die Zinsen ein.

Allein die leibliche Aliette — die äußere Aliette — war mir entrissen. Ich rekonstruierte ihre Gegenwart in meinem Innern, ohne daran zu denken. Ich hatte nicht die mindeste Ahnung, wie der Prozeß vor sich ging. Doch ich hatte gemerkt, daß ich desto mehr Erfolg hatte, je weniger ich daran arbeitete. Erinnerungen und Gefühle waren empfindliche Dinge. Man durfte vor allem keinen Druck auf sie ausüben, sie nicht mit aller Gewalt anlocken wollen. Man durfte sie nur obenhin, mit den Enden der Finger, mit den Enden der Träume, berühren.

Die beste Methode, den geliebten Menschen — und mit ihm das Glück — wieder lebendig werden zu lassen, war, leicht im Vorübergehen eine Erinnerung an ihn aufzugreifen (was, war gleichgültig: einen Zipfel von Aliettes Kleid, ein Stück ihres Lachens) und alles übrige der Erinnerung zu überlassen. Denn es war die Erinnerung und nicht ich, die glücklich und verliebt war. Was ich selbst wollte, zählte nicht. Das war nur hinderlich. Ich versuchte, es festzuhalten, von Zeit zu Zeit entwischte es mir aber, ich wollte Aliette sehen, sie besser sehen. Der Wille verabscheut Halbheiten. Dann mußte ich sogleich alles von vorn beginnen.

Doch wenn ich meinen Willen im Zaum hielt und er sich nicht mehr rührte, erfüllte die Gegenwart meines geliebten Mädchens das ganze Zimmer. Aliette war nicht mehr rechts oder links von mir wie in Toulouse, je nachdem, ob sie meinen Arm hielt oder ihn losließ, weniger oder mehr von mir getrennt. Jetzt war sie über mir, hinter mir, in mir. Ich war unabhängig geworden von den albernen Beschränkungen von Entfernung und Raum.

Sie hatte noch immer ein Gesicht — und zwar das hübscheste, das sie je gehabt hat — und eine Stimme. Doch jetzt hüllten mich

Gesicht und Stimme ein, gingen gewissermaßen auf mich ein. Wenn ich sie in der wirklichen Welt, der geteilten Welt, vor mir hatte, konnte ich nicht immer mit einem solchen Glücksgefühl rechnen.

Meine Eltern hatten mir den hinteren Teil ihrer Wohnung zur Verfügung gestellt: zwei kleine, aneinanderstoßende Zimmer, die auf einen Hof gingen und vom übrigen Teil des Hauses durch einen knieförmig gebogenen Gang getrennt waren. Das war mein Reich. Hier hatte ich freie Hand. Ich stellte die Möbel um und machte Ordnung und Unordnung nach meiner Laune.

Ich war dort nicht immer allein; manchmal kam Besuch, und ich empfing ihn. Nach dem Abendessen, wenn ich allen gute Nacht gesagt hatte, zog ich mich dorthin zurück. Die beiden kleinen Zimmer wurden zum geweihten Ort.

Ich blieb lange, bis tief in die Nacht, auf. Ich hatte mich mit wildem Eifer auf das Studium der Philosophie gestürzt. Ich wollte alles verstehen, und damit war es mir sehr eilig. Ich wußte nicht recht, warum, aber mir schien, eine solche Gelegenheit werde sich nicht mehr bieten und ich würde bald von weit weltlicheren Verpflichtungen in Anspruch genommen sein.

All das Gedankengut berühmter Denker — von Pythagoras bis Bergson, von Platon bis Freud — war eine ganz neue Entdeckung für mich. Ich betrachtete ihre Gedanken von so nah, wie mir es möglich war. Doch der menschliche Geist (oder das, was ich von ihm in mir hatte) war wahrhaftig kein gutes Fernrohr: er fixierte schlecht. Dieser Mangel an Aufmerksamkeit bedrückte mich oft, freilich nicht allzusehr: auch die Philosophen schienen nicht immer klar gesehen zu haben.

Gewöhnlich hatten sie ihre Gedanken in eine Richtung gelenkt, und selbst die besten von ihnen konnten diese Richtung ein ganzes Buch, manchmal ein ganzes Leben hindurch verfolgen. Das war bei Platon wie bei Spinoza der Fall. Aber gerade diese Entschiedenheit und die Hartnäckigkeit, mit der sie an ihr festhielten, waren eine Schranke: sie hinderte sie umherzuschauen.

Ich stellte mir ihre Gedanken wie einen Strahl vor, der bis an die Oberfläche einer Sphäre dringen konnte, doch nur an einen Punkt — einen einzigen Punkt — dieser Oberfläche, und somit die Realität des Universums verfehlte, das nur als ganze Sphäre gedacht werden konnte. Je deduktiver und systematischer also ein Philosoph war, desto größer schien mir sein Mißerfolg. Die Dichter, und überhaupt die Künstler, sagten und machten viel Unsinn, doch zumindest schlugen sie dabei alle möglichen Richtungen ein und vermehrten so die Risiken und die Chancen. An ihrem Tun war etwas Gutes.

Ich quälte mich ab in diesem Herbst 1940. Ich dachte viel. Auf alle Fälle übte ich mein Denkvermögen. Ich prüfte alle Wege, einen nach dem anderen: den realistischen und den idealistischen, den materialistischen und den spiritualistischen, den empirischen und den rationellen. Keiner — von Heraklit bis zu William James — schien mir unnütz, doch keiner stellte mich zufrieden.

Gegen die Psychologie (der Unterricht widmete ihren Grundlagen und Lehren neun Stunden in der Woche) hegte ich geradezu einen Widerwillen: sie schien mir vollkommen abwegig. Entweder analysierte sie die Eigenschaften der Seele und des Geistes, ohne zu berücksichtigen, daß deren Existenz selbst noch gar nicht erwiesen war, oder aber sie kehrte Geist und Seele ganz unvermittelt den Rücken und betrachtete nur noch das Verhalten des Menschen.

Reaktionen und Reflexe! Aber das waren ja nur Folgeerscheinungen! Wie konnte man sie für die Quintessenz des menschlichen Lebens halten? Vielleicht waren sie Symptome. Aber die Deutung dieser Symptome mußte zweifelhaft bleiben, da sie von Leuten stammte, die sich selbst nicht besser kannten als jene, die sie beurteilten.

Ich stieß bei manchen modernen Denkern auf den Mythos der Objektivität, und ich ärgerte mich. Für diese Leute gibt es also eine einzige Welt, dieselbe Welt für alle! Und alle anderen Welten sind veraltete Illusionen! Warum nicht gleich:

Halluzinationen! Ich hatte für das Wissen, wie unrecht sie hatten, bezahlt.

Bei Gott, gerade ich wußte sehr gut, daß man einem Menschen nur hier eine Erinnerung, dort eine Assoziation, daß man ihm nur Gehör und Gesicht zu nehmen brauchte — und die Welt veränderte sich sogleich, eine andere, völlig verschiedene und doch zusammenhängende Welt tat sich auf. War es wirklich eine andere Welt? Nein! Es war vielmehr dieselbe, doch aus einem anderen Winkel wahrgenommen, mit ganz neuen Maßstäben gemessen. Jetzt waren alle die sogenannten »objektiven« Rangordnungen auf den Kopf gestellt, in alle Winde zerstreut. Man sah nicht einmal mehr ihre einzelnen Theorien, sondern nur noch Launen.

Überhaupt schienen mir die Psychologen (abgesehen von zwei oder drei, zu denen Bergson gehört) das Wesentliche, das innere Leben, entscheidend zu verfehlen. Sie hielten es für ihr Thema, sprachen aber nicht darüber. Sie standen ihm so ratlos gegenüber wie ein Huhn, das entdeckt, daß es eine Ente ausgebrütet hat. Natürlich war ich noch ratloser als sie, wenn es darum ging, darüber zu sprechen; wenn es darum ging, es zu erfahren, freilich nicht. Aber ich war ja schließlich erst sechzehn Jahre alt; ich glaubte, sie müßten mir etwas darüber sagen können. Sie sagten mir nichts.

Die Philosophen ließen mein Gehirn arbeiten: mein Gehirn folgte ihnen bereitwillig. Das Training, das sie mir verschafften, stärkte seine Muskeln. Mein Gehirn nutzte seine Gaben besser, fand sich von Tag zu Tag schneller zurecht, aber es fand nirgends einen Halt. Ich hörte überall Fragen; eine Antwort nie.

Unser Philosophielehrer in jenem Jahr war sehr schwach. Der brave Mann war rettungslos veraltet. Zum Glück gab es Bücher. Wir diskutierten sie untereinander mit einer Leidenschaft, die für mich neu war.

Aufreizende Ausdünstungen schienen aus dem besetzten, in Grabesschweigen gehüllten Paris aufzusteigen. All die Worte, die die Menschen aus Angst zurückhielten, wurden zur Herausforderung. Fast alle Jungen meines Alters waren unruhig. Nur die einfältigen Toren waren es nicht, wir ließen sie fallen. Unsere Unruhe war umfassender als die der Erwachsenen. Wir fragten uns nicht, wer den Krieg gewinnt und wann, ob die Lebensmittel rationiert werden (sie würden rationiert, es fing bereits an), ob der Nazismus oder der Bolschewismus der gefährlichste Feind ist. Wir wollten lernen zu leben. Das war etwas viel Ernsteres. Und wir wollten es sehr schnell lernen, denn wir fühlten, daß es morgen sicherlich zu spät sein würde. Es gab Vorzeichen des Todes auf der Erde und am Himmel, von der spanischen bis zur russischen Grenze, ja todbringende Kämpfe.

Das grollte in uns, wollte sich Luft machen. Wenn wir nicht imstande waren, uns ein besseres Leben zu bereiten, als es die ältere Generation führte, würden Dummheit und Massaker bis ans Ende der Welt Orgien feiern. Sollten die Leute schweigen, wenn sie schweigend leben konnten! Wir — wir konnten es nicht. Ihre Angst war fast unanständig, sie ekelte uns an. Wir kannten keine Nachsicht gegenüber den Philosophen, unseren Lehrern oder unseren Familien. Es war besser so, wir brauchten Kraft, um uns vorzubereiten.

In diesem Winter waren die Pariser Studenten ernst. Manche Gesichter hatten sogar einen Ausdruck, der einen erschütterte. Wie hätte es anders sein können! Am 11. November 1940 war es auf den Champs-Elysées zu einer Kundgebung gekommen; man gedachte des Sieges von 1918, der noch immer lebendig war. Es war die erste Kundgebung gewesen: das erste und einzige Mal, wo die Pariser zu Deutschland Nein gesagt hatten. Es waren Studenten gewesen. Am nächsten Morgen bei Tagesanbruch waren etwa zwanzig von ihnen erschossen worden.

Man lachte noch. Natürlich. Man vertrieb sich sogar recht gut die Zeit. Das Gleichgewicht des Lebens wird nicht einfach so, in einem Winter, zerstört. Doch jeden Morgen wachte man mit dem seltsamen Gefühl auf, seit gestern Wochen gelebt zu haben.

In einem glücklichen Land bleiben Kinder Kinder. In einem notleidenden Land jedoch sind sie Männer, bevor sie es wünschen, ja, bevor ihr Körper es zuläßt. Sie haben noch den Mund von Zehnjährigen, der sich im Kummer verziehen will, den Glanz von Tränen in den Augen, noch Tinte an den Fingern, den Jargon von Pennälern und kleine Mädchen im Kopf, die sie nicht berührt haben, und doch sind sie schon Männer mit einem leidenschaftlichen Drang zu verstehen und zu handeln, der auf der Stelle befriedigt werden muß. Sie haben tausendmal mehr Fragen, als es auf der Welt Antworten gibt.

Ich war so. Meine Kameraden waren so. Wir verschlangen unseren Lehrstoff, weil uns eine festere Nahrung fehlte. In keinem Fall aber ließen wir uns von Worten täuschen, nicht von der Wissenschaft, der Philosophie, den Zeitungen, der Langmut, nicht einmal von der Angst. Wir hatten allerdings Angst davor, nicht zu leben: das wohl! Angst davor, kein Recht zu haben, keine Zeit zu haben, Angst, daß die Leute uns sagen, man müsse es so und nicht anders tun (als ob sie es wüßten!). Wir waren in Eile und entschlossen. Man würde trotz allem den Versuch wagen!

Von zu Hause gingen wir wie immer zu zweit weg. Doch am Gymnasium waren wir dann unweigerlich acht, zehn oder zwölf. Aus allen Nebenstraßen stießen Mitschüler zu uns. Manche machten sogar lange Umwege, um uns zu treffen. Der Hausmeister des Gymnasiums, den dieses Schauspiel sehr belustigte, streckte den Kopf aus einer Pforte und rief aus: »Sieh mal an! Das Gefolge Lusseyran!«

Gewissermaßen war es tatsächlich mein Gefolge: geführt von Jeans großer Hand war ich immer im Mittelpunkt. Diese Gegenwart von anderen wurde auf die Dauer fast lästig. Um unsere alte Vertraulichkeit wiederzugewinnen, mußten sich Jean und ich hinfort in meine Wohnung flüchten: in die zwei kleinen Zimmer — meine Mönchszelle — am Boulevard Port-Royal.

Draußen, das hieß die Menge. »Du ziehst sie an«, sagte Jean.

»Sie haben dich nötig.« Mich, der ich glaubte, ich habe sie nötig! Vielleicht war indes beides zugleich richtig. Hinter die Geheimnisse der Anziehung ist man noch nicht gekommen. Jean fuhr fort: »Weißt du, daß sie fast immer nur dich anschauen? Selbst wenn das schwierig ist, wenn sie über die Schulter des Nebenmanns spähen müssen. Sie glauben, du siehst sie nicht. Vielleicht tun sie es deshalb.«

Seite an Seite, doch wohlgeordnet zog die Prozession die Rue Saint-Jacques hinunter und wieder hinauf. Ich fragte mich manchmal, woher soviel Disziplin wohl kommen mochte. Jeder sprach der Reihe nach. Es gab eine Zeit für den Scherz und eine Zeit für ernste Themen. All diese Jungen stimmten so harmonisch zusammen, und wenn sie sich für etwas begeisterten, taten sie es so gedämpft, daß man meinen konnte, sie stellten sich in Schlachtordnung auf. Ein Thema war indes unter allen Umständen tabu: das war die Schule. Es war einstimmig beschlossen worden, daß derjenige, der darüber redete, die Gefolgschaft verlassen mußte. Vorrang hatten die ernsten Themen! Und wie ernst waren wir, selbst wenn wir von Mädchen sprachen!

Ich ging in der Mitte und war zufrieden. Ohne bestimmten Grund. Zufrieden, mit Menschen zusammenzusein, die wie ich nicht die Augen vor dem Leben schließen wollten. Ich vergaß vollkommen, daß wir zur Schule gingen. In der Schule vergaß ich, daß ich mich in der Schule befand. Ich marschierte schon mitten hinein in die Zukunft. Doch ich wußte nicht, was sie bringen würde.

François (das war einer der Jungen der Gefolgschaft) war in Frankreich geboren. Doch seine Familie stammte aus Polen und war arm. Sein Vater war vor zwanzig Jahren ausgewandert. Er war irgendwo in einer Fabrik im Norden Frankreichs Metallarbeiter geworden.

François war leidenschaftlich. Das hätte an sich nicht genügt, ihn unter uns hervorzuheben: in unserer Gruppe herrschte eine hohe Temperatur. Doch er war es auf eine andere Art: nach »slavischer Manier«, sagten wir. Emotionen umzuckten seinen langen, dünnen — ein wenig zu dünnen — Körper wie elektrische Entladungen. Sie ließen ihn Bewegungen machen, die er nicht bezwingen konnte: er verschränkte seine Arme über der Brust, er legte einem die Hände auf beide Schultern und sprach, während er sein Gesicht auf gleicher Höhe mit dem seines Gegenübers hielt, mit veränderter — einer volleren und wärmeren — Stimme auf ihn ein, oder er blieb plötzlich mitten auf der Straße zwei Schritte vor den übrigen stehen, fixierte uns alle mit dem Blick des Genießers und sagte »Das Leben ist schön« oder etwas Ähnliches. François zelebrierte seine Messe.

Sagte ich, er habe eine Leidenschaft? Oh, er war voll von Leidenschaften, doch seine höchste Leidenschaft galt Frankreich. Er liebte es, sein Land. Er schien es besser zu kennen als wir. Manchmal nannte er es Frankreich. Manchmal nannte er es Polen. Für ihn war es das gleiche. Ich dachte, daß er recht habe.

In Gegenwart unserer Lehrer mußten wir uns verstellen, was wir sehr verabscheuten. Wir mußten vernünftig — wer weiß, sogar uninteressiert — erscheinen. Wir mußten unsere Leidenschaften niederhalten. Die einzige Ausnahme war jener Mann, der nicht wie die anderen war: der Geschichtslehrer. Er wollte uns so haben, wie wir wirklich waren: komisch, wenn wir nicht anders sein konnten, grimmig, wenn wir zornig waren. Dieser prachtvolle Mensch war nach sechs Monaten noch genauso lebendig wie am ersten Tag. Seine Gelehrsamkeit verschlug uns den Atem: er ließ Zahlen und Fakten wie Hagelkörner auf uns niederprasseln. Hin und wieder rieb er mit einer belebten und glücklichen Miene seine Hände und ließ ein kleines, freundschaftliches Lachen ertönen. Wir begannen ihn gut kennenzulernen: es war ihm nämlich eine Idee gekommen.

Mit jener kurzsichtigen Umsicht, die — wie man sagt — dem Schulunterricht angemessen ist, endete der Geschichtslehrplan mit dem Jahr 1918. Na schön! Er würde eben ohne Lehrplan weitermachen. Und er tat es über alle Schranken hinweg und sogar nach Schulschluß. Wenn er wußte, daß uns keine anderen Stunden erwarteten, behielt er uns ein, zwei Stunden länger. Lächelnd verkündete er: »Ich halte Sie nicht. Diejenigen, die gehen wollen, mögen gehen! Mir ist es egal.« Natürlich blieben alle, gefangengenommen von diesem unglaublichen Wirbel von Fakten, Informationen, neuen Aspekten über alle Länder und alle Zeiten, von seinem Appell an unsere Einsicht, unseren gesunden Menschenverstand, unsere Energie und unsere Wachsamkeit. Alle außer zweien. Sie waren uns aufgefallen: sie gingen pünktlich. Bald erfuhren wir, daß sie Mitglieder einer Jugendbewegung zur Kollaboration mit Deutschland waren.

Sobald sie die Türe hinter sich geschlossen hatten, sagte der Lehrer: »Jetzt, wo wir unter uns sind, wollen wir fortfahren!« Er setzte die deutsche Geschichte seit der Niederlage von 1918 über die Weimarer Republik, Stresemann, den alten Hindenburg, die Inflation, die Streiks, das Elend und das Versagen der Sozialdemokraten fort bis zum Putsch Hitlers und der Geburt dieses nationalsozialistischen Monstrums, das sich jetzt mit seiner ganzen Masse auf uns gelegt hatte.

Er berichtete uns über den Brand des Reichstags und seine wahren Verantwortlichen, über einen in der Geschichte einzig dastehenden Ort, den die wissenschaftlich organisierte Grausamkeit seit 1933 eingerichtet hat: das Konzentrationslager Dachau in Bayern, zehn Kilometer vor München.

Aus einer abgenutzten Aktenmappe zog er unerhörte Dokumente: ganze übersetzte Seiten aus »Mein Kampf«, Erklärungen von Alfred Rosenberg, Joseph Goebbels, Julius Streicher — den produktiven Schreckgespenstern des nationalsozialistischen Deutschlands. Er lehrte uns, was Rassenmord ist und wie man dabei vorging. Nicht in der Theorie; in der Praxis, in diesem Augenblick. Und gar nicht weit weg von uns: in Polen, in der Tschechoslowakei. François war kein Jude, doch ich konnte hören, wie er mit den Zähnen knirschte.

Unser Lehrer hatte keine Angst. Welch ein befreiendes Gefühl war das für uns! Wenn er in diesem Krieg seine Wahl getroffen hatte, wußte er, warum. Er würde nicht fortgehen, bevor er uns alles gesagt hätte. Eine Tages schließlich nahm er uns schonungslos vor. Er fragte uns, was Frankreich sei, zu was es gut sei, welchen Platz es in der Welt innehabe. Wir mußten ihm antworten. Seine Fragen waren nicht rhetorischer Art.

Wie zu erwarten, sprach François besser als alle anderen. Er sagte, daß Frankreich zwar gerade besiegt worden sei, dies aber nichts anderes als eine ungeheure Vergiftung im Körper Europas bedeute. Diese Vergiftung müsse unverzüglich behandelt werden, sonst würde die Welt – die ganze Welt – von ihr ergriffen werden. Und außerdem sei Frankreich, sagte François (er stand dabei halb auf, es hielt ihn nicht mehr auf seinem Stuhl), nicht nur ein Land: es sei eine Lebensart. Unser Lehrer rieb sich dabei überzeugter denn je die Hände.

Seiner Meinung nach hatte François recht: man müsse Frankreich lieben. Aber mit Verstand, das sei das Schwierige. Man müsse begreifen, daß Frankreichs Macht verwundet, vielleicht tot sei, daß die Zeiten sich sehr rasch änderten, daß das Gleichgewicht der Kräfte dabei sei, sich zu verschieben. Man müsse erkennen, daß Deutschland trotz seiner Gestapo und seiner Wehrmacht nicht das ganze Problem darstelle, sondern nur einen Teil davon.

Er wollte, daß wir über die Grenzen hinweg blickten, da Grenzen, wie er sagte, die Fischbeinstäbe eines alten Korsetts seien, die bald knacken würden. Er unterbrach seine Sätze immer wieder durch jenes kleine vertraute Lachen, das wir so sehr liebten. »Meine Herren«, sagte er, »dieser Krieg ist kein nationaler Krieg. Nationale Kriege wird es nicht mehr geben. Merken Sie sich das! Die Welt ist eine Einheit. Das mag unbequem sein, doch es ist so. Und jeder Nationalist ist ein hinter seiner Zeit zurückgebliebener alter Dummkopf!«

Fasziniert folgten wir ihm über die Grenzen: nach Osten Rußland, nach Westen Amerika zu. Für ihn zählten nur diese beiden Länder: die UdSSR und die USA. Deutschlands Stärke sei vorübergehend: es sei die Stärke einer ins Maßlose gesteigerten Brunst, sie würde nicht von Dauer sein.

Die Russen und die Amerikaner seien vermutlich nicht besser als andere Menschen, aber sie seien bestimmt vitaler, und letztlich komme das Leben immer zu seinem Recht. Die UdSSR und die USA befänden sich noch nicht im Krieg, doch sie würden in ihn eintreten. Das sei keine Hoffnung, das sei eine verhängnisvolle Verkettung.

Sechs Wochen lang widmete er sich dann der Geburt des Bolschewismus, der Herrschaft Lenins, der Herrschaft Stalins, den Moskauer Säuberungen. Anhand von russischen Texten, die er hatte übersetzen lassen, analysierte er für uns die Verfassung der Union der Sozialistischen Sowjet-Republiken. Er unterrichtete uns, daß die russische Schwerindustrie, die südlich von Moskau und in der Ukraine um Städte wie Charkov und Dnjepropetrovsk oder im Donbas konzentriert war, bereits seit drei Jahren systematisch nach Osten in die neuen Städte des nördlichen Urals, noch Magnitogorsk, Tscheljabinsk, und sogar noch weiter, nach Sibirien ins Kusnez-Becken verlagert worden sei. In noch jüngerer Zeit seien so wichtige Zweige der Lebensmittelindustrie wie Teigwaren- und Konservenbetriebe derselben Bewegung gefolgt.

Sei das nicht klar? Werfe das nicht ein überraschend neues Licht auf den deutsch-sowjetischen Pakt vom 23. August 1939? Könne die UdSSR der Freund Hitlers sein? Wenn die Bolschewiken aufrichtig seien, sei solches unmöglich, denn dann verteidigten sie die Freiheit der Menschen. Seien sie nicht aufrichtig, sei es auch nicht möglich, denn dann träumten sie im geheimen von der Weltherrschaft und könnten die Nazi-Macht nicht lange tolerieren.

Die UdSSR habe ein großes Gewicht. Wir dürften uns nicht von den Illusionen einschläfern lassen, welche die westliche Welt in dieser Beziehung seit 1917 hege. Rußland sei zugleich ein sehr altes und ein sehr junges Land. Seine Stärke liege in der Unterwürfigkeit, der Naivität seiner Menschen und in jener Sehnsucht nach Wohlergehen, die sich in Jahrhunderten der Gewaltherrschaft angestaut habe.

Die UdSSR sei unbekannt, doch Amerika sei es nicht weniger. »Ah! Die da!«, sagte unser Lehrer, wenn er von den Amerikanern sprach. »Wenn sie genauso schlau wie großmütig sind, sind wir alle gerettet!«

Das Stück Zukunft, das auf der anderen Seite des Atlantik liege, sei viel größer — wir dürften das nie vergessen —, als es Europa wahrhaben wolle. Dort liege ein riesiger Kontinent voller Schätze, in dem es von Menschen wimmle und der fast in geometrischen Proportionen wachse. Amerika verkörpere den größten Erfolg des Unternehmungsgeistes, zu dem sich Menschen jemals fähig gezeigt hätten. Wie bei allen jungen Völkern gebe es dort Enthusiasmus und Egoismus, doch es gebe dort auch eine der solidesten Reserven an Toleranz und Vertrauen auf der Welt.

Die Amerikaner liebten es zu produzieren, zu bauen, kurz, sie liebten die Betätigung, und wenn sie diese Neigung lange genug unversehrt erhalten könnten, würden sie Europas Hoffnung Nummer eins. Und so entsetzlich das klinge, vielleicht seine einzige Hoffnung.

Wir hörten Vorträge über den Börsenkrach von 1929, über die Depression, über die erste Amtszeit von Franklin Delano Roosevelt, über seine zweite Amtszeit. Man berichtete uns vom »New Deal«, von der überaus raschen Genesung Amerikas nach der Depression, von der »Tennessee Valley Authority«, von den Wiederaufforstungsplänen, von den Kraftwerken in den Rocky Mountains. Und zum erstenmal in unserem Leben wurden New York, Philadelphia, Pittsburgh, Cleveland, Detroit, Chicago, San Francisco, Los Angeles, sogar Minneapolis und Duluth, Toledo, Rochester, der Mississippi und der Missouri, die Appalachian-Mountains und der Lake Huron mehr als bloße Namen für uns: sie wurden zu außergewöhnlichen Plätzen, wo jedes Jahr Millionen Menschen Hunderte von neuen Arten ersannen, das Leben nutzbar zu machen.

Ich lauschte, und ich begriff. Die Grenzen Frankreichs, meine Grenzen, brachen nach allen Seiten hin auf. Unter dem Stock eines Schullehrers, unter seinem Bann vielmehr und seinem Geschick, wurde der kleine Franzose von siebzehn Jahren ein Europäer.

Im März 1941 mußte ich eines Tages an die Tafel, oder vielmehr aufs Katheder gehen: mein Geschichtslehrer wollte mich auf die Probe stellen. In einem Monat hatte ich ungefähr zwanzig Bücher lesen müssen: einige über die UdSSR, andere über die Vereinigten Staaten. Ich sollte sie für meine Kameraden kurz zusammenfassen, die Synthese ziehen, wie wir hochtrabend sagten. Da es tatsächlich das erstemal war, daß ich vor einem Publikum zu reden hatte, war ich bedrückt von Sorgen — und vom Gewicht meiner Notizen. Die Angst blieb, doch die Notizen verschwanden.

Ich hatte mich auf dem Platz des Lehrers niedergelassen, um mit meinen Ausführungen zu beginnen. Meine Hände fuhren über den Pultdeckel: umsonst. Die Notizen waren weg. Vor meinen Augen wurde es trüb. Da hörte ich das vertraute Händereiben und das kleine herzliche Lachen. »Ich habe sie genommen, Ihre Notizen«, sagte der Lehrer. »Wenn man auf Reisen geht, gibt man seine Koffer im Gepäckwagen ab.«

Daraufhin wurde es noch trüber vor meinen Augen. Doch dann hellte sich etwas in meinem Kopf auf: ich erinnerte mich an den inneren Bildschirm und ich entdeckte, daß ich auf ihm meine Notizen leicht ablesen konnte. Sie waren hier sogar besser lesbar als auf dem Papier. Wie hatte ich nur seit mehreren Monaten die Existenz dieses wunderbaren Instruments vergessen können? Was für ein Schwachkopf war ich doch geworden!

Überdies gab mir meine Stimme, während ich sprach, neuen Mut: sie klang fast natürlich. Auch die Ruhe meiner Klassenkameraden war ein gutes Zeichen; sie wollten mir nicht übel, einige hätten mir sogar gerne geholfen. Ich war mir dessen sicher. Ich spürte, wie sie sich zu mir vorneigten, besonders François und Jean. Nach einer Stunde (alle sagten mir, mein Vortrag habe eine

Stunde gedauert! Ich traute meinen Ohren nicht.) hörte ich mich enden und den Lehrer Beifall klatschen. Er klatschte nie, und schon gar nicht seinen Schülern. Was mochte ich wohl gesagt haben?

Ich erfuhr es einige Augenblicke später von den anderen. Ich hatte anscheinend etwas Erstaunliches gesagt, daß nämlich der Krieg eben erst begonnen habe, daß wir tatsächlich nicht wüßten, wohin er führe, wenn die UdSSR und die USA in den Konflikt eingetreten seien, daß diese doppelte Intervention aber sicher nicht mehr lange auf sich warten lasse. Großer Gott! Wie hatte ich denn so etwas sagen können? Ich hatte es nicht vorbereitet. Ja, ich wußte es nicht einmal, hatte buchstäblich keine Ahnung davon! Ich mußte mich damit abfinden: mein Geist war schneller als mein Bewußtsein. Diese kleine Entdeckung gab mir Grund zum Nachdenken. Und, wahrhaftig, ich dachte nach.

12

MEINE KRANKHEIT HEISST »BESETZUNG«

Weissberg war der Name eines kleinen dünnen Mannes mit kurzem Kinnbart und weißen Haaren, eines immer höflichen, immer gastfreundlichen Mannes. Als alter Schulkamerad von Jeans Vater hatte er für Jean eine ruhige Zuneigung gefaßt, die mindestens einmal im Monat einen kleinen Besuch forderte. Da er Junggeselle war, liebte er Jean wie einen Sohn, den er selbst nie gehabt hatte. Sein ganzes Leben hatte er mit Ausdauer biologische Studien getrieben. Er hatte große Entdeckungen auf pharmazeutischem Gebiet gemacht, aber er war zu bescheiden und zu zerstreut gewesen, um aus seinen Erfindungen Kapital zu schlagen: er war arm geblieben.

Von jedem seiner Besuche bei Weissberg kam Jean freudestrahlend zurück. Der alte Mann hatte ihm so viel Neues gezeigt, so viele Interessen in ihm geweckt. Eines Abends Anfang April war Jean zu seinem monatlichen Besuch zur Avenue de Clichy gegangen. Doch die Concierge fing ihn, wie er vorbeiging, ab und sagte ihm, der alte Herr vom vierten Stock sei nicht mehr da: vor zwei Tagen, gegen fünf Uhr morgens, habe ihn die deutsche Polizei geholt. »Sie kamen zu dritt, ihn zu suchen«, sagte die Concierge, »alle sehr höflich, besonders der größte von ihnen, der französisch sprach«. Aber als sie den armen Mann weggeführt hätten, fügte sie hinzu, habe sich der Große (offenbar ein Offizier) zu ihr umgedreht und gesagt: »Beunruhigen Sie sich nicht! Es ist nur ein Jude!«

Einige Tage später meldete das »deutsche« Radio Paris, daß von der deutschen Armee benutzte Telephonleitungen in der Nähe der bretonischen Küste von französischen Terroristen durchgeschnitten worden und dafür soeben zehn französische Geiseln erschossen worden seien.

Eines Mittags, als ich die Schule verließ, faßte ein junger Mann, den ich nicht kannte, im Vorübergehen meinen Arm und sagte mit ängstlicher Stimme zu mir: »Gérard ist heute morgen von der Gestapo verhaftet worden. Ich glaube, er ist in der Santé.« In der Santé! Der Name dieses Pariser Gefängnisses tönte zum erstenmal, nah, persönlich, in meinen Ohren. Der junge Mann fuhr fort: »Ich bin Gérards älterer Bruder. Ich selbst bin in Gefahr. Unser Vater ist seit Juni letzten Jahres wieder bei den Freien Französischen Truppen in London. Das wissen Sie ja wohl schon. Man hält Gérard sicher als Geisel fest. Da Sie sein bester Freund sind, hielt ich es für notwendig, Sie zu unterrichten.«

Drei Tage später wurde ich krank. Ich scheue mich zu sagen, daß es wegen Weissberg, Gérard und der Geiseln war. Meine Krankheit war ziemlich gewöhnlich: starke Masern, die sich nach wenigen Stunden ankündigten, nach vier oder fünf Tagen ausbrachen, und die beim Abklingen in mir eine Flut von Energie freilegten. Ich scheue mich, es zu sagen, und trotzdem glaube ich es. Ich glaubte es damals ohne Zweifel. Schon im ersten Fieber schien es mir klar, daß sich mein Körper von einem Gift reinigte, Fremdkörper ausspie. Aber das Gift war sowohl moralischer wie auch physischer Natur. Dessen war ich sicher.

Auf dem Höhepunkt meines Fiebers wurde ich von Schüttelfrost gepackt. Aber seltsamerweise verlor ich nicht meinen klaren Kopf. Ich war Zeuge, wie die Schlacht ausgetragen wurde. Fieberanfälle trieben meinen Körper und meinen Geist in alle Richtungen. Ich warf mich wütend vorwärts. Ich jagte den Feind. Bald hatte selbst die Vorstellung, daß ich krank war, keine Bedeutung mehr für mich: es war keine Mikrobe, kein Virus, der in mich eingedrungen war, es war ein Entschluß.

Er setzte sich in meinem ganzen Körper, vom Kopf bis zu den Füßen, in erobertem Gebiet fest: ich konnte ihm einfach keinen Widerstand leisten. Er hatte das Steuer an meiner Stelle in die Hand genommen. Er führte mich zu bestimmten Punkten, an die ich vorher noch nicht gedacht hatte.

Er gab mir Befehle. Zunächst solle ich nichts in meiner Familie sagen, zumindest nicht sofort. Ich solle so schnell wie möglich zwei meiner Kameraden treffen, François und Georges, sie als erste, doch unter vier Augen: selbst Jean werde nicht dabei sein. Später müsse ich dann noch mit etwa zehn anderen Kontakt aufnehmen. Die Liste war bereits fertig.

Mein Entschluß gab nicht an, was ich ihnen sagen sollte. Das war mir gleichgültig. Zur gegebenen Zeit würde ich es schon wissen. Ich hatte nur ein Verlangen: schnell meinen Körper auszukurieren, um ihn im großen Abenteuer aufs Spiel zu setzen.

Gesegnete Masern! Sie katalysierten in mir einen ganzen Pakken Ängste und Wünsche, Absichten, Entrüstung, die mich seit Wochen mit ihrer Faust gepackt hielten und deren Griff ich niemals allein hätte lockern können. Gleich, als es mir besser ging, sagte ich in meinem Zimmer laut zu mir selbst: »Meine Krankheit ist die Besetzung.«

Es war April: unser erster Nazi-Frühling. Die Jugend, die Besetzung, die Rekonvaleszenz tanzten in meinem Blut. Meine Schläfen klopften geradezu, wenn ich ringsum mein Land passiv sah, all die Leute, die nichts sagten, nichts taten. Seit kurzem machte ein neues Wort die Runde, das diese Leute kennzeichnete: *les attentistes*, »die Wartenden«.

Auf was warteten sie? Daß der Terror seßhaft werde? Daß er wie eine riesige Mikrobe all unsere Lebensfreude verzehre (das würde ihm rasch gelingen, es war schon jetzt nicht mehr viel von ihr da)? Daß alle Weissbergs verhaftet würden und verschwänden? Daß es in Frankreich nur noch zwei Arten von Menschen gebe: die Geiseln und jene, für die man die Geiseln tötet? Ich wollte es nicht.

Natürlich war »wollen« auch in diesem Fall eine leere Phrase. Ich hatte keinerlei Beweis dafür, daß diese Leute sich aus Vergnügen abwartend verhielten. Sie taten es unfreiwillig. Zudem, warteten denn alle ab? Wie konnte man das wissen? Niemand teilte sich mehr mit.

Wenn in der Unterhaltung die Wörter »Nazis«, »Gestapo«, »Folterungen« und »Erschießungen« fielen, schloß sich sofort etwas bei dem Gesprächspartner. Ich war dieser Erscheinung gegenüber so feinfühlig geworden, daß ich fast ein spezielles Geräusch zu vernehmen glaubte. Man wußte dann nie, ob die Leute die Augen, den Mund oder die Hand zur Faust schlossen. Man hatte nur noch einen Panzer der Ablehnung vor sich. Das traf vor allem auf die Erwachsenen zu. Aber das Übel hatte seit kurzem sogar meine Kameraden befallen.

Nun, da hatte ich ja meinen Stoff für François und Georges: ich würde ihnen von den Gründen sprechen, warum alle schwiegen, ich würde ihnen zeigen, daß sie alle schlecht waren, ich würde sie zum Sprechen bringen oder an ihrer Stelle sprechen.

Mir lagen die Wörter im Kopf, in der Kehle. Aber es hätte wenig Zweck gehabt, einen Roman oder Gedichte aus ihnen zu machen. Es war nicht die Zeit zu Ansprachen: meine Wörter reichten bis in meine Arme und meine Hände.

Wenn ich noch nicht genau wußte, was die Besetzung war, so darum, weil sie zu wichtig und, alles in allem, fast unsichtbar war. Den Nazis war es meisterhaft geglückt, sich auf eine ganz neue Art in den Körper Europas einzuschleichen: sie hielten sich in strenger Ordnung, bewahrten korrekte Haltung — wenigstens in Frankreich. Sie bestahlen uns, sie beraubten uns, indem sie 85 Prozent der landwirtschaftlichen und industriellen Produktion des Landes nach Deutschland schafften. Aber sie sprachen nicht — oder kaum — darüber. Sie bedrohten niemand. Sie begnügten sich damit, Requisitionsbefehle zu unterzeichnen.

Hinter dem Heer (das wußte jeder, und wer sich nicht sicher war, hatte Angst, was noch überzeugender war) verbarg sich ein Geheimnis. Das war kein Krieg wie andere Kriege. Diesem Krieg lag nicht die Gewalt zugrunde. Etwas Schlimmeres stand hinter ihm: eine fixe Idee. Die Idee, Europa zu einem Nazi-Staat zu machen, das heißt, all das, was nicht deutsch war, zu töten oder sich zu unterwerfen.

Diese fixe Idee besaß keine Wildheit, man konnte sie nicht schäumen sehen. Sie besaß einen Verwaltungsapparat, das war ihr Geheimnis. All ihre Pläne waren im voraus schriftlich ausgearbeitet. Sie lagen sicher in Schreibtischschubladen, von Narvik bis Saint-Jean-de-Luz, seit einigen Tagen sogar auf der Insel Kreta. In Paris befanden sich diese Schubladen in der Rue des Saussaies, der Rue Lauriston und all den Gebäuden, welche die Gestapo belegt hatte.

Jetzt glaubte ich das Wesen dieser Besetzung zu verstehen. Da würde es keine Massaker geben. Man konnte damit rechnen, daß die Nazis schlauer waren. Oder falls es welche geben würde, dann allmählich: ein Mann nach dem anderen würde verschwinden. Eines Tages (vielleicht erst nach mehreren Jahren) würde man entdecken, daß in unserem Frankreich kein einziger Gérard, kein einziger freier Mann, kein einziger Weissberg übrig geblieben war.

Als die Masern überstanden waren, wurde mein Entschluß zu sprechen zu einer zweiten Krankheit: auch er verursachte in mir Schüttelfröste, kratzte auf der Zunge. Ich hatte tatsächlich Schmerzen.

Da sagte ich zu Jean: »Warum lernen wir nicht tanzen?« Ich vermute stark, daß selbst aufmerksamen Lesern der Zusammenhang zwischen der Rumba, dem Slow-Fox und meinem neuen Freiheitsweh verborgen bleibt. Trotzdem ist dieser Zusammenhang sehr einfach. Ich war noch nicht fertig, noch nicht ganz. Die Gärung meines Geistes, die sich auf meinen Körper übertrug, gab mir eine Heftigkeit, von der ich nicht wußte, wie ich sie nennen sollte. Kosmisch vielleicht! Ich hatte in mir eine so große Armee auf dem Weg zu ihren Taten, daß sie alle Wege auf einmal besetzen mußte, um marschieren zu können.

Ich lernte alle Grundtänze in zwei Wochen, sehr schnell, als ob ich im Hochsommer meinen Durst zu löschen hätte: vom Walzer bis zum Swing. Auf den Swing stürzte ich mich mit Begeisterung. Nicht aus ästhetischen Gründen, wie man sich denken kann! Aber dieser Tanz war wirklich geeignet, Teufel auszutreiben. Wenn man fünf oder sechs Stunden hintereinander ein Rudel Mädchen in den Armen dreht und sich ihr ganzes Parfüm in dicken Schwaden über einen ergießt, ist man zwar erledigt, doch die Teufel hat man ausgetrieben. Man muß sie nur drehen: die politischen und die privaten.

Die Unterscheidung übrigens, welche die Leute zwischen den Problemen, die sie »persönlich« betrafen, und den Problemen, die sie nur »allgemein« betrafen, wie sie sich ausdrückten, machten, schien François, Georges, Jean und mir vollkommen widersinnig. Das Leben des Landes war unsere Angelegenheit. Das war »keine Frage«! Das war eine Tatsache, und sie wurde schon in den ersten Gesprächen deutlich, die ich in den letzten Apriltagen mit ihnen allen führte.

Anfang Mai hatte ich die asketische Lebensweise angenommen, die einem Streiter für das Ideal ziemt. Jeden Tag — auch sonntags — stand ich um halb fünf, vor Tagesanbruch, auf. Dann kniete ich zuerst nieder und betete. »Mein Gott«, sagte ich, »gib mir die Kraft, meine Versprechungen zu halten. Da ich sie für eine gute Sache gemacht habe, sind sie auch die Deinen. Jetzt, wo zwanzig — und morgen vielleicht schon hundert — Jungen auf meine Befehle warten, sage mir, welche Befehle ich ihnen geben soll. Aus mir selbst vermag ich fast nichts zu tun, aber wenn Du es willst, bin ich fast zu allem fähig. Gib mir vor allem Klugheit; denn Deine Begeisterung brauche ich nicht mehr: ich bin voll von ihr.«

Darauf machte ich schnell mit kaltem Wasser Toilette. Dann beugte ich mich aus dem Fenster, um Paris zu lauschen. Ich nahm Paris ernster als je zuvor. Nicht daß ich mir etwas vorgemacht hätte, daß ich mich für die ganze Stadt verantwortlich gefühlt hätte! Doch in dieser halb betäubten Stadt, die jede Nacht von zwölf bis fünf Uhr unter der Sperrstunde erstarrte, war ich seit drei Tagen einer der Verantwortlichen geworden. Daran konnte niemand mehr etwas ändern: nicht einmal ich selbst.

Die anderen, meine Kameraden, hatten es so gewollt. Und ich hatte mich eine Woche zuvor, als ich mein erstes vertrauliches Gespräch mit François und zwei Stunden später mit Georges hatte, noch gefragt, ob dieser Redeschwall, der aus mir hervorbrach, einen Sinn für sie hätte! François hatte bei den ersten Worten vor Glück fast aufgeschrien. Er hatte mich umarmt — etwas, was wir sonst untereinander nie taten — und gestammelt: »Alle haben wir das von dir erwartet.« Ich hatte mich auf die Zunge beißen müssen, um nicht zu sagen: »Von mir? Warum von mir?«

Die restliche Zeit hatte man damit verbringen müssen, Wasser aufs Feuer zu schütten. Ich hatte kaum zu François gesagt, daß wir die Besetzung nicht länger dulden dürften, als auch schon eine ganze Serie von Plänen aus ihm hervorsprudelte. Keine wirren Pläne: sie waren im Gegenteil wie Manövermeldungen abgefaßt (seit dem letzten Sommer hatte er zweifellos an nichts anderes gedacht), doch so kühne Pläne, daß diese sofort unser aller Leben aufs Spiel gesetzt haben würden.

Ja, ich mußte es mir bekennen: ich hatte an alles gedacht, nur nicht an die Gefahr. Und jetzt schleuderte mir François die Gefahr pfeilgerade entgegen — wie eine Faust mitten ins Gesicht. Die Gefahr, der sowohl ich wie er, der all die ausgesetzt seien, mit denen ich sprechen würde. An diese Realität würde ich mich erst gewöhnen müssen: ich würde kein Wort mehr sagen, das nicht eine Tat miteinschlösse. Ich hatte Gott dringend nötig. Ich nahm mir vor, jeden Tag zu beten.

Georges hatte anders als François reagiert. Georges war ein kleiner, verwegener, doch zurückhaltender Franzose. Zudem hatten ihn seine mangelnden intellektuellen Gaben in seiner Ausbildung aufgehalten, er war schon zwanzig Jahre alt. Auch verstand er im Unterschied zu François nur konkrete Dinge. Er quälte mich, um Einzelheiten über meine Pläne zu erhalten. Aber ich, ich hatte ja nur eine Absicht, ich hatte keine Pläne!

Ich sah mich also plötzlich vor die Aufgabe gestellt, auf der Stelle eine Organisation aus dem Boden zu stampfen. Georges fragte: »Mit was für einer Art Leute willst du Kontakt aufnehmen? Mit wie vielen? Wann wirst du Geld brauchen und wieviel? Wo wirst du das Hauptquartier deiner Bewegung aufschlagen? Welche disziplinarischen Maßnahmen willst du ergreifen, um die Arbeit der Mitglieder unter Kontrolle zu halten? Wann beabsichtigst du, London über deine Existenz Mitteilung zu machen?«

Deine Existenz! Deine Bewegung! Sie alle hatten ein größeres Tempo als ich. Doch wenn ich auch erstaunt war zu sehen, was für Schritte sie nahmen, so war ich es noch weit mehr, wenn ich die meinen beobachtete. Durch eine Art Gelenkigkeit, zu der ich mich nicht fähig geglaubt und die ich nirgends erlernt hatte, folgte ich François und Georges nicht nur, sondern ging ihnen sogar voran. Nicht viel, doch unverkennbar: gerade um einen Satz, um eine Kopflänge.

Ich hörte mich zum Beispiel zu Georges sagen, daß wir erst nach einer Erfahrung von zwei Monaten wissen würden, wie weit sich die Bewegung ausdehne, daß man vor Ablauf dieser zwei Monate die Kameraden, mit denen wir Kontakt aufgenommen hätten, nicht wie Männer im umfassenden Sinn des Wortes, sondern wie Pfadfinder behandeln müsse, daß von den ersten zwanzig etwa zehn unvermeidlich ausfallen würden und daß man sich einen solchen Ausfall nur im ersten Stadium, vor der Bildung der endgültigen Organisation, gestatten könne. Danach würde das Gesetz des Krieges — das Gesetz des Untergrundes — gelten.

Georges hatte zweifellos gehört, was er hören wollte, denn er hatte anschließend gesagt: »Ich schwöre dir . . .« Er hatte einen Augenblick gezögert und sich dann den Stoß gegeben: »Ich schwöre dir beim Haupt meiner Mutter, daß ich bei euch bleiben werde.«

Am anderen Tag rief ich drei andere Kameraden in meinem Zimmer zusammen. Zwei traf ich noch auf dem Weg zur und von der Schule. Eine Unruhe — fast ein Zweifel — überfiel mich, als ich feststellte, daß ich nicht allen dasselbe sagte. Manche fachte ich an, andere besänftigte ich. Ohne gründliche Berechnung, doch aus einem gebieterischen Trieb heraus erzählte ich nur Georges und François die ganze Sache: zu Jean sagte ich nur die Hälfte.

Nach vier oder fünf Tagen war ich von etwa zehn Jungen umringt, die eine Tat von mir forderten. Mich überfiel panikartige Verwirrung, ja, ich fühlte ein schmerzhaftes Spannen der Nackenmuskeln. Zu was für einer Tat war ich, der Blinde, fähig? Dennoch war ich es, auf den sie alle warteten.

Ich zog niemand zu Rate, dazu blieb mir keine Zeit. Ich hatte bereits Einladungen zu einer einführenden Versammlung losgelassen, sie sollte am kommenden Dienstag in der Wohnung von Jeans Familie stattfinden. Die zehn Kameraden, mit denen ich Kontakt aufgenommen hatte, sollten sich dort Punkt fünf Uhr einfinden. Sie waren da. Aber es waren nicht zehn; es waren zweiundfünfzig. Als ich dieses Stimmengewirr die schmale Treppe des Hauses hinaufsteigen hörte, befiel mich die verrückte Idee, wir seien denunziert worden.

Doch als die zweiundfünfzig Jungen zehn Minuten später unordentlich inmitten des großen Salons mit den bunten Fenstern niedergehockt waren, als alle ihre Augen auf mich hefteten und mit einem Schlag verstummten, wie ich niemals Menschen habe verstummen hören, als einer von ihnen (Georges, glaube ich) zu mir sagte: »Die Würfel sind gefallen. An dir ist es zu sprechen!«, da erfüllte mich eine ungeahnte Klarheit, ich hatte nicht das leiseste Herzklopfen mehr. Auf einmal begann ich all das zu verstehen, was ich seit Wochen gesucht und nicht gefunden hatte.

Das Gewissen eines jeden meiner Kameraden schien ganz offen vor mir zu liegen: ich hatte nur darin zu lesen. Auch mein eigenes Gewissen quälte mich nicht mehr: ich hatte es in den Dienst einer Sache gestellt, die unbedingt richtig sein mußte, da sie mir all die Worte eingab, die ich vorher nie geäußert hatte.

Ich sagte ihnen, den zweiundfünfzig, daß es kein Zurück von ihrer Zusage mehr gebe. Sie würden die Türe, die sie heute abend geöffnet hätten, nicht mehr hinter sich schließen können. Das was wir, sie und ich, zusammen machten, nenne man Widerstandsbewegung. Die Tatsache, daß der älteste von uns noch nicht einundzwanzig und ich noch nicht ganz siebzehn sei, mache zwar nicht alle Unternehmungen gerade einfach, doch zumindest manche möglich: solange man uns für kleine Jungen halte, werde man uns nicht für verdächtig halten. Mindestens nicht sofort. Diese vorgefaßte Meinung und diese Chance müßten wir in den kommenden sechs Monaten von Grund auf nutzen.

Sechs Monate lang — auch ein ganzes Jahr, wenn es sein müsse — werde unsere Bewegung passiv sein: man würde sich vorbereiten. Zunächst werde man darangehen, nacheinander die Zellen der Bewegung zu schaffen. Unwiderrufliche Regel: diese Versammlung von zweiundfünfzig Leuten sei ein Wahnsinn gewesen — ein unfreiwilliger, vielleicht sogar ein notwendiger Wahnsinn —, doch er werde sich nicht wiederholen. Niemals dürften mehr als drei Mitglieder der Bewegung auf einmal zusammentreffen, von dringenden Notfällen abgesehen.

Während des Vorstadiums müßten alle Jungenträume unbarmherzig abgeschüttelt werden: all die Träume à la Dumas, all die Träume von Verschwörung und Guerillakrieg. Bis auf weiteres werde es keine Waffen in der Bewegung geben. Nicht einmal eine Jagdflinte. Und im Gespräch dürfe von Waffen nicht die Rede sein.

Übrigens dürfe im Gespräch von gar nichts die Rede sein. Von heute abend an habe man ein strenges Doppelleben zu führen. Das Leben harmloser junger Leute gegenüber unseren Familien, den Lehrern, den anderen Klassenkameraden und den Mädchen, und das andere Leben. Diejenigen, die Zeit für kleine Freundinnen hätten, sollten sie haben, doch sie sollten mit ihnen über Liebe und Pantoffeln reden und über sonst nichts. Die größte Gefahr stellten die Familien dar: da sie uns gemäß ihrer Bestimmung wohlgesinnt seien, würden sie womöglich in die Quere kommen oder quatschen.

Es war noch nicht einmal eine Woche her, daß ich das alles gesagt hatte. Jetzt lief die Maschine. Ich war der Führer einer Widerstandsbewegung. Aus dem Hof vor mir, wo die ersten Strahlen der aufgehenden Sonne die Stille des Morgens durchbrachen, stieg von der nahen Bäckerei der einladende, aus Salz und aus Zucker gemischte Duft empor. Dieser Duft war so lieblich wie einst, vor der Zeit der Résistance. Er ließ Sehnsucht nach Zerstreuung, nicht nach Taten aufkommen. Unter all den Gefahren, die auf mich warteten, würde auch diese lauern: die Gefahr, die von der Freude an den Dingen ausgeht.

Ich hatte mich des Rechtes zu träumen beraubt. Auf jeden Fall würde ich nur noch nach einer Richtung hin träumen können, und ich würde niemals wissen, was am Ende des Weges liegt, den ich eingeschlagen hatte, bevor er nicht hinter mir liegt.

Auf Drängen von Georges und François und von zwei anderen, Raymond und Claude, hatten wir bereits ein Zentralkomitee der Bewegung schaffen müssen. Zentralkomitee! Das klang wie eine Farce. Als ob wir Bleisoldaten gespielt hätten. Doch so war es nicht. Es war notwendig, man arbeitete dort.

Was ich nicht zu erfinden imstande war, erfand einer der vier anderen. Man konnte ja schließlich nicht Experten zu Rate ziehen: Politiker, Offiziere, Journalisten, nicht einmal unsere Eltern. Und wenn man fünfzig Jungen dazu bringen soll, etwas zu tun, oder schlimmer, davon abhalten soll, es zu tun, ist Taktik geboten.

Das Zentralkomitee hatte tags zuvor zum erstenmal in der Nähe der Porte d'Orléans, am südlichen Stadtrand von Paris, in einem jener ärmlichen Häuser getagt, die an Bienenkörbe erinnern und in deren Treppenhäusern ein ständiges Kommen und Gehen ist. Trotzdem war jeder von uns nach einer vorher festgelegten, vom Weg der anderen verschiedenen Route gekommen und gegangen. Nur Georges und ich waren zu zweit: ich würde wohl oder übel eine Ausnahme bilden.

Das Zentralkomitee hatte, von einer Stimmenthaltung — der meinen — abgesehen, einhellig den Beschluß gefaßt: in den ersten drei Monaten sollte ich allein mit der Rekrutierung betraut sein. Das Komitee war der Ansicht, daß mir dieses Risiko zu Recht zustehe: als dem moralischen Initiator der ganzen Sache und als Blindem.

Das sei mein Fach, meine Spezialität. Ich hätte, sagten sie, das »Gefühl für Personen«. Bei meinen ersten Kontakten sei mir kein Irrtum unterlaufen. Außerdem würde ich besser hören, mehr achtgeben, mich nicht leicht täuschen lassen, ich würde weder Namen, noch Orte, Adressen oder Telephonnummern vergessen. Bei meinen wöchentlichen Berichten über die Anwerbung brauchte ich keine bloßstellenden Papiere oder Listen zu Hilfe zu nehmen. Jedes Schriftstück (mochte es auch chiffriert sein) stelle ein Risiko dar, das keiner von uns wagen dürfe.

Ich hatte mich der Stimme enthalten, ich hatte aber auch darauf verzichtet, das Angebot auszuschlagen. Nichts auf der Welt konnte mir mehr Lebensmut geben als dieses Vertrauen meiner Freunde, als diese Gefahr, die für einige Wochen sogar größer sein mochte als die ihre. Später, wenn es zu spionieren, Waffen zu tragen, flucht- oder schlagbereit zu sein galt, würde ich mich zurückziehen. Ich würde hinter der Front bleiben. Notgedrungen! Doch bevor mich meine Augen dazu verdammen, dem Kampf fernzubleiben (vielleicht verdammten sie mich eines Tages dazu), habe ich es meinen Augen zu verdanken, daß ich als erster, in der vordersten Reihe, kämpfen darf.

In weniger als einem Jahr schlugen annähernd sechshundert Jungen den Weg zum Boulevard Port-Royal ein. Sie wollten den Blinden besuchen. Man wird diese Zeit und die Last ihres Geheimnisses besser verstehen, wenn ich sage, daß diese Jungen meistenteils nicht einmal meinen Namen kannten und auch nicht danach fragten.

Einer von den ersten zweiundfünfzig Gruppenmitgliedern behielt einen Kameraden mehrere Tage, bisweilen mehrere Wochen im Auge. Wenn er ihn schließlich für vertrauenswürdig hielt, schickte er ihn zu mir. Die Weisungen waren streng: ich durfte auf keinen Fall Personen empfangen, die nicht angemeldet waren.

Ich durfte auch niemand empfangen, der fünf Minuten von der festgesetzten Zeit abwich. Wenn ihr Kommen diesen Bedingungen nicht entsprach und wenn ich sie nicht abzuwimmeln vermochte (eine Schwierigkeit, die leicht auftreten konnte), sollte ich sie zwar vorlassen, aber so tun, als handele es sich um ein Mißverständnis, und über nichts reden. Die Mitglieder der Ausgangsgruppe wußten, daß ich keinen Spaß verstand. Sie wußten es um so mehr, als auch sie nicht scherzten. »Geh zu dem Blinden«, sagten sie zu dem Neubekehrten! »Wenn er dich gesehen hat, habe ich dir etwas zu sagen.«

Dann erklärten sie ihnen, daß ich am Boulevard Port-Royal, genau gegenüber der Maternité Baudeloque, wohne, daß der Eingang zu meinem Haus zwischen einer Apotheke und einer Konditorei liege, daß sie die Haupttreppe des Gebäudes bis zum dritten Stock hinaufgehen und dort zweimal lang und einmal kurz läuten müßten. Ich selbst würde öffnen und sie in meine Wohnung führen. Sie hätten dort nur den Dingen ihren Lauf zu lassen, und wenn ich ihnen Fragen stellte, zu antworten.

In den ersten Wochen kamen nur sehr junge Leute (zwischen siebzehn und neunzehn Jahren), Jungen also, welche die höhere Schule noch nicht abgeschlossen hatten. Doch nach und nach kamen junge Leute, die selbstsicherer und schwerer zu durchschauen waren: Studenten an der Philosophischen, Mathematischen, Medizinischen, Pharmazeutischen und Juristischen Fakultät, an Landwirtschaftlichen Hochschulen, an Hochschulen für Chemie und Physik. Die Bewegung wuchs wie eine lebende Zelle. Außerdem trug sie jetzt einen Namen: wir waren die »Volontaires de la Liberté«, die »Freiwilligen der Freiheit«.

Jede Woche meldete ich meine Entscheidungen dem Zentralkomitee. »Der und der« war »vorbehaltlos« aufgenommen: er trat in die Gruppe ein, die sich aus Studenten der Juristischen Fakultät zusammensetzte, und war mit den anderen gleichgestellt. Ein anderer war »zur Probe« aufgenommen: er würde eine Zeitlang überwacht werden. Eine Basisgruppe existierte erst dann, wenn sie in zwei Teile gegliedert war: in einen voll aktiven Teil und einen anderen, der seine Taktik geheimhielt und speziell mit der Kontrolle zweifelhafter Fälle beauftragt war.

Für jemand, der diese Zeit der Besetzung nicht miterlebt hat, mögen solche Vorsichtsmaßnahmen übertrieben erscheinen. Sie waren es nicht. Die Zukunft sollte den Beweis erbringen. Und unsere Projekte — waren sie so großartig, daß wir sechshundert junge Leute zu ihrer Ausführung benötigten? Nun, sie waren bescheiden, doch zugleich sehr schwierig. Sie rechtfertigten die Konzentration all unserer Kräfte.

Aufgabe Nummer eins: Information der Bevölkerung. Die einzigen Zeitungen, die damals in Frankreich erschienen, waren von der ersten bis zur letzten Zeile zensiert. Ihrem Geist — und manchmal selbst dem Wortlaut — nach waren sie getreue Kopien der nazistischen Presse. Oft überboten sie diese sogar noch, analog der Regel, daß sich Verräter noch schlimmer aufführen als Banditen. Die Franzosen wußten nichts über den Krieg. Sie waren auf ihren Instinkt angewiesen.

Wohl gab es den Rundfunk des Freien Frankreichs in London. Aber seine Sendungen waren in neun von zehn Fällen so stark gestört, daß man die einzelnen Wörter nicht mehr erkennen konnte. Zudem war es verboten, den englischen Rundfunk abzuhören. Und wenn auch die Deutschen nur sporadisch Kontrollen unternahmen, so trieb doch die Angst Blüten; nur sehr wenige Familien hörten ihn. Unsere erste Arbeit sollte also die Herausgabe einer Zeitung sein. Einer Zeitung, oder wenn das zu Anfang unsere Mittel überstiege, eines auf Flugblättern gedruckten Nachrichtenblattes, das wir heimlich von Hand zu Hand gehen lassen wollten.

Mehrere Mitglieder der Bewegung sollten den englischen und schweizerischen Rundfunk abhören. Wir wollten dann die wahren Nachrichten über den Krieg zusammenstellen, sie ordnen, verbreiten und kommentieren.

Es war dringend, die öffentliche Meinung zu orientieren, zu

berichtigen. Man durfte nie vergessen, daß der größte Teil unserer Landsleute (und fast ganz Europa) in dieser Welt des Jahres 1941 die Hoffnung verloren hatte. Die Niederlage der Nazis schien zumindest unwahrscheinlich oder in eine unbestimmte Zukunft verschoben. Wir hatten die Pflicht, unseren Glauben an den Sieg der Alliierten zu verkünden, hinauszuschreien.

Information war wichtig, gewiß. Doch noch mehr war es der Mut; und die Klarheit. Wir waren entschlossen, nichts zu verbergen. Denn es galt, gegen jenes Ungeheuer — den Defaitismus — und jenes andere Ungeheuer — die Gleichgültigkeit — anzukämpfen. Man mußte alles unternehmen, um zu verhindern, daß sich die Franzosen an den Nazismus gewöhnten oder in ihm nur einen Feind sahen, der früheren Feinden glich: einen Feind der Nation, einen momentan siegreichen Gegner. Wir, wir wußten, daß der Nazismus die gesamte Menschheit bedrohte, daß er ein absolutes Übel war, und wir würden es sagen.

Unsere dritte Aufgabe war mühsamer. Wir mußten all das Positive aufspüren, das in der französischen Jugend übriggeblieben war. Wir mußten die Starken von den Schwachen, die Treuen von den Feigen scheiden. Für Abstufungen war die Zeit nicht mehr geeignet.

Wir wußten, daß die siegreiche Rückkehr der Alliierten nicht von einem Tag zum anderen erfolgen werde. Wir wußten auch, daß das Land, wenn sie erfolgte, unzählige Männer brauchte, die bereit waren, die Invasion der Befreier zu empfangen und zu unterstützen.

Männer in Bereitschaft, das bedeutete Männer, die sich seit Monaten, vielleicht seit Jahren entschieden hatten, die sich in der Geduld und der Untergrundarbeit bewährt hatten, die unfähig wären, Verrat zu üben, unfähig wären, zu versagen. Und nicht nur Männer, sondern junge Männer. Diese Notwendigkeit lag offen zutage; die Männer über Dreißig, mit denen wir in Berührung kamen, hatten Angst. Wegen ihrer Frauen, ihrer Kinder — und das waren echte Gründe. Wegen ihrer Habe, ihrer Stellung — und das waren Gründe, die uns empörten. Angst vor allem ums Leben, an dem sie weit mehr hingen als wir. Wir hatten weniger Angst als sie. Die kommenden Jahre sollten es zeigen: die französische Widerstandsbewegung ging zu vier Fünfteln von Männern unter dreißig Jahren aus.

Es bestand noch eine andere Möglichkeit, sich nützlich zu machen. Jung, wie wir waren, konnten wir uns überall viel leichter einschleichen, Spiele oder dummes Geschwätz vortäuschen, die Hände in den Taschen und pfeifend um Fabriken, in der Nähe von Kasernen oder deutschen Transporten herumstreichen, in Küchen und auf Trottoirs herumlungern, über Mauern steigen. Alles würde für uns arbeiten, selbst die Mädchen — sofern sich welche fänden — würden zu Helfershelfern werden. Die »Volontaires de la Liberté« wollten ein »Nachrichtennetz« aufbauen. Kein Netz von Berufsagenten. Etwas Besseres: ein Netz von Agenten aus Leidenschaft, die fast unsichtbar waren, da sie wie harmlose Jungen aussahen. Zu guter Letzt würden wir noch Verbindung mit London aufzunehmen haben. Doch selbst diese Schwierigkeit erschreckte uns nicht.

Bei ihrer alltäglichen Arbeit schließlich würde die Bewegung keine Waffen anwenden. Doch das Zenralkomitee wollte diejenigen von uns (etwa zwanzig Leute) zusammenziehen, die 1939 eingezogen waren oder als Freiwillige gedient hatten und über die Handhabung von Waffen Bescheid wußten. Wir wollten einige Übungszentren in den entfernteren Vororten von Paris oder sogar auf abgelegenen Höfen mitten auf dem Land einrichten. Wir hatten bereits verschiedentlich Kontakte mit Landwirten aus der Gegend von Arpajon und Limours aufgenommen. Nach einem strengen Plan wollten wir ungefähr hundert Leute aus unserer Gruppe für alle Eventualitäten gerüstet halten. Die Illusion, wichtig zu sein — sie hatte nicht einer von uns. Die Gewißheit, nötig zu sein — sie hatten wir alle.

Doch kehren wir zu meiner Wohnung und den Gutachten, die ich dort abgab, zurück.

Welches Bild konnten sich die Neuankömmlinge (manchmal drei oder vier am gleichen Abend) wohl von dem geheimnisvollen jungen Mann machen, der ich war? Der Besucher wußte von mir nur eines: er ist blind. Hatte er die Klingelvorschrift korrekt beachtet, folgte er mir einen dunklen Gang entlang (ich vergaß fast immer, das Licht anzudrehen). Zwei Türen schlossen sich nacheinander hinter ihm. Schließlich sah er sich in ein enges Zimmer geführt: ein Fenster auf den Hof, ein Bett, ein Sessel für ihn, ein Stuhl für mich, eine schlanke, niedrige Truhe. Durch die Türe, die zum zweiten Zimmer stets offen stand, gewahrte er einen großen Stapel von Braille-Büchern, der sich an den drei Wänden des Raumes hinaufzog. Vor sich hatte er einen Jungen, dessen große Jugend eine kurze, ständig rauchende Pfeife nur schlecht verbergen konnte. Doch dieser Junge sprach mit einer Lebhaftigkeit und Sicherheit, auf die er nicht gefaßt war. Mit der Sicherheit eines Erwachsenen und der Begeisterung eines Kindes, oder dergleichen. Auf jeden Fall war es eine Mischung aus Rätselhaftigkeit und Offenheit, die zu vertraulichen Mitteilungen ermutigte.

Sollte er sich vor einem Blinden in acht nehmen? Was würde ein Blinder schon im Trüben finden? Selbst wenn er noch Argwohn hegte, da er ja Augen besaß, so brauchte er sich nur ihrer zu bedienen, um zu beobachten. Er konnte es sich erlauben, nach Belieben rot zu werden, wenn er von einer Gefühlsregung ergriffen wurde, abrupte Kopf- und Fingerbewegungen zu machen, zu zucken, zu zögern oder zu lächeln: ein Blinder merkt solche Dinge nicht.

Währenddessen arbeitete ich mit all meinen Instinkten. Ich hatte dabei sicher keinerlei Methode, und der Gedanke, mir eine zuzulegen, kam mir nicht. Ich wußte, die einzige Art, meinen Besucher kennenzulernen, war, ihn zu prüfen. Zuerst »ins Leere«. Man mußte unbedingt die ersten zehn Minuten der Unterhaltung ohne ein bestimmtes Thema führen. Vielleicht war das sogar eine Methode.

Ich streifte eine ganze Reihe unbestimmter — unbestimmter oder ungewöhnlicher — Gesprächsstoffe, die aber keinerlei Bezug auf meine Projekte hatten. Einige meiner Besucher waren sofort über diese abwegige Methode, zur Sache zu kommen, verärgert. Da der Zorn eine Gefühlsregung ist, die sehr schwer vorzutäuschen ist (er klingt immer falsch, wenn er vorgetäuscht wird), sparte man bei diesen Leuten Zeit, man durchschaute sie sofort.

Doch die meisten waren aus der Fassung gebracht, halb beunruhigt. Sie versuchten dann, mit allen Mitteln zum Ziel zu kommen. Sie stammelten komplizierte Erklärungen. Und nichts ist aufschlußreicher über eine Person (jeder Psychologe weiß das), als eine komplizierte Erklärung. Doch letztlich zählten all diese Taktiken wenig. Wenn ich Herzen und Gewissen erforschen konnte (und daran hatte ich keinen Zweifel), so deshalb, weil ich blind war, aus keinem anderen Grund.

Da ich nicht mehr sehen konnte, hatte ich mich schon sehr jung daran gewöhnt zu erraten, statt aus Gesichtern aus Zeichen zu lesen und diese Zeichen zu kombinieren, um sie zu einem zusammenhängenden Ganzen zu verbinden. Ja, ich muß sagen, ich war überglücklich, diese Arbeit zu tun. Menschen vor mir zu haben, sie dazu zu bringen, daß sie von sich sprachen, daß sie Dinge sagten, die sie gewöhnlich nicht sagten, weil sie zu tief lagen, plötzlich in ihrer Stimme jenen so unnachahmlichen Klang, den Klang des Vertrauens zu hören — das erfüllte mich mit einer Gewißheit, die einer Liebe nahekam. Das zog um mich einen Kreis magischen Schutzes: mir würde kein Leid zustoßen. Das Licht, das in mir entstand, war so stark, daß es in Freude überging. Ich war unverwundbar geworden.

Ich war dann auch unfehlbar geworden, oder fast unfehlbar. Und das wußten die Kameraden des Zentralkomitees und all die übrigen in der Bewegung. Sie sagten es mir; die einen halb ironisch-verlegen, die anderen, wie François oder Georges, mit religiöser Überzeugung.

Wir mußten uns von einem Tag zum anderen an seltsame Erscheinungen gewöhnen. Seitdem wir an der Résistance teilnahmen, waren unsere geistigen Fähigkeiten gewachsen. Alle Arten von dunklen Problemen hatten sich erhellt. Unser aller Gedächtnis hatte sich unerhört geübt. Wir lasen zwischen den Worten und in den Pausen. Unternehmen, die uns zwei Monate vorher unausführbar schienen, die wie Mauern oder Gespenster vor uns standen, lösten sich in staubartig-kleine, leichte Aktionen auf.

Georges hatte recht, wenn er diesen Zustand »den Gnadenzustand« nannte. Ich spürte meinerseits, daß mein Bewußtsein mit dem Bewußtsein von Hunderten anderer in Verbindung getreten war und mit deren Leiden und Hoffnungen wuchs.

Diese Eingebungen waren alltäglich; ich ertappte mich dabei, daß ich Sachen wußte, die man mir nicht gesagt hatte, daß ich, wenn ich morgens aufwachte, eine dringende und für mich völlig neue Absicht verspürte, die, wie ich drei Stunden später entdeckte, zwei oder sogar zehn andere Kameraden auch hatten. Der Geist der Résistance war geboren. Er bediente sich meiner. Doch wer hätte sagen können, was das ist, der Geist der Résistance? Bei uns, den »Volontaires de la Liberté«, hatte er zwanzig Gesichter.

Georges zum Beispiel war Patriot, ja, ich möchte sagen, ein Nationalist und sogar ein Chauvinist! Er war es so sehr, daß er, wenn er Lust bekam, die Marseillaise zu singen, nie damit zu Ende kommen konnte: sie ließ ihn wie ein kleines Mädchen weinen. Wir machten uns über ihn lustig!

Er nahm also am Widerstand teil — und er tat das wie ein Löwe —, um »Frankreich zu retten«. Deutschland mochte krepieren, und England und alle fünf Kontinente mit ihm! Wohl hatte ich versucht, ihn zu bekehren, aber die Bekehrung kostete mich mehr als drei Jahre und führte zu keinem Ergebnis.

Claude und Raymond waren Philosophen. Sie waren der Meinung, daß Frankreich nur ein besonderes Beispiel für die Demokratie sei und daß man eben die Demokratie verteidigen müsse, daß sie es wert sei, seinen ganzen Mut für sie einzusetzen.

Andere, wie François und Jean, und bald die Mehrzahl, drückten ihre Gründe zu kämpfen, weniger klar aus, doch kannten sie sie besser. Die Worte waren ihnen ebenso gleichgültig wie mir. Sie kämpften für Ehre, Freiheit, für das Ideale, das Recht zu leben, für Reinheit, Christentum, Ehrfurcht ... Sie wollten einfach nicht mehr dulden, daß man Zivilisten bombardiert und aushungert, daß man öffentlich und gesetzlich lügt, daß man Ausbeutung Bündnis und Polizeidespotismus Schutz nennt.

Wir wollten vor allem nicht mehr, daß man ein Ungeheuer (oder gar einen Menschen: Adolf Hitler) behandelt, als sei es ein Gott. »Gott ist weder Deutscher noch Russe noch Franzose«, sagte ich immer wieder zu Georges. »Gott ist Leben, und alles, was das Leben antastet, ist gegen Gott.«

Wir wollten nicht, daß man Gefangene foltert, weil sie Gefangene waren, und Juden tötet, weil sie Juden waren. Nun aber folterten und töteten die Nazis schon überall. Seit dem Morgen des 22. Juni, seit ihrem Einmarsch in die UdSSR (wie recht hatte unser Geschichtslehrer gehabt!), steckten sie Galizien, Weißrußland und die Ukraine in Brand, ein Feld, ein Haus nach dem anderen.

Am 23. August erreichte uns die Nachricht, daß sie am selben Tag zwei Franzosen erschossen hatten: Gabriel Péri, einen Kommunistenführer, und D'Estienne d'Orves, einen konservativ-katholischen Offizier, zwei Helden. Dieser Doppelmord war offiziell; London hatte ihn bestätigt.

Was jedoch weniger bekannt wurde (wir allerdings wußten es), war, daß zehn Tage vorher die siebenundachtzig Mitglieder eines Widerstandsnetzes verhaftet worden waren. Unter ihnen befanden sich mehrere Anthropologen und Ethnologen von Ruf. Es waren Männer und Frauen, die sich, wie wir, aus Idealismus in den Kampf gestürzt hatten. Sie hatten zwei geheime Zeitungen — »La France continue« und »Résistance« — veröffentlicht. Diese Zeitungen hatten wir in Bündeln zu tausend Stück erhalten. Die Mitglieder der Bewegung hatten sie dann in Umlauf gesetzt. Wir erfuhren, daß bereits mehrere dieser Männer in Fresnes, in der Santé und im Cherche-Midi, den drei großen Gefängnissen von Paris, enthauptet und die anderen nach Deutschland verladen worden seien: verschickt in Festungen oder Konzentrationslager, in einen langsameren Tod.

Die Angst nahm bei allen Leuten zu: auch uns ging es so. Die deutschen Triumphe in Rußland wurden im Lauf des Sommers niederschmetternd. London wurde bombardiert. Amerika rührte sich nicht. Vielleicht war unser Widerstand hoffnungslos.

François' slavische Seele fühlte sich dadurch verjüngt. Er konnte mich schütteln und sagen: »Welch eine Wonne, denk doch! Welch eine Wonne, wenn hinter all dem gar keine Chance steht! Was für Larven sind doch die, die sich einbilden, man kämpfe, um zu gewinnen! Man kämpft, um glücklich zu sein!«

Sicher waren wir glücklich, daß wir kämpften, wenn auch bescheiden kämpften. Meine Energie sprühte Funken: das zweite Bakkalaureat bestand ich spielend, mit der Note »sehr gut«! Das war so viel leichter als die Résistance! Jetzt wollte ich auf die Universität gehen.

Um die gleiche Zeit wurde Gérard (mein Freund, der als Geisel festgehalten wurde, weil sich sein Vater in London aufhielt) ohne ersichtlichen Grund freigelassen. Er stürzte zu mir. Er sprach fünf Stunden mit mir. Als er ging, war er Mitglied der Bewegung.

Freilich, er hatte gelernt: er hatte Menschen »entstellt« von den Verhören der Gestapo zurückkommen sehen. Er hatte gehört und gesehen, daß täglich getötet wurde. Doch das ließ ihn nicht zögern, im Gegenteil. Übrigens zögerte keiner meiner Freunde mehr. Ja, viele von ihnen brannten darauf zu sterben. Der Tod mit zwanzig Jahren ist noch möglich. Viel eher möglich als später! Wir hatten uns alle in den Mut gestürzt: das war unser Element. Wir schwammen in ihm, die Augen fest auf das Ufer gerichtet.

13

BRUDERSCHAFT »RÉSISTANCE«

Über mir gab es niemand mehr. Dieses Kommando in Einsamkeit begann mich sauer anzukommen. Ich hatte meine Eltern über die Art der Tätigkeit informiert, der ich mich verschrieben hatte. Sie hatten ihre Besorgnis mutig unterdrückt. Sie hatten mir ihr volles Einverständnis gegeben. Aber wir waren übereingekommen, daß ich ihnen nichts mehr sagen sollte. Wozu das Risiko noch vergrößern? Sie stellten uns ihre Wohnung zur Verfügung, das war gefährlich genug.

Selbst im Zentralkomitee fand ich keinen Rat; wenn wir in Verlegenheit waren, waren wir es alle. Wir waren alle Neulinge. Ich brauchte unter allen Umständen einen Chef. Weh dem, der nur sich selbst bewundert und achtet! Seine Seele ist verkrüppelt. Ich brauchte einen Menschen, dem ich mich anvertrauen konnte, der für mich bürgen würde, und dieser Mensch mußte außergewöhnlich sein, da das, was wir taten, außergewöhnlich war. Jean, der dieses Bedürfnis genau wie ich verspürte, schleppte mich eines Tages zu unserem Geschichtslehrer.

Dieser Mann war vollkommen. Er hörte sich an, was wir ihm sagten, er stimmte uns zu, doch unterbrach er uns sehr rasch. »Ich weiß genug«, sagte er zu uns, »behalten Sie den Rest für sich. Sie haben mein volles Vertrauen. Besuchen Sie mich einmal in der Woche, ich werde Ihnen jedesmal zwei Stunden widmen. Tragen Sie mir Ihre Schwierigkeiten vor, sie interessieren mich zutiefst. Dafür werde ich Ihnen helfen, wenn ich es vermag.« Das war alles, was ich brauchte. Mit diesem Rückhalt, diesem Vertrauen hinter mir fühlte ich mich fähig, die Gefahren, und selbst eventuelle Schicksalsschläge, auf mich zukommen zu lassen.

Mein Jean gewöhnte sich schlecht an unser neues Leben. Mißtrauen war für ihn ein entsetzliches Gefühl. Das war bei ihm kein Mangel an Mut, es war Bedürfnis nach Sauberkeit. Wie wir alle mußte er jetzt die Leute verdächtigen, mußte von der Voraussetzung ausgehen, daß sie ihre wahren Absichten verbargen oder daß sie logen, mußte manchmal sogar selbst lügen, um ganz sicher zu gehen, daß sie die Wahrheit sagten. Wie um den heißen Brei herumlaufen, sich das Herz beschmutzen — meinen armen Jean schüttelte es vor Widerwillen! Er hätte niemals geglaubt, daß das Ideal eine solch gemischte Sache sei.

Seine größte Freude war es immer gewesen, sich spontan ganz und gar denen zu schenken, die ihm gut gesinnt waren, und sich nie mehr von ihnen abzuwenden. Er war ein großer Junge, durchsichtig wie Kristall. Und wie könnte Kristall trüb werden?

Er sagte zu mir: »Ich werde niemals ein guter Widerstandskämpfer sein. Ich bin nur durch dich fähig, in der Résistance zu kämpfen. Schick mich, wohin du willst: wenn ich statt deiner gehe, sei unbesorgt, ich werde gehen. Aber denk daran, wenn ich ganz allein wäre, würde ich nichts tun: ich hätte nicht die Kraft dazu.«

Jean begann also durch Paris zu wandern, um Aufträge, die ich ihm gab, zu erledigen. Da er Feinde hatte und es wußte, aber nicht an sie denken wollte, weil ihm das zu große Pein bereitete, schritt er, etwas steif auf seinen langen Beinen, unbeirrbar vor sich hin und drehte sich niemals um. Er war nicht vorsichtig. »Vorsicht macht mich krank«, sagte er zu mir. »Das ist dumm!«

François und Georges dagegen waren in ihrem Element. Je mehr sie zu verstecken hatten, desto geschickter wurden sie. Vor allem François hatte sich die Allüren eines Dieners aus der Komödie zugelegt. Wohngebäude betrat er nur noch über die Hintertreppe, »um die Concierge nicht zu alarmieren«. Um »nicht so sehr nach Student auszusehen«, zog er sich wie ein Arbeiter an. Er hatte sich so sehr angewöhnt, sich umzublicken, daß er seinen Kopf, selbst wenn er allein mit mir in meinem Zimmer war, noch ständig drehte. Sein Wohlbefinden störte das alles nicht. O nein! Er hatte keinen Komplex, er hatte eine Arbeit, und er verrichtete sie gut.

Er war hauptamtlich Untergrundagent geworden, wie wir uns ausdrückten. Um der Bewegung besser dienen zu können, um für sie Tag und Nacht arbeiten zu können, hatte er sein Studium unterbrochen. Er bewohnte ein armseliges Loch ganz oben in einem düsteren Haus, ein Mädchenzimmer mit direktem Zugang auf die Dächer, um, wenn nötig, leichter entwischen zu können. Spenden aus der Bewegung sicherten ihm monatlich die tausend Francs, die ihn vorm Hungertod bewahrten.

Zwei Jahre lebte er so, immer magerer, immer beweglicher, immer glücklicher. Seine Stimme hatte jetzt etwas Elektrisierendes, sie hätte aus Feiglingen Helden machen können! »All das kommt von meiner polnischen Erbmasse«, sagte er. »Seit fünf Jahrhunderten verfolgt man uns.«

Selbst Jean konnte die Augen nicht mehr davor verschließen, daß wir Feinde hatten. Unsere Aktivität wurde immer größer. Zweimal im Monat gaben wir ein Verbindungs- und Informationsblatt heraus. Es war unser Ziel, Verstand und aktive Bereitschaft in der Bevölkerung wach zu halten, alle Nazi-Verbrechen, die uns zu Ohren kamen, offen anzuprangern. Und sie kamen uns massenweise, von allen Seiten, zu Ohren.

Es war erst ein Bulletin, es war noch keine Zeitung. Trotzdem hatten wir Papier haben müssen. Und da der Verkauf von Papier vollständig durch die Besatzungsarmee kontrolliert war, hatten wir es stehlen müssen. Georges und François hatten das »Kommando« organisiert.

Dann waren Tinte und Vervielfältigungsmaschinen an der Reihe gewesen. Ohne Komplizen kamen wir zu nichts, doch jeder Komplize war ein potentieller Verräter. Aber wo und wann sollte man die Maschinen arbeiten lassen? Und gerade mir hatte das Zentralkomitee diese Frage gestellt. Alle schienen sie anzunehmen, ich sei einer besonderen Gnade teilhaftig, der Gnade, Antworten zu finden. Und überraschenderweise hatten sie recht. Denn schon am nächsten Tage erhielt ich den Besuch eines Arztes, eines jungen Psychiaters, den ein Kamerad zu mir geschickt hatte, weil »er Informationen habe«.

Henri, der Psychiater, hatte Freunde bei der französischen Polizei: er könne uns von Zeit zu Zeit und ein oder zwei Stunden im voraus über die von den Deutschen angeordneten Polizeisperren unterrichten. Das war äußerst wertvoll.

Doch bald ging das Gespräch auf seine Patienten über: jene armen geistesgestörten Frauen, die er in der psychiatrischen Anstalt Sainte-Anne behandelte. Und er hatte die Lösung des Vervielfältigungsproblems gefunden, ohne daß er es gemerkt hatte. In Saint-Anne gab es gepolsterte, den »rasenden Verrückten« vorbehaltene Zellen. Man brauchte selten alle auf einmal. Eine von ihnen sollte unsere Arbeitsstätte sein. Henri nahm die Sache in die Hand. Als ich die Nachricht dem Zentralkomitee überbrachte, nahm sie das Komitee wie selbstverständlich auf. Es gewöhnte sich ein bißchen zu schnell an Wunder!

Unsere Bulletins waren nicht sehr gut geschrieben, doch sie waren wenigstens massiv. Sie gingen in der Bewegung von Hand zu Hand. Wir hatten sogar drei Hauptmannschaften für die allgemeine Verteilung gebildet. François leitete die erste, Georges die zweite, und Denis, ein Neuer, die dritte.

Ach dieser Denis! Ein guter Kerl, zwanzig Jahre alt, blond wie Weizen, mit kindlichen Augen, rosigem Teint, etwas Furchtsames, ja Flehendes in der Stimme, mit glühend heißen Händen, deren Haut so zart wie die eines Mädchens war, fromm (er betete häufig den Rosenkranz in seiner Tasche), bereit, über alles zu lachen, ohne es dann aber je zu tun, aus Furcht, die anderen in Verlegenheit zu bringen, und immer so höflich uns gegenüber — von einer altmodischen, etwas linkischen Höflichkeit —, daß man hätte meinen können, er halte sich selbst für ein kleines Kind und uns für ehrenbeladene alte Männer.

Allgemeine Verteilung des Bulletins — das bedeutete Gang in

die Pariser Mietshäuser, unter Türen geschobene Exemplare, wobei ein Junge die Ausgänge überwachte und die anderen mit den Schuhen in der Hand von Stock zu Stock eilten. Die Verräter rückten näher. Es wäre sinnlos gewesen, es nicht wahrhaben zu wollen. Wir hatten keine Angst vor berufsmäßigen Verrätern. Wir wußten, daß sie selten und fast immer ungeschickt waren. Aber da waren die unabsichtlichen Verräter, und mit ihnen war es verteufelt! Man verteidige sich einmal vor Leuten, die verrückt vor Angst sind!

So unangenehm es sein mochte, man mußte es hinnehmen: halb Paris bestand aus solchen Leuten. Sie hatten keine verbrecherischen Absichten: sie hätten, wie man so sagt, keiner Fliege etwas zuleide getan. Doch sie schützten ihre Familie, ihr Geld, ihre Gesundheit, ihre Stellung, den Ruf, den sie in ihrem Mietshaus genossen. Für sie waren wir »Terroristen«; sie versäumten es nicht, das bei jeder Gelegenheit zu sagen. Sie sprachen davon miteinander unter Tür und Angel, am Telephon. Wenn wir nur hätten keine Rücksicht auf sie nehmen müssen! Aber sie waren schlimmer als die Gestapo. Wie alle ängstlichen Leute waren sie leichtfertig; sie würden unbedenklich über uns sprechen, sie würden uns gedankenlos verraten.

Sie verrieten uns. Im Januar 1942 wurde ein Mitglied unserer Bewegung verhaftet, weil sein Treppennachbar, ein guter Kerl, im Lebensmittelgeschäft und der Bäckerei herumerzählte, er wisse zwar nicht, was für Schriften der »Kleine von gegenüber« mit sich umherschleppe, aber an seines Vaters Stelle würde er da nach dem Rechten sehen, denn es sei gefährlich.

Georges sagte eines Tages zu mir: »Ich muß dir Nivel zeigen. Dieser Kerl scheint mir ziemlich unzuverlässig.« Wie die anderen lebte Georges in der Vorstellung, daß ich als Blinder besondere — ungeheuer große — Möglichkeiten hätte, durch die äußere Schicht der Menschen zu blicken. Er arrangierte ein Treffen mit Nivel, diesem Jungen, der seiner Meinung nach seit einiger Zeit viel »zu gut« war: zu eifrig, zu gut unterrichtet. Absurde

Anklage, dachte Georges, aber er wollte eben wissen, woran er war.

Er führte mich also eines Abends zwischen Place d'Italie und Gare d'Austerlitz in ein Fabriklagerhaus, das nicht mehr benutzt wurde und in dem, inmitten aufgestapelter leerer Kisten, abbröckelnder Wände, verrosteter Drahtrollen und mancherlei Zugluft, die Prüfung stattfand.

Jener Nivel war für mich ein Unbekannter, und ich verließ mich keineswegs auf Georges' Befürchtungen. Als aber Nivel eintrat und ein überfreundliches »Guten Tag« ertönen ließ, war die Diagnose mühelos gestellt: »Diesen Menschen fallenlassen! So schnell wie möglich sich von ihm lösen!«

Seine warme Stimme, seine wohl abgerundeten Sätze gaben ihm das Gesicht, das ich zunächst gesehen hatte. Aber unter diesem Gesicht kam sofort ein anderes zum Vorschein. Bald zog es sich zurück, zog sich zusammen, bald kam es wieder, ohne sein Zutun, hervor. Das sah aus wie eine Aufblähung. Dieser Mensch hatte Blasen in der Stimme.

Er schwatzte eine halbe Stunde. Vielleicht dachte er, wir hätten das gern. Als er weg war, sagte ich zu Georges, er habe mit seinem Mißtrauen »verflixt recht« gehabt. Und Georges sagte zu mir, ich hätte während des ganzen Gesprächs einen abwesenden Eindruck gemacht.

Ich war in Tiefen getaucht, das war wahr. Ich hatte in mir eine geheime Kammer: wenn ich auf die gute Idee kam, dorthin hinabzusteigen, wurden alle Dinge einfach und klar. Vor allem von den Menschen war hier alle Tünche abgewaschen: in einem sanften Wort konnte ich eine Drohung hören, in einem prahlerischen Ausspruch die Angst. Und dieser Ort der Klarheit — es ist seltsam! — war nichts anderes als jener innere Raum, der mir vertraut ist, seitdem ich mit acht Jahren blind geworden bin.

Ich habe niemals genau erfahren, welches Unglück uns meine Intuition erspart hatte. Doch einige Monate später wurde der verdächtige Nivel unter den Mitgliedern des Ordnungsdienstes der

Nationalen Volksbewegung während einer Tagung über die Zusammenarbeit mit Deutschland gesehen. Er trug das Parteiabzeichen und brüllte mit den anderen »Heil Hitler«.

Gesegnete Zeit, wo mir mein Körper nur auf angenehme Weise bewußt wurde! Um die kleinen physischen Mißvergnügen — eben jene, die von der geistigen Überanstrengung herrührten — zu vergessen, genügte ein Fußmarsch von fünfundzwanzig Kilometern, wie ich ihn sonntags mit Jean unternahm. Abends war man zerschlagen. Am nächsten Morgen stand man um fünf Uhr auf, und es war der erste Tag der Welt.

Die Quelle meiner Kräfte versiegte nie. Je länger ich nachts arbeitete, desto besser schlief ich hernach. Je mehr ich aufnahm, desto leichter fiel es mir, aufzunehmen. Mein Gedächtnis ließ mich nie im Stich. Für alles schaffte es Platz: für die tausendundfünfzig Pariser Telephonnummern, die ich für meine Résistance-Arbeit brauchte und die ich ihm 1942 anvertraut hatte, um nichts schriftlich festhalten zu müssen, für das Leibnizsche Monadensystem, für die türkische Geschichte des 19. Jahrhunderts oder für jene fünfzehn Seiten Ciceronischer Briefe auf Latein. Statt einzuschrumpfen, wenn neue Fakten anfielen und bewältigt werden mußten, dehnte es sich ganz einfach aus.

Mein Geist — das war eine Welt in Expansion; er war noch nicht an seine Grenzen gestoßen. Und wenn er sich unter der Anstrengung ein wenig wand, nahm ich meine Zuflucht zu einer anderen Welt in mir: zu der Welt des Herzens oder der Welt der Hoffnung. Sie übernahmen dann sogleich die Staffel, und ich eilte unaufhörlich weiter.

Ich hatte noch nicht die Härte eines Mannes; ich war elastisch wie ein Kind, und das erklärt meine Leistungen zwischen 1941 und 1943. Wenn ich sie heute, von der Mitte meines Lebens und seiner Müdigkeit her, betrachte, fällt es mir schwer, sie zu begreifen.

Im Herbst 1941 hatte ich mich an der Pariser Universität immatrikuliert. Ich hatte das Studium der Geisteswissenschaften gewählt, es entsprach meinen Fähigkeiten und meinem Geschmack. An seinem Ende lockten die einzigen Berufe, die mir lagen, die mich in direkte Berührung mit anderen Menschen bringen würden: die Diplomatie und das Lehrfach.

Dennoch war ich kein ganz gewöhnlicher Student geworden. Auf den Rat meiner Lehrer unterzog ich mich einer Spezialausbildung, die es, soviel ich weiß, nur in Frankreich gibt: ich trat in die Première Supérieure ein. Im ganzen Land gab es nur ungefähr zwölf solcher Klassen. Sie faßten die Schüler zusammen, welche in der Oberstufe der Gymnasien in den geisteswissenschaftlichen Fächern die besten waren: ungefähr vierzig Studenten pro Klasse, und alle in hartem Wettbewerb. Die Leidenschaft, mit der andere physischen Sport treiben, widmeten wir dem geistigen Sport. Und mit welchem Fanatismus!

Nach zwei oder drei Studienjahren — je nach Umständen — nahmen die Schüler der Première Supérieure an einem allgemeinen Wettbewerb teil: dieser gab — sofern man bestand, was nicht leicht war — den Weg zu der höchsten Institution des französischen Bildungswesens, zu der Schule der Schulen frei: zu der Ecole Normale Supérieure in der Rue d'Ulm.

Die Arbeit, die wir zu bewältigen hatten, war immens (eine Art Fließbandproduktion von Kenntnissen) und auf alle Fälle nicht mit den gewöhnlichen Kursen an der Universität zu vergleichen. Dreißig Unterrichtsstunden in der Woche, in denen nach Talent und Bildung ausgewählte Kräfte uns das gesamte Latein, das gesamte Griechisch, die ganze französische Literatur, die gesamte Philosophie, die Geschichte der Antike und die Weltgeschichte von 1715 bis in unsere Zeit beibringen sollten. Man lache nicht über diese Ambitionen! In der Première Supérieure war man ernsthaft: Lehrer und Studenten.

Zwei Jahre lang mußte ich dieses höllische Tempo durchhalten und meisterte es — welche Überraschung — mit vollem Erfolg. Doch zu gleicher Zeit mußte ich mich der Résistance widmen. Es wurde sehr bald zur entscheidenden Frage: würde ich es schaffen oder nicht? Ich hatte es mir zur Ehrensache gemacht, das Gleichgewicht zwischen meinen beiden Leben herzustellen: dem öffentlichen und dem heimlichen Leben. In meinem Tageslauf wechselten Studium und Aktion in geradezu erschreckendem Rhythmus.

Von vier bis sieben Uhr morgens ackerte ich mich in doppeltem, verdreifachtem Tempo durch die Bücher. Von acht bis zwölf Uhr hörte ich Vorlesungen, machte Notizen wie ein Besessener und versuchte, den Stoff in dem Maße zu verdauen, wie er anfiel. Von zwei bis vier Uhr nachmittags war ich nochmals in der Schule. Um vier Uhr begann die Résistance.

Wanderungen durch Paris nach im voraus festgelegten Routen, was die Sicherheit erhöhen sollte, Treffen, Gutachten, Entscheidungen, Diskussionen, Befehle, Bangigkeit, Ansporn für Unentschlossene, Kontrolle einer Basisgruppe, Ermahnungen an jene, die die Résistance für einen Kriminalroman hielten, kühles Blut zu bewahren, Beratung über die Artikel des Bulletins, Siebung der Nachrichten, Zeitverlust mit der Verabredung von Zusammenkünften, die weder brieflich — wegen der Zensur — noch telephonisch — wegen der Abhörvorrichtungen — erledigt werden konnten. Jetzt war es schon elf Uhr abends, und zweifellos machte ich nur wegen der Sperrstunde Schluß.

Als ich schließlich in meinem Zimmer allein war, vertiefte ich mich wieder in meine Arbeit, lernte und lernte, bis meine Finger über den Braille-Seiten steif wurden. Da mein Interesse für das Leben, mein Vertrauen ins Leben grenzenlos war, schienen mir alle Dinge bei der zehnten Begegnung genauso groß wie bei der ersten. Und das gab mir den Schwung, der mich unempfindlich machte gegen die Müdigkeit, die mittlerweile recht schlechte Ernährung und sogar gegen die Kälte.

Jene Winter der Besatzungszeit waren eisig. Die guten Leute sagten, in Kriegszeiten sei das immer so; die meisten meinten, der Winter sei wegen des Krieges so kalt, doch einige Kühne behaupteten, daß man Krieg habe, weil es kalt sei. Wie dem auch war, in Paris hatte man nichts mehr zum Heizen: die gesamte französische Kohle ging nach Deutschland. Abends brannte ein einziger Ofen im Haus, und da ich mich in meinen Räumen absondern mußte, hatte ich so gut wie nichts von ihm. Um die Braille-Schrift noch lesen zu können (der Tastsinn erstirbt bei zehn Grad unter Null), mußte ich die kümmerliche Flamme einer Heizsonne aus einer Entfernung von drei Zentimetern auf meine Finger richten.

Ich wiederhole: nichts von all dem störte mich. Für all die François, all die Georges, all die Denis und für mich selbst war es ewiger Frühling. Selbst in der Mühsal des Lebens fanden wir noch stärkende Ermutigung; sie schärfte uns nur, und wir konnten uns besser durch die Hindernisse hindurchschlagen. Wir hatten auch unsere Nöte, sicher, doch sie waren von ganz anderer Art. Ganz besonders bedrückend war es, daß wir außergewöhnlich waren — eine Tatsache, an der keiner von uns vorübergehen konnte.

Außergewöhnlich, wir? Wo wir doch davon überzeugt waren, daß wir die einfachste, die »einzige Sache, die zu tun war«, taten? Ohne jeden Zweifel. Unsere Zahl war recht bescheiden. Wir machten uns keine Illusionen über die sechshundert aktiven Mitglieder, die die »Volontaires de la Liberté« Mitte 1942 zählten. Um sechshundert Jungen zu halten, hatten wir sechstausend verwerfen müssen. Dabei stellten junge Leute eine Auswahl der Gesellschaft dar: eine besonders uneigennützige, eine besonders unbesonnene Auslese. Nach zwei Jahren der Besetzung besaß die Nord-Zone gerade ein paar Widerstandskämpfer. Richtig betrachtet, fielen sie gar nicht ins Gewicht. Aber Optimisten wie Henri, der Psychiater, sagten: zwanzigtausend.

In den beiden Premières Supérieures am Louis-le-Grand — den »Eliteklassen«, wie diejenigen unserer Lehrer sagten, die vor der Übertreibung nicht zurückschreckten — hatten wir von neunzig Jungen ganze sechs, Jean und mich eingerechnet, gefunden, die sich in der Résistance hatten engagieren wollen. Die anderen befaßten sich nicht einmal mit dem Problem. Bei den einen war es moralische Trägheit (»Ich versichere dir, daß diese Leute niemals in ihrem Leben glücklich sein werden«, sagte Jean zu mir), andere litten an jener Krankheit, die so oft mit der Überentwicklung der Intelligenz einhergeht: an der Unfähigkeit, eine Wahl zu treffen; andere aus bürgerlichem Egoismus (mit neunzehn Jahren bereits!); andere um des »Heiligen Bammels« willen (einer großen Gottheit). Schließlich — und das war das allerschmerzlichste — gab es die, welche die Gegenseite gewählt hatten.

Wohl gab es nicht viele von dieser Sorte. Doch die zwei oder drei im Unterricht, die unermüdlich alle Indizien, die vermuten ließen, daß wir sechs etwas mit der Résistance zu tun hatten, sammelten und notierten, die keine Versammlung der Association France-Allemagne versäumten, die die baldige und uneingeschränkte Herrschaft des Faschismus über die ganze Erde besangen, die lauschten, spionierten, denunzierten (eines Tages sollten wir das leider erfahren) — diese zwei oder drei bereiteten uns dadurch, daß sie sich so verhielten, mehr Pein als alle Härten des Winters.

An ihnen allein zeigte es sich, daß Hitler die Feigheit, die weder Vaterland noch Grenzen kannte, zu seinen Verbündeten zählen konnte. Wir zogen — und das bei weitem — die Deutschen vor, die sich in Rußland töten ließen. An ihnen zeigte es sich, daß der Nazismus kein historisches, auf eine Zeit und ein Land beschränktes — kein deutsches Übel war (laßt uns alle Deutschen töten, und die Welt wird glücklich sein!), sondern daß er ein allgegenwärtiger Same war, eine endemische Krankheit der Menschheit. Man brauchte nur ein paar Armvoll Angst in den Wind zu werfen, und schon erntete man in der nächsten Saison die Frucht des Verrats und der Folter.

Wir waren nur sechs in der Première Supérieure, die Widerstand leisteten. Doch von Tag zu Tag wurden wir uns klarer, warum wir es taten, und daß es nicht allein aus Patriotismus geschah. Bedroht war nicht Frankreich — bedroht war der Mensch.

Als wir einen »kollaborationistischen« Lehrer für französische

Literatur hatten (es gab so einen), mußten wir alle sechs uns sehr stark im Zaum halten und uns mehr als zehn Mal bedenken, um ihm nicht seine Schande mitten ins Gesicht zu spucken.

Vor denen, die denken, wir seien zu hart gewesen, »wahre junge Wirrköpfe«, will ich mich nicht verteidigen. Nun, diese Härte konnte man an den Tag legen oder auch nicht. Aber kennen Sie Leute, die mit Nachsicht kämpfen?

Als mich François eines Tages fragte, welchen Fehler ich bei den anderen am schwersten ertrage, kam meine Antwort wie aus der Pistole geschossen: »Die Banalität.« Wir mußten arg lachen, denn genau in dem Moment, wo ich meine Antwort ausrief, rief er die seine — und es war die gleiche. Es bestand kein Zweifel, wir lebten miteinander im Einklang.

Banalität, Mittelmäßigkeit! Die Widerstandskämpfer — ob Katholiken, Juden, Protestanten, Freidenker oder solche, die keiner Lehre anhingen — teilten alle dies eine Credo: daß das Leben nicht nur halb gelebt werden durfte.

Diese Überzeugung wurde uns zur zweiten Natur. »In einem solchen Falle muß ich an mich halten«, sagte Georges. »Wenn ein Mensch aus Gefälligkeit ja sagt, nur damit man ihn in Ruhe läßt, habe ich Lust, ihn zu verdreschen!« Für mich selbst war die Gesellschaft in zwei Teile gespalten: die »Harten« und die »Weichen«. Die Feiglinge gehörten nicht zu den Weichen, und die Verräter schon gar nicht — sie waren fast immer Harte, die falsch gegangen waren —, zu ihnen gehörte die gesichtslose Masse der Zauderer, all derer, die das, was wir taten, billigten, sich selbst aber hüteten, es zu tun. Es war weniger denn je die Zeit für »gute Gesinnung«.

1942 war ein schwarzes Jahr. Vom europäischen Standpunkt aus hatte es gleich mehrmals versagt. Der deutsche Vormarsch in Rußland übertraf alle Vorhersagen. Gegen Ende des Sommers hatte er sich zwar an den Vororten Stalingrads die Zähne ausgebissen, doch Stalingrad schien jenseits des Herzens der UdSSR.

Zum ersten Mal gaben die Deutschen etwas über ihre Massaker bekannt. Die Namen Auschwitz und Bergen-Belsen waren in den Blättern der »Volontaires de la Liberté« erschienen. Amerika war tatsächlich in den Krieg eingetreten. Unser Geschichtslehrer war ein guter Prophet! Doch Amerika war noch weit weg und ganz im Pazifik in Anspruch genommen, in Kämpfen, von denen wir wußten, daß sie schrecklich waren, die jedoch dunkel blieben.

Am 8. November waren die Alliierten schließlich in Nordafrika gelandet: die erste gute Nachricht für Europa seit zweieinhalb Jahren. Freilich hatten die Deutschen unmittelbar darauf die Süd-Zone militärisch besetzt. Das letzte Stückchen französischer Unabhängigkeit war gefallen. Die Folge: man mußte die Résistance nicht mehr nur zwischen Paris und Nantes, Paris und Lille organisieren, sondern zwischen Lille und Marseille, über das ganze Land hin. Wir, die wir das Banale verabscheuten, waren damit vor akrobatische Kunststücke gestellt. Gott möge uns verzeihen! Aber wir freuten uns schließlich fast über die Mißgeschicke Frankreichs.

Seit ich mich damals an den großen Quellen der universalen Weisheit genährt hatte, kamen mir Skrupel: »Ich bin zu absolut«, sagte ich mir. Die Philosophen versicherten es fortwährend: alles auf dieser Welt ist mit Gut und Böse durchsetzt, die Wahrheit hat zumindest immer zwei Gesichter; was ein anderer Mensch tut, und was wir für ein Verbrechen halten, ist oft nur das Resultat eines anfänglichen Fehlers, eines ganz kleinen Fehlers, der so schwer festzustellen ist, daß vielleicht auch wir ihn schon im nächsten Augenblick begehen. Solche Vorhaltungen machten sich seit einiger Zeit manche meiner Freunde.

Ende Dezember wurde Georges, der selbst keine Philosophen las, weil sie ihm Kopfschmerzen bereiteten, hart mit mir: »Alter Freund, du wirst lahmer!«, sagte er zu mir. »Laß diesen ganzen intellektuellen Dreh: er ist ein Alptraum! Die Bewegung tritt auf der Stelle, seit drei Monaten sind wir unverändert sechshundert und verteilen immer noch das Bulletin. Siehst du nicht, daß dieser verdammte Krieg schneller ist als wir?«

Ich sah es sehr gut. Und das raubte mir die Ruhe. Man mußte neue Initiativen ergreifen, aber ich wußte nicht, woher sie nehmen. Glücklicherweise hatte Georges eine Idee. Um mich anzustacheln, sagte er, gebe es nur einen Kniff: »Die Mädchen.«

Ich begehrte auf. Ich kannte jene Seite von Georges gut: es war seine Nachtseite. Er war drei Jahre älter als ich, hatte sich 1939 freiwillig gemeldet, war also mit achtzehn Jahren ins Kasernenleben gestoßen worden und hatte daher eine rauhe Auffassung von der Liebe: »Man muß seinen Spaß haben, solange es noch Zeit ist. Eine Familie gründet man dann später! Seien wir doch ehrlich!«

Ich hatte wegen Georges manchen harten Strauß mit François gehabt. In jener Beziehung wie auch in jeder anderen war François vorbildlich, aber das hinderte ihn nicht, auch Georges zu verstehen. »Auf welche Weise die Menschen Kraft schöpfen, wenn sie es tun — meinen Segen haben sie«, pflegte er zu sagen. Darüber zweifellos konnte man sich noch verständigen: moralische Reinheit mußte nicht unbedingt mit physischer Reinheit gekoppelt sein. Georges sagte gerne: »Die echten Soldaten sind immer ausgemachte Wüstlinge gewesen.«

Man ging also daran, mich vorzunehmen. Aber die Behandlung war anders, als man vielleicht erwarten würde. Georges respektierte mich zu sehr, um mich an verrufene Orte zu schleppen. Das kam ihm nicht in den Sinn. Nur hatte er, als ich eines Tages der Versuchung nicht hatte widerstehen können, ihm von Aliette zu erzählen, mir zu verstehen gegeben — ohne sich direkt über mich lustig zu machen —, daß ich »ein seltener Dummkopf« sei. Ein Mädchen zu lieben, das mir niemals mehr als ein Lächeln geschenkt habe (und das nur leichthin, da es sie schöner machte), sie zu lieben, ohne zu wissen, ob sie mein Gefühl erwidere, und das nach zweijähriger Trennung, ohne ein einziges Mal in Versuchung zu sein, sie durch eine andere zu ersetzen — eine solche

Hartnäckigkeit schiene ihm nicht lächerlich, sondern geradezu gefährlich. Das sei ein unglaublicher Mangel an Realismus, das erkläre vortrefflich die Trägheit meiner Gedanken.

Ich wurde also mehrere Wochen lang von einer Tanzparty zur anderen geschleppt. Freilich stellten diese Vergnügungen jene sittsamen Familienhausbälle, die ich in den letzten zwei Jahren kennengelernt hatte, weit in den Schatten. Es war mir kaum verständlich, daß Georges ohne mein Wissen so viele und so leichtfertige Freunde haben konnte. Da richtige alkoholische Getränke im besetzten Paris rar waren, trank man eine Art Perlwein, der einem — wenn auch langsam — zu Kopf stieg.

Die meisten Mädchen hatten nichts im Kopf. Das schien niemand zu stören. Ich selbst gewöhnte mich daran. Ich tat mein Bestes, die Schüchternheit zu überwinden, und vor allem jene Idee, die mir erst vor kurzem gekommen war, daß nämlich ein Blinder nicht gefallen könne. Und tatsächlich, ich gefiel ebenso wie die anderen (von meinem Ernst abgesehen, der vollkommen unbrauchbar war). Man brauchte nur Nichtigkeiten zu sagen, sie in einem bestimmten Ton sagen, zu denken, man sei im Theater und nichts sei von Bedeutung. Man brauchte nur zu trinken, über gewöhnliche Gefühle in Verzückung geraten und tanzen. Man wurde sofort dafür belohnt. Die Mädchen waren doch eine seltsame Gesellschaft! Sie hauchten einem Leben in den ganzen Körper und sogar in den Geist.

Nicht daß sie schön gewesen wären. Zumindest nicht für mich. Meine Kameraden flüsterten mir ins Ohr: »Tanz mit Henriette! Dieses Mädchen ist eine Wolke, alter Freund!« Nicht für mich. Sie konnte nicht schön sein, wenn sie rechthaberisch und egoistisch war. Sie hatte eine Art, alles auf der Welt herabzusetzen und ihre Krallen unter der Liebkosung ihrer seidenweichen Hände zu schärfen, daß ich sie floh: ich wandte mich Mädchen zu, die zwar weniger hübsch waren, doch zumindest zu lieben fähig schienen.

Wenn auch mein Schönheitssinn sich von dem der anderen unterschied, so hatten wir doch eines gemeinsam: den Rausch.

Die Hand auf eine Hüfte legen, dem Ansatz eines Armes folgen, eine Schulter umschließen, mit leerem Kopf in den irisierenden Glanz tauchen, der vom Körper der Mädchen ausstrahlt, hier einen Rock, dort ein Taschentuch knistern hören, im Tanz nicht innehalten wollen, denn solange das Mädchen ganz nahe, bei jedem Schritt mit ihren Haaren in den eigenen Haaren, bei einem ist, kann die Welt einstürzen, das ist einem ganz gleichgültig — all das tat mir gut, Georges hatte recht gehabt.

Damals, nach Beendigung eines Tanzes in der Halle eines reichen Vorstadthauses, kam mir eine ganz neue Idee. Jeden Tag wurden doch alliierte Flieger von der deutschen Luftwaffe abgeschossen. Man hat mir hundertmal gesagt, daß die meisten dank des Fallschirms überleben. Fielen sie auf deutschen Boden, waren sie mit einer Chance von eins zu tausend verloren. Doch wenn sie auf französischen Boden fielen? Nun, sie waren ebenfalls verloren! (Der größte Teil von ihnen konnte nicht ein Wort Französisch.) Es sei denn, Leute wie wir nahmen sie in ihre Obhut. Ich wollte die Provinzsektionen der Bewegung benachrichtigen (wir hatten nunmehr Zellen in der Normandie, der Bretagne, im Norden, in der Franche-Comté), daß sie nach abgestürzten Fliegern Ausschau zu halten und sie zu uns nach Paris zu schicken hätten. Ein Mitglied der Bewegung sollte den geborgenen, in Zivil gekleideten Piloten begleiten: er sollte nicht einen Schritt von ihm weichen. Ein schöner Plan, doch was geschah mit den Fliegern, wenn sie einmal in Paris waren? Wie sollte man sie zur spanischen Grenze befördern, sie hinüberbekommen?

Ich unterbreitete Georges meine glänzende, aber undurchführbare Idee; er lachte laut los: er hatte die Lösung! Man brauchte nur ein ganz kleines Risiko auf sich zu nehmen. Er sei, sagte er, seit sechs Monaten mit einem gewissen Robert (einem gesetzten Mann, vierzig Jahre, verheiratet, katholisch) in Kontakt. Robert hatte nie gesagt, was er eigentlich tat. Doch allen Anzeichen nach war Georges sicher, daß er eben das tat. Wir zwei würden zu ihm gehen und ihm die Dienste der Bewegung anbieten.

Tatsächlich sorgte Robert sei zwei Jahren für die Rückführung alliierter Flieger. Er hatte in Paris und Umgebung ein verblüffendes Tarnsystem aufgezogen. Sein Netz verfügte an der spanischen Grenze, Katalonien und dem Baskenland zu, über etwa fünfzig Helfershelfer: Bergbewohner und Zöllner. Nur eines fehlte ihm, mindestens zum Teil: Trupps von mutigen und flinken Männern in der Provinz, von Leuten, die fähig waren, auf dem Land Informationen einzuziehen, ohne aufzufallen. Gerade wir fehlten ihm. Jetzt waren wir da.

Und weitere Ideen stellten sich ein: nach den Fliegern die falschen Papiere. In Paris, wo die Zahl der berufsmäßigen Untergrundkämpfer jeden Tag zunahm (außer François hatten wir bereits fünf andere in der Bewegung), wurde das Problem der falschen Identität lebenswichtig. Man konnte nicht mehr ohne Lebensmittelkarten essen (alles, bis hin zu Brot und Kartoffeln, war rationiert), und die Karten wurden auf den Bürgermeisterämtern nur denjenigen gewährt, die ordnungsgemäße Papiere vorlegen konnten. Auf der anderen Seite, welches Risiko für die Familien, wenn einer der Ihren unter seinem richtigen Namen als Widerstandskämpfer verhaftet werden sollte! Die »Volontaires de la Liberté« würden also falsche Papiere herstellen.

Keiner von uns gab sich der Illusion hin, daß dies leicht sein werde. Meinen ersten Befehl dieser Art gab ich den Gruppen in Arras und Lille. Im Mai und Juni 1940 waren im Norden Frankreichs viele Dörfer bombardiert, teilweise dem Erdboden gleichgemacht worden. Dort waren die Papiere der Bürgermeisterämter verschwunden, doch auch Menschen waren verschwunden. Fragte man die Einwohner gründlich aus, würde man ihre Namen in Erfahrung bringen. Unsere ersten falschen Personalausweise sollten die Namen von unauffindbaren Toten tragen.

Im Januar 1943 standen wir vor großen Taten. Trotzdem waren wir alle weit davon entfernt zu ahnen, daß wir in kurzem voll in die Geschichte eingehen sollten.

14

LA DÉFENSE DE LA FRANCE

Wie alles im Leben, was von Bedeutung ist, kam es ganz anders — viel schneller und viel einfacher — als vorausgesehen. Auf Wunsch von Georges empfing ich einen jungen Panzeroffizier. Doch nach fünf Minuten hatte ich nicht mehr einen Offizier vor mir: es war ein Philosoph, ein Verschwörer, ein großer Bruder, mein Chef, Philippe!

Ich will es erklären. Es hatte nur einen Monat gebraucht, um die Fäden zwischen Roberts Netz und unserer Bewegung zu knüpfen. Bereits vier Flieger von der R.A.F. waren von unseren Leuten nach Paris gebracht worden: zwei hatte man auf den Hügeln um Dijon aufgelesen, einen in der Umgebung von Reims, den vierten in der Vorstadtgegend von Amiens.

An der Gare du Nord, an der Gare de l'Est und an der Gare de Lyon hatten Denis und Georges sie in Obhut genommen. Sie allein kannten Roberts Versteck (sie allein durften es kennen). Wir hatten nie ensthaft an diesem Mann gezweifelt, doch jetzt verehrten wir ihn. Man stelle sich ein ständig heiteres Gesicht vor, das Mundwerk eines Handelsvertreters, der sich aber auch Meditationen hingeben konnte. Plötzlich scherzte dann Robert nicht mehr: er stieg in sich selbst hinab. Was er da tat? Zweifellos betete er dort. Er versorgte sich mit neuem Mut. Er hatte ihn zu jeder Stunde sehr nötig: er war einer der exponiertesten Männer Frankreichs.

Er wußte sehr gut, was mit ihm geschehen würde, wenn dieser Donald Simpson oder John Smith, Piloten der R.A.F., nichts anderes waren als deutsche Spione. Das war in einem benachbarten Netz der Fall gewesen. Dann starb nicht nur ein Mann (er, Robert, der Chef), sondern dreißig, fünfzig andere, und nach welchen Verhören!

Er konnte darüber auch sehr wohl scherzen, ohne dabei seine Bescheidenheit aufzugeben. Er war so bescheiden, daß er von sich nie in der ersten Person sprach. Er sagte, indem er die Augen zusammenkniff: »Das Netz möchte wissen, ob ... Das Netz hat beschlossen, daß ...« Dieser Mensch war ein Missionar. Nachsichtig gegenüber den Fehlern anderer, unbarmherzig gegenüber seinen eigenen, drang er in die Gefilde der Nazis wie in das Land der Ungläubigen vor.

Aber Robert wollte nicht, daß wir ihm allzusehr halfen. Seiner Ansicht nach mußte unsere Arbeit von der seinen vollkommen getrennt bleiben. Schließlich hatte er gefordert, daß wir ihn nicht mehr persönlich treffen sollten. »Mit mir steht es ausgesprochen brenzlig«, sagte er. »Wenn ich hochgehe, möchte ich es lieber ohne euch tun!«

Doch bei seiner letzten Begegnung mit Georges hatte er uns einen Namen vermacht: Philippe, Offizier im Krieg von 1939–1940, sechsundzwanzig Jahre alt. Und er hatte mit den Worten geendet: »Ich kann es nicht besser machen«; das war immer sein letzter Satz, was er zuvor auch gesagt haben mochte.

Am 31. Januar gegen elf Uhr morgens (in Paris war es eisig, obwohl die Sonne schien: es gibt Dinge, die man nicht vergißt), warteten also Georges und ich auf Philippe. Diesmal hatten wir keine freudige Ahnung: ich muß es zugeben. Wir waren sogar – trotz Roberts Segen – auf unserer Hut und ganz zurückhaltend. »Ich bitte dich«, sagte Georges zu mir. »Wenn dir dieser Mensch nicht gefällt, mach mir irgendein Zeichen, daß ich meine große Schnauze halte! Offiziere sind mein schwacher Punkt. Und wenn er noch dazu einer von den Aktiven ist, bin ich sehr wohl imstande, meine Haltung zu verlieren.«

Es war kein Berufssoldat, der eintrat, aber es war ein Kerl von einem Mann. Ein Meter achtundachtzig groß mit einem Brustumfang, der gut zur Figur paßte, mächtige Arme, kraftvolle Hände, rascher und schwerer Gang; von seiner ganzen Person ging eine Art brüderlicher Beschirmung aus. Dazu kam eine zwar nicht sehr tönende, aber warme Stimme, die einem sehr rasch vertraut wurde, die einen von innen heraus berührte, weil sie so überzeugend war.

Ich schildere all das übrigens recht schlecht: das war nicht ein Mensch, den ich eintreten sah, sondern eine Kraft. Man brauchte es einem nicht zu sagen, daß er eine Führernatur war. Er konnte sich benehmen, wie es ihm gefiel, sich nacheinander in allen Sesseln des Raumes lümmeln, die Hosen hochziehen und sich an den Beinen kratzen, wegen einer spuckenden Pfeife, die bei seinen Ausführungen im Wege war, unverständliches Zeug reden, in seinen Haaren herumwühlen, indiskrete Fragen stellen und sich widersprechen (in den ersten zehn Minuten der Zusammenkunft tat er jedes dieser Dinge wenigstens mehrere Male) — man achtete schon nicht mehr darauf. Bei seinem Eintritt hatte er einem einen Mantel der Autorität über die Schultern geworfen. Man rollte sich mit einem Wohlbehagen, gegen das man nicht an konnte, in seine Falten.

Diese Autorität war nicht falsch: sie war sicherlich nicht berechnet. Sie glich eher dem Zauber, den manche Frauen über einen werfen, sobald sie sich nähern. Man war verführt. Mehr noch: man war gelähmt, zumindest zu Anfang. Während der ersten halben Stunde wären Georges und ich physisch unfähig gewesen, den geringsten Einwand zu erheben.

Ich betrachtete diesen großen saloppen und ungestümen Kerl vor mir und fragte mich, was für ein Ungetüm wir da aufgegabelt hatten. Doch wie sehr ich auch den mir noch verbliebenen Rest an Geistesgegenwart und Mißtrauen zu Hilfe rief, es gelang mir nicht, mir Sorgen zu machen. Man sagt, Stärke verzaubere. Die Verführungskraft dieses Mannes — sie war seine Stärke.

Er schien unerschöpfliche Energiequellen zu haben. Empfindungen, Absichten wie Ideen brachen allenthalben aus ihm hervor. Er war ein wahres Phänomen.

Kraftvoll seine etwas struppige Mähne schüttelnd, seine Arme nach Art der Faulenzer reckend, sich plötzlich dann wieder wie zu einer »Haltung« zusammenreißend, groß und gütig, liebens-würdig, gesprächig und verschwiegen, exakt wie ein Uhrmacher und zwei Minuten später unbestimmt wie ein schlechter Lehrer, mischte er vertrauliche Mitteilungen mit völlig unmotivierten Verallgemeinerungen.

Seit er vor einer halben Stunde zu sprechen angefangen hatte, wußten wir bereits, daß er verheiratet war, daß er seine Frau vergötterte, daß seine Frau ein Kind erwartete, daß er dieses Kind schon im voraus vergötterte. Im selben Atemzug hatte er wieder-holt von Augustin, Empedokles, Bergson und Pascal, von Mar-schall Pétain, Ludwig XVI. und Clémenceau gesprochen. Ich wußte bestimmt, ich hatte die Namen fallen hören. Ich wäre nicht im-stande gewesen zu sagen, was für eine Rolle sie im Gespräch spielten, aber sie waren gefallen. Philippe war ein echtes Phä-nomen!

Er sagte in einer Stunde das, was die meisten Leute nicht in einem ganzen Leben sagen. Man hörte zu, und nichts war mehr schwierig oder undurchführbar, nicht einmal mehr Januar 1943 in Paris, nicht einmal mehr in der Résistance. Unlösbaren Pro-blemen erteilte er auf der Stelle einen Verweis: er packte sie an den Haaren, schüttelte sie vor seinem großen Gesicht, blickte ihnen tief in die Augen und lachte. Die so behandelten unlös-baren Probleme ließen sich nicht mehr blicken!

Übrigens pflegte Philippe sehr schön zu sagen: »Unter gewis-sen Umständen ist nichts leichter, als ein Held zu sein. Es bleibt also nur ein moralisches Problem: und das ist gerade diese ›Leich-tigkeit‹.« Und wiederum zitierte er Augustin, Pascal und den heiligen Franz Xaver.

Ja, ich war verwirrt, was so viel heißen will, daß ich glück-lich war. Es war nicht das Glück der Liebe, aber nichtsdestoweni-ger Glück: das meine und das von Georges, der zwar den Mund nicht aufgemacht hatte, von dem ich aber fühlte, daß er ebenso tief ergriffen war wie ich, schließlich auch das von Philippe, der uns ausgezeichnet zu kennen schien — obwohl er uns fast nicht reden gehört hatte —, der uns beiden fraglos sein Vertrauen schenkte, uns sagte, wie gut wir ihm täten, der uns in seinem Sattel mitnahm und redete und redete.

Er war glücklich, in der Résistance zu sein, dasselbe wie wir zu tun, es mit uns zu tun. Dieser letzte Punkt war nur eine Kleinigkeit und bereits geregelt. Ich habe vielleicht den Eindruck erweckt, Philippe sei ein leichtfertiger Mensch. Er war es bestimmt nicht. Oder Georges und ich seien es, weil wir uns ihm so schnell anschlossen. Auch das nicht. In jener Zeit, in der jede Zusammenkunft eine Sache auf Leben und Tod war, waren die Beziehungen zwischen den Menschen klarer als heute. Man war verschlossen oder aufgeschlossen. Eine andere Wahl gab es nicht, und man mußte sehr schnell wählen. Ich muß noch hinzufügen, daß Philippe sein ganzes Spiel vor uns aufgedeckt hatte. »Ich setze alles, was ich habe, auf einmal ein«, hatte er gesagt. »Wenn das keinen Erfolg hat, werden Sie mich nicht wiedersehen.«

Er kannte Robert seit drei Jahren. Robert hatte es versichert. Er war direkt vor dem Krieg wie ich Student der Première Supérieure gewesen: wir hatten gemeinsame Lehrer, gemeinsame Freunde. Schließlich hatte er beschlossen, uns nicht nach unseren Geheimnissen zu fragen, uns aber die seinen mitzuteilen.

Er hatte im Frühling 1941 eine Widerstandsbewegung gegründet, also gerade zur gleichen Zeit, als ich die »Volontaires de la Liberté« organisierte. Sie hieß »Défense de la France«, »Verteidigung Frankreichs«. Er hatte eine Untergrundzeitung mit einer Auflage von annähernd zehntausend Exemplaren im Monat. Aber nicht vervielfältigt: gedruckt; eine richtige. Übrigens kannten Georges und ich sie: unsere Bewegung hatte Nummern von ihr verteilt.

Die »Défense de la France« besaß eine Druckerwerkstatt mit Amateuren, die zu berufsmäßigen Setzern geworden waren, Rotationsmaschinen, Papier, Waffen (Revolver, automatische Pistolen), an die zehn geheime Räume in Paris, einer davon ganz mit Korkwänden, um die mit Lärm verbundenen Arbeiten ausführen zu können, mehrere als Lieferwagen getarnte kleine Lastautos, ein Laboratorium für falsche Papiere, das im Monat zweitausendfünfhundert »absolut echte« falsche Ausweise herstellen konnte, einen durchorganisierten Redaktionsausschuß für die Zeitung, eine behelfsmäßige, aber funktionierende Funkanlage, eine ständige Verbindung mit der Regierung General de Gaulles in London, zuverlässige Komplizen unter den Bauern des südlichen und nördlichen Departements Seine-et-Oise ungefähr fünfzig Kilometer von Paris, desgleichen in der Bourgogne, um für den Notfall einer Flucht aus der Hauptstadt Vorsorge zu treffen, an die fünfzig Agenten, die seit zwei Jahren erprobt und »ebenso zuverlässig wie er selbst, Philippe« waren und von denen bereits ungefähr fünfzehn ausschließlich für die Untergrundbewegung tätig waren.

Für uns, die »Volontaires de la Liberté«, die wir zwar nicht gerade unrühmlich, aber ohne Fortschritte zu machen, dahinvegetierten, öffnete sich eine neue Welt: die Welt in ihrem richtigen Maßstab. Aber schon machte sich unsere Nützlichkeit bemerkbar. Denn die »Défense de la France«, die all das besaß, was wir nicht besaßen, hatte das, was wir hatten, nicht. Einen Generalstab, eine Intendantur und eine Pionierabteilung, aber keine Truppen. Wir, wir waren eine Armee, deren Generäle (Georges, François, Denis oder ich) freilich nie Zeit gehabt hatten, ihre Rekrutenjahre abzuschließen.

Ohne weitere Vorsichtsmaßnahmen wandte ich mich Georges zu, blickte ihn intensiv an und hörte ihn murmeln: »Nur zu!« Daraufhin sagte ich zu Philippe, daß der Plan einer gemeinsamen Widerstandsbewegung einleuchte.

Als Gründer der »Volontaires de la Liberté« wollte ich das Recht, das diese Tatsache mir gab, nutzen: ich wollte alle meine Leute bitten, der »Défense de la France« beizutreten. Binnen einer Woche würde ich wissen, wer es — aus Angst oder aus Verwirrung — ablehnen würde, mir zu folgen; ich würde mit ihnen brechen, auch wenn es schwer fallen sollte.

Von ihrer industriellen Basis her konnte die »Défense de la France« die Auflage und Verbreitung der Zeitung in einigen Wochen beträchtlich steigern. Georges und ich gaben unser Wort, Philippe das seine, alles daranzusetzen. Man brauchte dazu nur den Maschinen ein gewisses Menschenmaterial an die Seite zu stellen. Unsere sechshundert Jungen waren dieses Material.

Es war uns vielleicht nicht gelungen, sie in den letzten zwei Jahren Bedeutsames leisten zu lassen, aber wir hatten ihre Moral bis zur Zerreißprobe geschärft. Wir hatten sie in der Hand. Wir konnten für sie einstehen wie für uns selbst.

Es waren kaum zwei Stunden vergangen, seit der Offizier-Philosoph bei uns Stellung bezogen hatte. Er vereinbarte mit uns ein kompliziertes Netz von Fallschirmabsprungstellen, Briefkästen und geheimen Mitteilungen. Er gab uns die »Kriegsnamen« von fünf oder sechs Verbindungsagenten. Unter ihnen befanden sich die Namen von drei Mädchen. Ich war verblüfft, denn ich hatte nie daran gedacht, daß es in der Résistance auch Frauen geben könne. Doch bald sollte ich erfahren, wie unrecht ich gehabt hatte.

Philippe brach auf. Wir sollten ihn sechs Monate lang fast täglich wiedersehen. Georges und ich hatten kaum die Kraft zu sprechen, das Ereignis zu kommentieren, so sehr waren wir von Glück und Überzeugung erfüllt, einer stummen Überzeugung; sie sagte uns, daß wir jetzt tatsächlich auf ein unbekanntes Schicksal zugingen, das sicherlich siegbringend und schrecklich zugleich sein würde.

Die nächsten sechs Monate waren eine recht eigenartige, aber ununterbrochene Schlacht. Allein die Fakten zählen hier. Ich will sie ohne Kommentar mitteilen.

Keine Woche nach unserer ersten Zusammenkunft verabredete sich Philippe mit mir im Nebenraum eines kleinen Bistros. Mein Haus, in dem seit anderthalb Jahren ein reges Kommen und Gehen herrschte, war wahrhaftig eine zu sichtbare »Zielscheibe für Spione«. Ich hatte das Recht, das Risiko auf mich zu nehmen; er nicht. Er durfte nicht mehr herkommen. Er meldete mir, daß das Direktionskomitee der »Défense de la France« mich bitte, eines seiner Mitglieder zu werden. Gleichzeitig wurde Georges als mein unzertrennlicher Partner, mein Double, aufgenommen. Ich sollte zu allen Versammlungen mit Georges, und nie mit jemand anderem gehen. Ja, es sollte geradezu zum Prinzip erhoben werden, daß Georges bei allen wichtigen Unternehmungen von nun an mein einziger Begleiter sein würde. »Für deine und auch unsere Sicherheit«, sagte Philippe, »brauchte man einen Menschen, der rund um den Kopf Augen und die Reflexe eines wilden Tieres hat. Man braucht Georges.«

Schon bei der ersten Zusammenkunft des Direktionskomitees, an der ich teilnahm, begriff ich, daß sich alle Arbeitsdimensionen geändert hatten. Ich sah, daß wir auf nationaler Ebene und — obwohl ganz im Untergrund — offiziell tätig waren. Außer Philippe waren zwei junge Männer zwischen fünfundzwanzig und dreißig Jahren, eine junge Frau und ein junges Mädchen anwesend. Sie hielten die Fäden der Bewegung zusammen. Jeder hatte seinen Bereich, den er gewissenhaft verwaltete und über den er nicht mit den anderen sprach.

Da jedes Mitglied des Direktionskomitees von Rechts wegen dem Redaktionskomitee der Zeitung angehörte, beteiligte ich mich sofort an dieser Arbeit. Unsere neuen Freunde sagten, unsere Anwesenheit in ihren Reihen sei durch eine Hoffnung gerechtfertigt: die Hoffnung, daß wir unser Wort halten könnten, in sechs Monaten ein wirksames System für die Verbreitung der Zeitung auf die Beine zu stellen. Die Mittel der »Défense de la France« stünden uns völlig zur Verfügung, doch zähle man für diese Arbeit allein auf uns.

Tags zuvor hatte ich im Zentralkomitee der »Volontaires de la Liberté« den Ehekontrakt zwischen meiner alten Bewegung und der »Défense de la France« — oder, wie wir sie von nun an nannten, der D.F. — unterzeichnet. Ich hatte damit gerechnet, daß

Claude und Raymond, meine beiden Philosophen, Schwierigkeiten machen würden. Ich kannte sie immer als rühmliche Verfechter von Einwänden und Bedenken. Tatsächlich stimmten sie einer so plötzlichen Entscheidung nicht zu. Das brachte uns einen Verlust von ungefähr dreißig Mitgliedern, ihren Anhängern. Doch die Fusion der übrigen Bewegung mit der D.F. war vollzogen.

Ich unterbreitete dem Direktionskomitee der D.F. Ziffern, die alle außer Georges und mich in Erstaunen setzten. Würde es möglich sein, die Auflage der nächsten Nummer der Zeitung (Mitte Februar) auf zwanzigtausend statt der bisherigen zehntausend zu erhöhen? Wenn, wie wir annahmen, die Verteilungstrupps, die wir der D.F. zuführten und die im großen und ganzen zusammengestellt waren, diesen ersten Stoß richtig auffingen, erwarteten wir, daß die Nummer vom 1. März in dreißigtausend Exemplaren gedruckt und weiterhin mit einem Ansteigen der Auflage um zehntausend Exemplare pro Nummer gerechnet werden könne bis die Elastizitätsgrenze unserer Trupps erreicht wäre. Diese Grenze konnte ich zwar nicht errechnen, aber ich war sicher, daß sie sehr weit gesteckt war. Ich kannte unsere sechshundert Jungen, ihre Disziplin und ihre Ungeduld. Das Direktionskomitee machte mich für die Verbreitung der Zeitung auf nationaler Ebene verantwortlich.

Damals wurde zum erstenmal meine Blindheit erwähnt. In den Augen des Komitees hatte sie nur eine physische Bedeutung. Es sollte jemand über all das, was ich im Rahmen der Résistance tat, wachen und mich auf all die Gefahren hinweisen, die Augen allein wahrnehmen können. Außerdem sollte die gleiche Person meine Beschlüsse oder Bewegungen ausführen, sobald diese den Gebrauch der Augen erforderten. Georges sagte schlicht: »Das werde ich sein.« Ein vollkommenes Gespann: denn Georges konnte gerade all das tun, wozu ich nicht imstande war und umgekehrt. Von diesem Zeitpukt an darf ich — will ich der Wahrheit treu bleiben — nicht mehr »ich«, sondern nur »wir« sagen.

Unsere Hauptwaffe war eine Zeitung. Die »Défense de la France« war eine echte Zeitung. Sie war dürftig, sie umfaßte nur zwei Seiten (wir mußten vier Monate warten, bis wir auf vier Seiten übergehen konnten), aber sie war gedruckt. Übrigens machten es unsere vier Kollegen von der Untergrundpresse — Résistance, Combat, Libération und Franc-Tireur — nicht besser. Jeder machte für sich das gleiche. Ihre Zeitungen gingen regelmäßig durch unsere Hände. Doch wir besaßen keinen Draht, der uns erlaubt hätte, zu ihrer Quelle vorzustoßen. Das war das besondere Verhängnis des Untergrundkampfes: er mußte in völlig geschlossenen Verbänden vor sich gehen. Eine Gesamtorganisation war nicht denkbar, ja gar nicht wünschenswert, da mit ihr zusätzliche Gefahren entstanden wären. Wenn eine der Zeitungen gefaßt wurde, sollten die anderen um jeden Preis unbekannt bleiben.

Eine echte Zeitung war im Jahre 1943 ein sehr kostbares Objekt. Jede gedruckte Zeile war mit so viel Mut und so viel Geschicklichkeit zusammengestellt worden. Jede gedruckte Zeile enthielt den möglichen Tod all jener, die sie geschrieben oder ausgearbeitet, gedruckt, transportiert, verteilt und kommentiert hatten. An jeder Seite klebte Blut, und das im wahrsten Sinn des Wortes.

Der Titel »Défense de la France« deutete auf eine patriotische Gesinnung. Wir hatten diese Gesinnung. Dennoch war unsere Zeitung bei weitem nicht nationalistisch. Wenn wir Frankreich verteidigten, so deshalb, weil es angegriffen wurde. Vor allem — wir wiederholten das in jeder Nummer —, weil es von einem schlimmeren Ende bedroht wurde, als es der physische Tod ist: vom geistigen Tod. Die Hauptaufgabe der Zeitung war es, das Gewissen aufzurütteln.

Um das zu erreichen, wandten wir verschiedene Mittel an. Wie immer kam zunächst die Information. Im Februar 1943 zum Beispiel sagten wir das, was damals niemand auf dem europäischen Kontinent sagte, daß nämlich die Nazi-Armee eben bei Stalingrad in eine Falle gegangen sei und daß sich das Kriegsglück in den Ruinen dieser Stadt zu wenden beginne. Wir informierten die Franzosen auch über die schrecklichen Geschehnisse, für die wir von Tag zu Tag zahlreichere Beweise hatten und die sie ohne uns vielleicht geahnt, doch niemals kennengelernt hätten. Wir sagten, wie die Verhaftungen der Gestapo vor sich gingen, wo sie vor sich gingen und was sich während der Verhöre ereignete. Wir enthüllten die Existenz politischer Festungen und Konzentrationslager in Deutschland. Und jene Tatsache, die von allen die unglaublichste war: die systematische Ausrottung der Juden in weiten Teilen Europas.

Wir gaben der Bevölkerung Ratschläge über geeignete Mittel, den passiven Widerstand auszudehnen. Vor allem taten wir kund, daß es eine aktive Résistance gab. Sie wuchs mit jedem Tag. Sie war für unsere Leser unsichtbar. Sie mußte unsichtbar bleiben. Das einzige Zeichen, das sie noch geben konnte, war dieses zweiseitige, gedruckte Blatt.

Wir gaben der Öffentlichkeit Ratschläge, wie sie uns helfen konnte: wann und wie sie schweigen, welche Informationen sie glauben, was für eine Haltung sie einnehmen sollte. Unser Ziel war es, Frankreich daran zu hindern aufzugeben, dafür zu sorgen, daß es zum Zeitpunkt seiner Befreiung zur Stelle und intakt sei.

Wir waren keine politische Zeitung. Keiner unserer Leute bei der »Défense de la France« hatte eine doktrinäre Einstellung. Dazu waren wir zu jung, und es gab Dringenderes. Wir setzten unser Vertrauen auf das Ideal der westlichen Demokratie, wie sie sich damals unter verschiedenen, in unseren Augen aber gleichwertigen Formen in Charles de Gaulle, Winston Churchill und Franklin Roosevelt verkörperte. Die Vervollkommnung der Demokratie würde die Aufgabe der Friedenszeit sein. Wir hatten weder eine Parteisache noch materielle Interessen zu verteidigen. Wir waren arm und leidenschaftlich.

Das einzige Ziel, das allen Mitgliedern der »Défense de la France« gemeinsam war, war das Überleben christlicher Werte.

Wir waren ganz offen eine christliche Zeitung. Doch man verstehe dieses Wort richtig: wir unterstützten keine Kirche auf Kosten der anderen. Es gab unter uns viele und sehr überzeugte Katholiken. Doch auch Protestanten, und sie waren nicht weniger treu. Wir sprachen nicht einmal im Namen der Kirchen; es gab manche unter uns, die keiner von ihnen angehörten. Wir repräsentierten ganz einfach die christliche Moral und ihre absoluten Imperative: Achtung und Liebe.

Wir zeichneten natürlich alle unsere Artikel mit Pseudonymen. Philippe war *indomitus* (»der Unbezähmbare«). Wir verfaßten die Zeitung von Anfang bis Ende selbst. Paris war zu jener Zeit nicht der Ort, wo man hätte Leute anrufen können, um sie um ihre Mitarbeit zu ersuchen! Wir mußten um jeden Preis im Verborgenen leben und uns selbst genug sein. Dennoch waren einige Männer mit dem einen oder anderen von uns persönlich bekannt. So erhielten wir zum Beispiel von einem katholischen Bischof, Monsignore Chevrot, und einem Mitglied der Akademie, Robert d'Harcourt, mehrmals Artikel, die sie geschrieben hatten.

Im Redaktionskomitee der Zeitung wurde jedes Wort gewogen. Nicht auf seinen literarischen Wert hin, das kann man sich denken, sondern auf seine Durchschlagskraft. Zudem mußte man sich jedes Mal fragen, ob das, was man sagte, Gutes oder Schlechtes bewirke, ob es Menschenleben schütze oder sie in Gefahr bringe. Als wir unseren ersten Artikel über die Folterungen zu veröffentlichen hatten, die von der Gestapo an verhafteten Widerstandskämpfern durchgeführt wurden, hatten wir mehr als dreißig konkrete Beweise in der Hand. Doch sollte man solche schrecklichen Dinge aufdecken? Wir kamen einstimmig zu dem Beschluß, daß wir es tun müßten. Freilich wurde der Beschluß erst nach mehreren schlaflosen Nächten gefaßt, und sogar in der letzten Minute zitterten uns noch die Finger.

Es ging uns genauso, als wir zum erstenmal die materielle Möglichkeit hatten, eine Photographie in der Zeitung zu bringen. Es war das Bild eines Massengrabes, eines offenen Leichenhaufens am Rande eines Konzentrationslagers in Deutschland. Es war authentisch, denn ein unglaublich kühner und unglaublich vom Glück begünstigter Häftling hatte es aus den Archiven der Hamburger Gestapo gestohlen. Doch es ist zu früh, davon zu erzählen. Kehren wir zum Februar 1943 zurück.

Die ersten Wochen waren ein Kinderspiel. Wir wußten, unsere Kameraden waren vorbereitet; daß sie es so gut waren, wußten wir nicht. Wir mußten beim Direktionskomitee um eilige Maßnahmen ersuchen: die Nummer vom 15. März sollte eine Auflage von annähernd fünfzigtausend Exemplaren haben. Da auch Georges sich ganz dem Untergrund verschrieben hatte, war er zu jeder Stunde des Tages zur Hand. Und das war nicht übertrieben, denn wir hatten die Sektionen ganz neu durchorganisieren müssen.

Mit dem Nachschub, der Rekrutierung durften wir nichts mehr zu tun haben: das war ein viel zu großes und unnötiges Wagnis. Wir sollten nur noch mit den Gruppenchefs in Berührung kommen, aber auch da mit nicht mehr als einem Dutzend. Die Gruppenchefs sollten wir mindestens schon ein Jahr lang kennen. Sie wären für ihren Bereich voll verantwortlich; sie hätten zum Beispiel selbständig über Aufnahme oder Ausschluß zu entscheiden. Jeder Gruppenchef würde selbstverständlich einen Decknamen und falsche, diesem Namen entsprechende Personalpapiere erhalten.

In zwei Monaten wuchs die Belegschaft, die für die Verteilung der Zeitung zuständig war, von sechshundert auf ungefähr fünftausend Mitglieder an. Man mußte Paris in verschiedene Zonen aufteilen: fünf Zonen für das eigentliche Paris, sieben für die Umgebung. Die Arbeit in den Vororten war leichter, weil hier das Polizeinetz weniger dicht war.

Das Problem der Verbindung war in der Provinz wegen ihrer Entfernungen sehr viel schwieriger. Man brauchte für jede Region einen erstklassigen Mann als Verantwortlichen, der weder Furcht noch Erschöpfung kannte. Und so mußten wir uns zu unserem großen Kummer von François trennen: nur er konnte die Bretagne übernehmen. Tatsächlich war die Bretagne die Musterprovinz, die Provinz, wo der Prozentsatz der Widerstandskämpfer schon sehr früh am höchsten war. Champagne und Franche-Comté wurden Frédéric übertragen, dem älteren Bruder eines unserer frühesten Kameraden. Wir hatten jemand für den Norden, jemand für die Touraine. Doch eines der Hauptprobleme war noch nicht gelöst.

Seit November war die Süd-Zone von den Deutschen militärisch besetzt. Doch der Mythos von der Süd-Zone samt der Demarkationslinie, die Frankreich in zwei Teile schnitt, war geblieben. Jeder Kilometer dieser Grenze wurde Tag und Nacht von Patrouillen kontrolliert. Privatwagen und Züge wurden durchsucht. Und junge Leute wurden fast mit Sicherheit verhaftet, wenn sie versuchten, hinüberzukommen.

Am 16. Februar hatte ein deutscher Befehl zu wüten begonnen: alle jungen Leute über einundzwanzig Jahre sollten als »Pflichtarbeiter« nach Deutschland gehen. Als einzige sollten manche Kategorien von Studenten und Familienvätern einen Aufschub erhalten. Doch diese Drohung, die auch sofort in die Tat umgesetzt wurde, hatte, anstatt unsere Flügel zu beschneiden, uns zusätzliche geschenkt. Nicht um alle Welt hätten wir einen einzigen Führer der Bewegung nach Deutschland gelassen. Fast achtzig Jungen wurden schlagartig zu berufsmäßigen Untergrundkämpfern. Glücklicherweise hatte die D.F. Kapital. Jetzt erwies sich auch zum erstenmal die große Jugend unserer Mannschaft als vorbehaltlos nützlich: die meisten unserer Mitglieder waren noch nicht einundzwanzig Jahre.

In Lyon und Marseille (in der Süd-Zone) hatte die D.F. bereits solide Arbeitszellen organisiert. Das einzig offene Problem bestand darin, zu ihnen eine Verbindungslinie herzustellen. Es war ein Imperativ, die Zeitung in der Süd-Zone genauso wie in der Nord-Zone zu verteilen.

Es war leider unmöglich, zweimal monatlich zwanzigtausend Nummern einer Untergrundzeitung in Koffern transportieren und diese Koffer von einem von uns begleiten zu lassen. Schön, nicht alle Koffer der Züge Paris—Lyon oder Paris—Toulouse wurden jeden Tag geöffnet. Doch zumindest die Hälfte von ihnen. Und ein Denis, ein François, ein Gérard, mit ihrem jungen und selbstbewußten Aussehen, würde selbst für den dümmsten Nazi ein erstklassiges Verdachtsobjekt abgeben. Schließlich können sich diejenigen, die nie mit dieser Arbeit zu tun hatten, nicht vorstellen, wieviel Platz zwanzigtausend Zeitungen einnehmen.

Da erinnerten wir uns daran, daß wir ja jetzt auch Mädchen unter uns hatten. Die Lösung war da. Es gab keine andere. Georges, dessen unentwickelte Ansichten über die Frauen inzwischen bekannt sind, behauptete, wir würden niemals ein Mädchen (geschweige denn mehrere Mädchen) finden, die zu solchen geradezu heroischen Taten fähig wären. Für sie (besonders wenn sie sich als kleine Naive oder leichte Mädchen verkleideten) sei das Risiko weniger groß als für uns. Doch übersteige es — so meinte Georges — bei weitem all das, was man von jemand erwarten könne, »es sei denn, er sei genauso verrückt wie wir«. Georges mußte einen Verweis vom Chef einstecken: das allein konnte ihn bekehren. »Von den Frauen kannst du noch alle Tage etwas lernen, du Esel!«, sagte Philippe zu ihm.

Catherine fuhr nach Lyon, Simone nach Bordeaux. Sie fuhren auf einen bloßen Wink von uns, ohne eine Erklärung zu verlangen. Bei ihrer Rückkehr konnten wir kaum etwas von ihnen erfahren. Alle beide sagten, es sei nichts vorgefallen. Sie wollten wissen, wann der nächste Transport stattfinden würde. Nun, natürlich vierzehn Tage später.

Da die Koffer nach Lyon, Marseille, Toulouse und Bordeaux ohnehin schon mit einem Sprengstoff gefüllt waren, dessen Entdeckung unsere Kameradinnen direkt vors Erschießungskommando geführt haben würde, konnte man den Zeitungen das nächste Mal ruhig noch einige Waffen hinzufügen. Im Direktionskomitee diskutierte man fast gar nicht darüber. Und Simone und Catherine kümmerte es nicht.

Gegen Ende März kam es zu einem Zwischenfall. Einer unserer Pariser Räume, in dem die D.F. gedruckt wurde, mußte den Argwohn der Gestapo auf sich gezogen haben, denn seit drei Tagen wurde jeder, der von uns das Haus verließ, beschattet. Es gab natürlich eine Technik, die Beschatter abzuhängen, und die Burschen von den Druckereien kannten dabei jeden Trick: man betrat eine Bäckerei, die man gut kannte, durch den Haupteingang von der Straße her, um sie durch die Hintertüre auf eine benachbarte Straße hinaus wieder zu verlassen, man stieg in einen Wagen der Metro und sprang bei der ersten Station genau in dem Moment, wo sich die automatischen Türen wieder schlossen, mit einem Satz auf den leeren Bahnsteig, man nahm seine Schuhe in die Hand und lief auf leisen Sohlen durch die Nacht davon. Doch diesmal war unserer ganzen Wissenschaft Schach geboten, denn die Beschattung ging von der Druckerei selbst aus. Also in weniger als zwölf Stunden ausziehen.

Das schloß mindestens drei Dinge ein: einen neuen Raum zu finden, ein Fahrzeug für den Transport der Maschinen zu beschaffen und nicht gesehen zu werden. Dieser letzte Punkt war einfacher, als man denkt. Da die Beschatter dauernd im Hinterhalt lagen, ihre Zahl jedoch begrenzt war, brauchten wir nur herauszufinden, daß sie zu fünft waren, und fünf unserer Kameraden auszusuchen, die es zu einer bestimmten Zeit so einrichten sollten, sich in fünf verschiedenen Richtungen verfolgen, aber nicht schnappen zu lassen. Wir hatten fünf Mann in der Druckerei: sie selbst würden den Job übernehmen, da die Beschatter ja an sie gewöhnt waren.

Wenn nun die Spitzel planmäßig auf den falschen Fährten verstreut wären, würden fünf andere Kameraden die Maschine und die gesamten Druckereigeräte in mit Planen überzogenen Handwagen fortschaffen, auf die man grelle Schilder mit der Aufschrift: »Zerbrechlich. Optische Instrumente. Staatliches Meteorologisches Observatorium« geklebt hätte. Einen Raum hatten wir, um für schlechte Zeiten Vorsorge zu treffen, in Reserve.

Das Unternehmen glückte. Es wurde sofort zu einer Legende in unserer großen Familie. Philippe zog daraus folgende Moral: »Kinder, wenn wir noch da sind, um es sagen zu können, werden wir eines Tages behaupten, die Résistance sei die leichteste Zeit unseres Lebens gewesen! Denkt daran! Nicht ein einziges moralisches Problem: nur materielle!«

Wir mußten nicht mehr nur mit einem, sondern mit zwei Polizeiorganen rechnen. Zu der Gestapo und ihren Agenten war seit einigen Monaten eine Truppe von französischen Spionen und Folterknechten gestoßen. Diese in Vichy, wenn nicht auf ausdrückliche Anordnung der Regierung, so zumindest in den trüben Wassern ihrer Umgebung gegründete »Brigade Politique« hatte den Auftrag, ganz Frankreich mit ihrem Netz zu überziehen und endlich die Résistance zu vernichten. Die Individuen, aus denen sie bestand, waren französische Nazis — Fanatiker der aggressivsten Sorte — oder, häufiger noch, einfach als »gentlemen« verkleidete Strolche, die hinter den Belohnungen der Deutschen her waren: ein Gangsterjob von Verrat und Sadismus. Diese Banden waren für uns gefährlicher als die ganze SS zusammen: wir wußten, ihre Taktik würde darin bestehen, sich in die Widerstandsbewegungen einzuschleichen. Mein Gefühl für Verräter sollte mehr als je auf die Probe gestellt werden. Indes gaben wir uns beim Direktionskomitee keinen Illusionen hin: die Intuition war ein Instrument, das sich irren konnte. »Es ist unvermeidlich, daß wir uns täuschen«, sagte Philippe. »Jeder von uns zumindest einmal. Man muß sich auf Kummer gefaßt machen.«

In den ersten Apriltagen erreichte uns eine hingekritzelte Botschaft (man konnte die Unterschrift Roberts entziffern). »Mit drei Vögeln an der Gare du Nord geschnappt. Betet für mich!«, lautete sie. Drei Vögel! Das war nur zu klar: drei Flieger! Es blieb uns keine Aussicht mehr, Robert in dieser Welt wiederzusehen. Der große Robert ... Wie er diese Botschaft hatte schreiben und uns zukommen lassen können — auch das würden wir nie erfahren.

Keine Woche später verschwanden vier Mitglieder der Lyoner Gruppe. Sie hatten sich zusammen zu einem im Wald gelegenen Treffpunkt begeben. Sie waren nicht zurückgekehrt. Im Mai erhielt die Familie des einen von ihnen einen Telephonanruf der Politischen Brigade, ihr Sohn, Bruder und Gatte sei vor kurzem beseitigt worden, da er seine Verbrechen nicht habe zugeben wollen.

Analog zum täglich zunehmenden Umfang der D.F. stieg auch die Gefahr, gefaßt zu werden. Wir nannten das ein »biologisches Phänomen«. Es gab kein Mittel, es zu umgehen. Das war Gesetz für uns und alle ähnlichen Organisationen.

Am 15. April wurden wir vom Direktionskomitee beauftragt, die Verbindung mit der Bewegung »Résistance« (die, wie man sich erinnert, im August 1941 ihre Spitze verloren hatte, aber wiedererstanden war) und der Bewegung »Combat« herzustellen. Die Regierung des Freien Frankreichs, die sich jetzt in Algier etabliert hatte, verlangte, daß die Widerstandsorganisationen ihre Tätigkeit zum Teil koordinierten. Die Anweisung war zweifellos begründet, doch die gestellte Aufgabe war beinahe übermenschlich. Jede Bewegung war in sich eine zerbrechliche Pyramide: nahm man einen Stein weg, drohte alles einzustürzen.

Der »Combat« war in der Süd-Zone entstanden und gab, wie die »Défense de la France«, eine Zeitung heraus. Die »Résistance« in der Nord-Zone und der »Franc-Tireur« ebenfalls. Außer der Untergrundpresse gab es die Aktionsgruppen der Geheimarmee, die, gewöhnlich unter der Führung von Berufsoffizieren, Waffen- und Munitionslager einrichteten und Richtlinien für die ersten »Maquis« gaben. Die Einrichtungen für Information und Repatriierung von Fliegern nahmen eine Zwischenstellung ein.

Wir arbeiteten alle Seite an Seite, manchmal auf dem selben Pariser Bürgersteig, doch ohne es zu wissen. Der einzige Kanal zu unseren Nachbarn in der Résistance war die Regierung des Freien Frankreichs. Unsere Treffen mit den Leuten vom »Combat« oder der Geheimarmee würden von London oder Algier arrangiert und uns chiffriert durchs Radio übermittelt werden.

Ich traf also mehrere Male den Chefredakteur der Zeitung »Résistance«. Ich war sehr überrascht zu erfahren, daß sie dieselben Hoffnungen hatten wie wir und ihre Schwierigkeiten durchaus ähnlicher Art waren. Zu wissen, daß wir nicht allein standen, verdoppelte unsere moralischen Kräfte. Ungefähr zur gleichen Zeit nahm ich mit den Abgesandten des »Combat« Kontakt auf. Sie sagten mir damals nicht, daß bei ihnen ein junger Mann arbeitete, der Albert Camus hieß.

Es gab auch noch einen Dorn im Fleisch der Résistance: die Kommunistische Partei. Alle Zeichen sprachen dafür, daß die Kommunisten hart arbeiteten. Die Untergrundzeitung »L'Humanité« wurde in mehreren hunderttausend Exemplaren verteilt. Die Kommunisten schienen uns in den Sabotage- und Terrortechniken weit überlegen. Aber bei der »Résistance«, beim »Combat« und bei der »Défense de la France« war keiner Kommunist. All diese Bewegungen hatten humanistische oder sogar christliche Wurzeln.

Außerdem leisteten die französischen Kommunisten nicht deshalb Widerstand, weil sie ihr Land verteidigen wollten. Das hatten sie gründlich bewiesen, als sie sich in der Zeit zwischen dem deutsch-sowjetischen Vertrag vom August 1939 und dem Einfall der Hitler-Armeen in die UdSSR vom Juni 1941 dem Nazismus nicht widersetzten. Ihr Kampf war streng ideologisch und parteibezogen. Sollten wir versuchen, mit ihnen zusammenzuarbeiten? Diese Frage war sehr schwerwiegend: sie wurde im Direktionskomitee besprochen; man beschloß, trotz allem so schnell wie möglich mit ihnen in Verbindung zu treten. Die Kontakte wurden im Juni aufgenommen, doch sie blieben kühl. Offenbar betrachteten uns die Kommunisten als Außenstehende.

Jetzt stand unsere Verhaftung als fast sichere Wahrscheinlichkeit zwanzig Mal am Tage vor uns. Georges und ich hatten das ganze System unserer Arbeit auf die Erwartung dieses Ereignisses gestellt. Wenn einer von uns beiden gefaßt wurde, mußte der andere weitermachen, in wenigen Tagen alle Zügel in die Hand nehmen können. Wir gingen der ganzen Bewegung mit gutem Beispiel voran: von nun an arbeiteten alle in »Zweiereinheiten«, mit austauschbaren Partnern.

Die Nummer vom 15. Mai war in einer Auflage von hunderttausend gedruckt worden. Mochte es Wahnsinn sein oder nicht, wir würden sie verteilen. Die Provinzmannschaften waren so stark angewachsen, daß man den Verantwortlichen der einzelnen Regionen hatte freie Hand lassen müssen. Die lokalen Operationen waren so komplex, daß sie, hätten sie von Paris aus gelenkt werden sollen, den Verwaltungsapparat einer aufblühenden Fabrik notwendig gemacht hätten. Nun war das Gebot, nichts dem Papier anzuvertrauen, strenger als je.

Besonders im Norden feierte die »Défense de la France« Triumphe. Doch unsere Agenten waren hier überlastet. Wir brauchten da oben einen Chef, und unsere treuen Freunde (solche, die schon einen langen Weg mit uns zusammen zurückgelegt hatten) waren an anderen Stellen engagiert. So mußten wir diesmal eine Ausnahme machen: wir würden mit der Arbeit einen neuen Mann, der uns kaum bekannt war, betrauen.

Er hatte sich soeben erst gemeldet: er hieß Elio. Er war Medizinstudent in Paris, fünfundzwanzig Jahre alt, hatte schwarze Haare und einen festen — einen zu festen Händedruck. Er war Georges von einem Gruppenchef an der Medizinischen Fakultät geschickt worden, was für uns eine erstklassige Empfehlung war. Allein, er hatte gleich zu Beginn einen Fehler begangen: er hatte sich von sich aus in meiner Wohnung gemeldet, ohne ausdrücklich dorthin bestellt worden zu sein.

Ich versetzte sogleich alle meine Sinne in Bereitschaft. Doch da ging etwas Ungewöhnliches vor sich: dieser Mensch brachte meinen Mechanismus in Verwirrung. Meine innere Nadel schlug nach allen Richtungen aus und kam weder auf »ja« noch auf »nein« zur Ruhe. Elio sprach tief, zu tief. Mit seiner Stimme war es wie mit seiner Hand: ihr fehlte die Klarheit, sie machte keinen ehrlichen Eindruck.

Ich hatte eine lange Debatte mit Georges, der bei der Unterredung mit dabeigewesen war. Durften wir uns auf diesen Mann verlassen? Georges zögerte, wie auch ich, zum allerersten Mal. Etwas wie eine schwarze Lichtschranke hatte sich zwischen Elio und mich geschoben. Ich konnte diese Schranke deutlich sehen, doch ich wußte nicht, wie ich sie erklären sollte.

Elio war seit mehr als einem Jahr in der Résistance. Er war außerordentlich gut informiert und sachlich. Er hatte unbestreitbar Einfluß auf seine medizinischen Kommilitonen. Zudem kannte er, selbst aus dem Norden gebürtig, das Industrie- und Bergbaugebiet wie seine eigene Hosentasche. Er erbot sich, unverzüglich seine Studien abzubrechen und gleich am nächsten Tag nach Lille zu fahren. Er war geradezu *der* Ausweg aus unserer Sackgasse im Norden. Er machte von Kopf bis Fuß einen mutigen und klugen Eindruck.

Doch wegen unserer Zweifel konnten wir uns nicht allein entschließen: Philippe selbst und François, der sich vorübergehend in Paris aufhielt, würden ihn ihrerseits vornehmen. Als die Prüfung vorüber war, brummte Philippe, wir dürften in unserer Vorsicht auch nicht zu weit gehen, und François war der Ansicht, man solle es mit ihm versuchen. Aber keiner von uns vieren — das merkte ich wohl — spürte das so vertraute und so erhebende Glücksgefühl, »einen Menschen gefunden« zu haben.

Elio fuhr nach Lille und vollbrachte dort Wunder. Er war innerhalb von zwei Wochen Herr des dortigen Netzes geworden. Seine Berichte waren genauer als alle anderen, gewandt und diskret. Ich suchte mich davon zu überzeugen, daß es in Zukunft besser wäre, diesen Erscheinungen einer Vision ohne Augen gegenüber mißtrauisch zu sein: auch hier mußte man optische Täuschungen befürchten.

Um die Massen der von Elio angeforderten Zeitungen nach Saint-Quentin, Valenciennes und Lille zu transportieren, hatten wir gerade den idealen Boten ausfindig gemacht: Daniel, einen Blinden. Er hatte das Augenlicht erst vor kurzem verloren (1940 bei einer Granatenexplosion) und war, wie ich, vollständig blind. Er war dreiundzwanzig Jahre alt, sehr kräftig, sehr resolut: ein wahrer Bulldozer.

Er hatte keine Ähnlichkeit mit mir. Sein Kopf war nicht mit Gedanken vollgestopft. Zur Zeit seines Unfalls war er Turnlehrer, also ein »physischer« Typ. Durch ihn entdeckte ich, daß alle Arten von Menschen blind sein können. Er gehörte nicht zu denen, die etwas errieten, er schien die menschlichen Wesen nicht erkennen zu können. Doch er vollbrachte Leistungen, die diese Lücke hervorragend schlossen: er ging allein, gleichgültig unter welchen Umständen, durch Paris, er fuhr allein Eisenbahn, er überwand die Polizeisperren mit dem Koffer in der Hand, indem er linkisch mit der Spitze seines weißen Stockes herumtastete. Er war ein Held, dieser kleine Bursche, und wußte nichts davon.

Im Mai, Juni und Juli folgten die Ereignisse so rasch aufeinander, daß ich sie nicht mehr erzählen kann: ich zähle sie auf. Denis — unser frommer und leicht errötender Freund — hatte eine neue Methode der Zeitungsverteilung angeregt und geleitet. Sie bestand darin, sie aus dem privaten in den öffentlichen Bereich zu verlegen. All die Zeitungsexemplare unter Türen gleiten zu lassen, sie direkt vertrauenswürdigen Leuten zu übergeben, genügte nicht mehr, man mußte im Tageslicht arbeiten.

Denis schuf in Paris und Umgebung Trupps für die »offene Verteilung«. Er postierte sonntags zum Schluß des Hochamts extra ausgesuchte Kommandos von Männern und Frauen auf den Plätzen vor den großen Pariser Kirchen. Die Leute des Kommandos drängten den Gläubigen die Zeitung auf, schwenkten unter ihren Augen die dickgedruckten Titel der ersten Seite, ließen die Exemplare in ihre Taschen und Beutel gleiten. Während des Unternehmens überwachte eine Schutzgruppe alle Zugänge zur Kirche.

Denis wurde immer kühner. Unser romantischer und zarter Freund war gerade dabei, sich in eine Art Condottiere zu verwandeln, oder besser: in einen Ritter, wie es ihn im Mittelalter gegeben haben mußte. Nach den Kircheneinsätzen kamen die Fabrikeinsätze: Renault, Gnome-et-Rhône. Die Gefahr stieg sprunghaft an. Doch man hätte meinen können, Denis hätte »das Kreuz genommen«, niemand konnte ihn mehr zurückhalten. Er hatte die ersten Arbeiterzellen der »Défense de la France« gebildet: aus Mechanikern von Renault, aus Angestellten der Metro.

Und dann kam der 14. Juli. Dieses Datum mochte nur ein Symbol sein, aber es war das Symbol der Freiheit, und in Zeiten des Elends sind Symbole so nötig wie das tägliche Brot. Die D.F. würde ihren 14. Juli haben: den ersten Namenstag der Untergrundpresse.

Die Sondernummer der Zeitung hatte (wie übrigens bereits die vorige Nummer) eine Auflage von zweihundertfünfzigtausend Exemplaren erreicht. Wir hatten unser Versprechen vom Februar zu zweihundertfünfzig Prozent gehalten. François kam eigens aus Nantes, Frédéric aus Belfort, Elio aus Lille. Selbst Georges verließ mich für achtundvierzig Stunden. Druckeroffizin und Druckereien hatten ihre eigenen Rekorde geschlagen. Das gesamte Direktionskomitee hatte an der Zeitung geschrieben, hatte eigenhändig das Räderwerk des Unternehmens in Bewegung gesetzt. Schließlich hatte noch in der Nacht vom 13. auf 14. Hélène Philippe einen Sohn geschenkt (man sieht, das Leben steht niemals still).

Die Operation Denis, Operation 14. Juli, sollte vom Morgen bis zum Abend in der Pariser Metro durchgeführt werden. Und so kam es. Vierzig Kommandos zu je zehn Mann verteilten von acht Uhr früh bis fünf Uhr nachmittags siebzigtausend Nummern in den Metrowagen: öffentlich, ruhig, an einen Fahrgast nach dem anderen, ein Lächeln auf den Lippen — als wäre es die natürlichste Sache der Welt. Soldaten und Offiziere der Wehrmacht (die Spione in Zivil konnten nicht gezählt werden, weil man sie nicht erkannte) starrten auf dies Ding, das man ihnen eben gereicht hatte, als sei es eine Halluzinaton.

Am Abend drängten sich die Berichte beim Direktionskomitee. Nicht eine Zeitung war in der Eile in einer Ecke liegengeblieben, nicht ein Kommando hatte sich aufgelöst, nicht eine einzige Verhaftung war erfolgt: Das war ein perfekter Streich. Wir hatten der öffentlichen Meinung den Schock versetzt, den sie so dringend nötig hatte, den Beweis, daß die Résistance da war, zuschlagen konnte.

Was Denis indes mit dem größten Stolz erfüllte, war der Umstand, daß niemand seinen Tränengasfüller gebraucht hatte. Seit kurzem hatte man die Kommandos bewaffnen müssen. London hatte ganze Kisten dieser Füller abwerfen lassen. Nichts unterschied diese kleinen Gebilde von dem Instrument, das gewöhnlich diesen Namen trägt, als eine Sicherung, die, schob man sie zurück, genügend Tränengas ausströmen ließ, um jeden Gegner, auf den man genau zielte, für drei oder vier Minuten außerstand zu setzen, Schaden zu stiften. Das war immer Denis' großer Traum gewesen (ein Traum, von dem er wußte, er war unerfüllbar): einen Kampf zu führen, ohne zu töten oder zu verwunden.

Indes — ich war auch Student. Es ist vielleicht nicht unnütz, wieder daran zu erinnern. Und da die Leidenschaft zu leben eine Erscheinung ist, die keinen Kompromiß kennt, betrieb ich meine Studien mit demselben Eifer, den ich der Verteilung der »Défense de la France« widmete.

Ich wechselte zehnmal am Tag von einer Aktivität zur anderen, und das war nicht anders, als wenn man einen Schalter betätigt. Ich hatte schließlich eine solche Gewandtheit im Hin- und Herwechseln erworben, daß ich sogar auf den Schalter verzichten konnte. Zwei Teile arbeiteten in meinem Gehirn gleichzeitig: der eine verzeichnete die letzten Informationen, die der aus der Bretagne zurückgekehrte François mir über Verteilungs- und Nachrichtenzentren in Rennes, Saint-Brieuc, Brest, Quimper, Lorient und Nantes übermittelt hatte, er suchte in der Masse von lokalen Namen und Gegebenheiten nach Möglichkeiten von Verbindungswegen und Zusammenarbeit, er witterte Freund und Feind, er ersann eine Taktik; der andere Teil ging inzwischen die finanziellen Katastrophen durch, die von den neun aufeinanderfolgenden Ministern Ludwigs XVI. in den fünfzehn Jahren vor dem 14. Juli 1789 verursacht wurden — Katastrophen, die, wie man uns sagte, für den erfolgreichen Ausgang der Aufnahmeprüfung für die Normale Supérieure wichtig seien.

Dieses Nebeneinander von geistigen Prozessen, das man in höherem Alter so schwer aufrechterhalten kann, war mir vergönnt, weil ich achtzehn Jahre alt war. Ein Faktor war dabei das Gedächtnis (mein Geist war damals eine photographische Platte), ein anderer aber war auch die Leidenschaftlichkeit; ich hatte zu jener Zeit zwei völlig gleichwertige Objekte der Sehnsucht: den Nazismus zu beseitigen; auf die Normale Supérieure zu gelangen. Für mich rechtfertigten sich beide Wünsche gegenseitig. Wenn ich etwas unverständlich bin, macht es nichts aus! Wir streifen hier ein Thema, das ich nicht behandeln möchte: das Labyrinth des Inneren.

In meinem Studium war ich ebenso wie in der Résistance bedroht. Ein Jahr zuvor (im Juli 1942) hatte nämlich die Vichy-Regierung eine Verfügung erlassen. Es war ein sonderbares Dokument — ein Dokument, wie es diese kranke Epoche leider nicht nur einmal hervorbrachte. Es zählte die physischen Bedingungen auf, die von nun an für die Kandidaten der verschiedenen Zweige des öffentlichen Dienstes — Richteramt, Diplomatie, Finanzverwaltung und schließlich Lehramt — erforderlich waren.

Bis zu diesem Zeitpunkt (das muß man beachten) hatte sich der Staat bei der Rekrutierung seiner Beamten auf ein einziges Kriterium verlassen: den gesunden Menschenverstand. Man begnügte sich zum Beispiel damit, einen Tauben nicht als Musiklehrer, einen Blinden nicht als Zeichenlehrer einzusetzen. Von diesen sehr klaren Fällen abgesehen, konnte jeder ohne Schwierigkeit den Beruf ergreifen, zu dem ihn Fähigkeiten und Charakter bestimmten.

So hatten vor dem Krieg ungefähr zwanzig Blinde an Gymnasien und Universitäten Frankreichs unterrichtet. Unter ihnen Fournery, Englischlehrer am Louis-le-Grand-Gymnasium, der (wie sich jedermann einig war) von seinen Schülern mehr als die meisten seiner Kollegen geachtet und geliebt wurde. Oder, auf noch höherer Ebene, jener Pierre Villey, ein unbestrittener Meister unter den Blinden der Generation vor mir, der Professor für Französische Literatur an der Universität Caen geworden war, der maßgebende wissenschaftliche Arbeiten über Montaigne veröffentlicht hatte und der 1935, mit vierundfünfzig Jahren, bei einem Eisenbahnunglück den Tod gefunden hatte. Aber all das gehörte der Vergangenheit — dem Zeitalter der Vernunft — an.

Ich hatte völlig bestürzt meine Lehrer und einige Persönlichkeiten des Unterrichtsministeriums wegen dieses Dekrets um Rat gefragt. Die Verfügung traf mich als einen der ersten. Die Normale Supérieure war eine staatliche Schule, die die Studenten auf eine staatliche Prüfung — die Agrégation — vorbereitete, eine Prüfung, die vor allem den Weg der Universitätslaufbahn öffnete. Nach dem Wortlaut des neuen Gesetzes war mir die Agrégation untersagt. Ja, ich sollte nicht einmal mehr das Recht haben, mich für die Aufnahmeprüfung zur Normale Supérieure zu melden.

Wenn ich noch nicht erwähnt habe, daß die Blindheit durch das Dekret zu einem der physischen Haupthindernisse für die Zulassung zum öffentlichen Dienst geworden war, so darum, weil sie nur ein Punkt auf einer langen Liste war. Mein Geschichtslehrer, der in der Auslegung amtlicher Texte bewandert war, hatte mir erläutert, wir hätten es mit einem rassistischen, ja sogar faschistischen Dokument reinsten Wassers zu tun.

Der Urheber des Dokuments, der Vichy-Minister Abel Bonnard, ein völlig aus der Art geschlagener Mensch, hatte sich zum servilen Imitator der Nazigesetze gemacht. Nicht nur die Blinden entfernte er aus der arbeitenden Gesellschaft, sondern ebenso die Einarmigen, die Hinkenden, alle die, deren Körper nicht unversehrt war. Ja, er ging noch weiter: er erhob zum Gesetz, daß vom Staatsdienst alle Personen ausgeschlossen sein sollten, die eine ernste Mißbildung aufwiesen. Ist das vorstellbar? Die Buckligen kamen extra an die Reihe. Sogar die maximale Länge, welche die Nase der künftigen Beamten haben durfte, tauchte in dem Dekret auf.

Mich verteidigen? Das wäre für mich recht schwer gewesen. Ich konnte bei keiner Gewerkschaft Zuflucht suchen, nicht einmal bei einem Verein. 1942 waren unter den Blinden in Frankreich keine zehn, die ein Hochschulstudium absolvieren wollten. Den einzigen Ausweg bot die individuelle Betrachtung jedes Falles. Ihn riet man mir zu wählen.

Ich hatte Erfolg. Im Januar 1943 stimmte der Leiter des Hochschulwesens, von etwa fünfzehn meiner früheren Lehrer alarmiert und informiert, für eine Ausnahme zu meinen Gunsten. Meine schulische und akademische Vergangenheit machten aus mir, sagte er, einen Spezialfall: er gestattete mir, mich unter gleichen Voraussetzungen wie meine sehenden Kameraden für die Normale Supérieure zu bewerben.

So erschien ich zur ersten Prüfung am 30. Mai ohne eine andere Angst als die eines gewöhnlichen Prüflings (eine Angst, die an sich schon recht beträchtlich ist), vermehrt um die Unruhe eines Menschen, der eine Woche lang um jeden Preis vergessen soll, daß er Mitglied des Direktionskomitees einer Widerstandsbewegung ist.

Ich hatte mit die besten Aussichten, zur Schule zugelassen zu werden: ich hatte die regulären Prüfungen meines zweiten Jahres in der Première Supérieure als Dritter von fünfundvierzig hinter mich gebracht. Ich schrieb den Geschichtsaufsatz, ich schrieb den Philosophieaufsatz. Ich war voller Mut ... als der Schuß fiel.

Als ich den Prüfungsraum für den dritten Teil des Concours

betrat, händigte mir ein Pedell einen Brief aus: er trug die Unterschrift des Ministers Abel Bonnard. In einem Stil, der bei derartigen Schreiben üblich ist, wurde ich darauf hingewiesen, daß der Minister »die zu meinen Gunsten von der Direktion des Hochschulwesens bewilligte Ausnahme vom 31. Januar d. J. nicht gebilligt« habe, daß der Minister mir folglich nicht gestatte, am Concours für die Normale Supérieure, Zweig Literatur, teilzunehmen, und »mir befehle, die begonnenen Prüfungen abzubrechen«. Ich glaube, es ist unnötig, den Kummer und die Wut zu schildern, die ich in den darauf folgenden Stunden durchmachte.

Es war nicht ein Examen, nicht ein Concours, was für mich auf dem Spiel stand: es war meine Zukunft in der Gesellschaft meines Landes. Was sollte ich tun, wenn die einzigen Berufe, für die ich geschaffen war — die intellektuellen Berufe —, mir verschlossen waren? Aber noch weit mehr stellte der »Satrap« von Vichy für mich in Frage: meinen Sieg über die Blindheit — zumindest den Teil von ihm, den ich vom Verstand her errungen hatte.

Man machte mir klar, diese verspätete und willkürliche Anordnung Abel Bonnards sei rechtswidrig, ich müsse über den Staatsrat Revision einlegen, prozessieren. Doch wie hätte ich das Anfang Juni 1943 machen sollen? Ich war nicht ausschließlich Untergrundkämpfer: ich trug immer noch meinen Namen. Ich stand noch nicht auf den schwarzen Listen der Gestapo oder der Politischen Brigade der Vichy-Regierung. Meine tatsächliche Situation war indes kaum besser. Ich war einer der sieben Hauptverantwortlichen einer der fünf oder sechs bedeutendsten Widerstandsbewegungen. Der elementarste gesunde Menschenverstand gebot mir, nicht die Aufmerksamkeit offizieller Stellen auf mich zu ziehen.

Man kann sich denken, daß die Verteilung der D. F. mir nicht viel Zeit ließ, mich selbst zu bemitleiden. Trotzdem hatte mich dieser Schlag sehr empfindlich getroffen. Zum ersten Mal in meinem Leben stand ich vor einer absurden Situation. Die Blindheit war voller Sinn für mich gewesen. Zum ersten Mal stieß man mich zurück. Und das nicht als Person (man dürfte in Vichy meinen Namen kaum gekannt haben), sondern als menschliche Kategorie.

Der Kontrast war allzu kraß. Meine Blindheit — besiegt oder geschickt kompensiert (dies ist nicht der Ort, zwischen beidem zu entscheiden) — hatte mir in den letzten zwei Jahren die Achtung, und weit mehr als die Achtung: das Vertrauen unzähliger Menschen gewonnen. Sie machte aus dem von Freunden umringten, aber egozentrischen Jungen, der ich mit sechzehn Jahren war, einen neuen Menschen, der nach allen Seiten an Tausende anderer Existenzen gebunden war, der mit Tausenden von anderen zusammen kämpfte und tätig war. Und diese gleiche Blindheit schloß mich plötzlich aus der bürgerlichen Gesellschaft aus oder — um mich so wenig emphatisch wie möglich auszudrücken — klassifizierte mich als untauglich.

Philippe und Georges zeigten die gleiche Reaktion: ich dürfe ganz einfach nicht mehr an diesen Zwischenfall denken, der schließlich nur eine mikroskopische Episode in dem Kampf sei, den wir führten. Am Ende des Krieges winke der Sieg, und man würde über die Dekrete von Vichy von Herzen lachen.

Doch bevor man lachen konnte, mußte man ihn gewinnen, diesen Krieg! Er war nicht nur ein bewaffneter Konflikt. Es handelte sich bei ihm nicht um den Zusammenstoß einiger machthungriger Nationen. Die Launen eines französischen Ministers erinnerten mich daran, wenn das überhaupt nötig war, welches der wirkliche Feind war. Es gab da eine Welt, die man nicht anerkennen durfte. Wo diese Welt war, zeigten die Landkarten nur sehr unvollkommen an. Vorläufig waren ihre Hauptstädte Berlin, Tokio und Rom, aber die Ansteckungsherde mehrten sich.

In dieser Welt zählte die rohe Gewalt. Und nicht einmal die Gewalt: ihr Schein. Um hier leben zu dürfen, mußte man nachweisen, daß man Arier war und einen einwandfreien Körper besaß. Die Geistesinvaliden, die Seelenkranken fanden hier sofort ihren Platz: man brachte sie bis in die höchsten Stellungen.

Aber wehe den Einbeinigen, den Bucklichen, den Negern und den Juden! Für sie alle wurde in biologischen Laboratorien mit Hilfe der modernsten Wissenschaft ein bequemes Ende vorbereitet: Vernichtung in den Gaskammern, Sterilisation und – im besten Falle – langsame Kaltstellung.

Man arbeitete auf eine Gesellschaft hin, in der moralische und geistige Faktoren endlich als das behandelt würden, was sie waren: Abfallprodukte einer toten Kultur. In der Erwartung dieser glücklichen Zeit wurden schon im ganzen nazistischen Europa menschliche Gestüte eingerichtet, wo sich ausgewählte Arier mit ausgewählten Arierinnen zu festen Stunden paaren sollten, auf daß die neue Rasse entstehe.

Ich nahm nicht mit den Händen oder Augen an der »Operation 14. Juli« der »Défense de la France« teil. Doch ich bereitete sie in meinem Kopf mit einer Überzeugung und einer Präzision vor, die ich nicht zu erklären brauche – die ich meinen Kameraden nicht zu erklären brauchte. Ihre Pläne wurden erst definitiv, nachdem sie mit den meinen, Stunde für Stunde, Metrostation für Metrostation, konfrontiert worden waren.

Aber nein doch: Jean ist noch immer da! Wenn ich den Eindruck erweckt habe, er sei es seit einiger Zeit nicht mehr, so kommt das nur daher, daß Worte gewisse Beziehungen so schlecht ausdrücken. Wie zum Beispiel sollte ich sagen, daß bei diesen »dezent-indezenten« Parties (die trotz allem das eigentliche Leben spiegeln), auf die mich Georges schleppte, zu denen Jean aber nicht eingeladen war, er es war, der mich meinen Respekt gegenüber den Mädchen nie vergessen ließ, wenn diese, durch den Tanz, durch ihre und meine Jugend berauscht, alles geben zu wollen schienen?

Wie sollte ich sagen, daß ich beim Direktionskomitee der »Défense de la France«, zu dem Jean nicht gehörte, in sechs Monaten nicht ein Wort gesagt noch einen Beschluß gefaßt hatte, ohne Jean zu Rate zu ziehen? Es war eine stumme Konsultation, die

Philippe — vielleicht sogar Georges — nicht ahnen konnte, ohne die ich aber nur ein armer Narr gewesen wäre.

Ich brauchte Jean nicht mehr zu fragen, um seine Antwort zu erfahren, noch mit ihm zu sprechen, um ihn meine Gedanken wissen zu lassen. Er war mein Freund vor und über allen anderen. Er war der Spiegel, in dem ich den besseren Teil meines Ichs wiederfand. Ob fern oder nah, er war mein Zeuge.

Für Jean konnte es auf jeden Fall keine leichten Mädchen und auch kein Direktionskomitee geben: er war kein Mann »von Welt«. Die Welt war für ihn zu kompliziert und zu gemein zugleich. Er verwendete seine Kraft darauf, von ihr Abstand zu gewinnen. Doch nicht, daß er darüber seine Pflichten vergessen hätte: auch er hatte sich der Résistance angeschlossen. Er hatte mich gebeten, ihm einen Posten »in der Mitte« anzuvertrauen. So koordinierte er seit unserem Eintritt in die D.F. die Tätigkeit verschiedener Anschlußgruppen bei der Philosophischen, Naturwissenschaftlichen und Juristischen Fakultät. Niemals hätte er etwas unternommen, von dem er nicht sicher war, es richtig ausführen zu können.

Wir besuchten zusammen die Vorlesungen (auch er ging in die Première Supérieure). Ich begegnete ihm mehrmals am Tag; er war kaum gesprächiger als früher, es sei denn, ein außergewöhnlicher Anlaß lag vor; dann stand er, im Türrahmen zwischen den beiden Räumen meiner kleinen Wohnung, immer größer werdend, immer sicherer sprechend, vor mir, hielt — ohne sich lösen zu können — meine Hand umklammert, so daß ich mich manchmal fragte, was davon Zärtlichkeit, was Angst war. Wir hatten alle Angst in jenen Tagen. Wie konnte es anders sein! Wir waren voller Begeisterung, aber wir waren nicht wahnsinnig. Von Zeit zu Zeit hatte Jean den Tod vor Augen. Aber er sprach, im Unterschied zu den anderen, mit mir darüber.

Seine Heiterkeit in solchen Augenblicken war mir fast unbegreiflich. Er war ernst in seinen Ausführungen, eigentlich nicht einmal ernst: nur ein wenig aufmerksamer als gewöhnlich, wie jemand, der sich über einen schwer erkennbaren Gegenstand beugt und einem das, was er wahrnimmt, nur langsam mitteilt.

Jean nahm seinen Tod wahr, nicht den meinen — ein Thema, das immer wieder aufkam. Er verstand nicht, warum, aber er wußte, daß diese Geschichtsepoche zu groß für ihn war, zu groß und zu stürmisch. Etwas erdrückte ihn. Vielleicht war es das Leben selbst, für das er nicht geschaffen war! Nicht daß die Arbeit, die wir auf uns genommen hatten, ihm nicht entsprach. Nichts entsprach ihm wirklich. Auch wenn er nicht aktiv gewesen wäre, wäre es dasselbe gewesen.

Die beiden letzten Male wurden seine Warnungen eindringlicher. »Wenn ich gegangen bin«, sagte er zu mir, »darfst du nicht mehr an mich denken: das würde dir nur weh tun. Übrigens werde ich viel mehr als zuvor bei dir sein. In dir. Ich kann das nicht richtig ausdrücken.«

Viele werden, wenn sie das hören, denken, man hätte ihn unverzüglich zur Vernunft bringen, ihm seine bösen Träume austreiben, ja, ihn rauh anfahren müssen, wie es unter Freunden erlaubt ist. Aber sie denken es nur deshalb, weil sie nicht, wie ich, dabei waren, weil sie ihn nicht mit jener Gewißheit sprechen hörten . . .

Das allerletzte Mal (es muß im Juni 1943 gewesen sein) sagte Jean zu mir, ich sei fürs Leben geschaffen, ja, mir könne alles zustoßen: ich würde trotzdem leben. Er aber sei nicht fürs Leben geschaffen. Ich wußte damals recht gut, daß man nicht ins Blaue hinein redete. Man hatte keine Zeit dazu. Es galt, das Wesentliche zu sagen. Ich erwiderte Jean, daß wir uns an einem Abgrund befänden. Doch ich konnte nicht fortfahren, weil die Realität dessen, was er mir eben gesagt hatte, zu schnell in mir wuchs. Denn Jean wurde zwar immer intelligenter, aber auch immer ungeschickter.

Zu dieser Zeit machte er einen schönen Versuch zu leben. Ich war glücklich, ich glaubte ihn gerettet: er verlobte sich. Nicht mit Aliette (Aliette, das lag weit zurück), sondern mit einer mutigen

Arbeitsgefährtin, einer kleinen lebhaften Frau, an die ich – ich muß es gestehen – für ihn nicht gedacht hatte, die er sich aber mit aller Entschiedenheit – wie alle Dinge, die er tat – erwählt hatte, die er liebte und die ihn ihrerseits liebte. Wie komisch! Mein Jean trat vor mir mit beiden Füßen ins Leben. Da glaube man noch an Ahnungen!

Es ist bezeichnend, daß ich in diesem Jahr fast nie »Ich denke, ich will, ich glaube« sagte. Da war immer jemand anderes, der mit mir glaubte, an meiner Stelle dachte. Meist war es Jean, doch manchmal auch Georges, François, Denis, Simone, Philippe, Catherine, Frédéric. Und ihnen ging es genauso. Ich kannte nicht einen, nicht eine, die das nicht nur nicht bereitwillig zugegeben, sondern mit ihrem ganzen Ich bejaht hätten. Gerade diese Brüderschaft war das Schöne an der Résistance. Doch »Brüderschaft« drückt die Sache schlecht aus: wir waren eine große, geteilte Seele.

Die Phantasie war bei uns allen stark ausgeprägt. Wenn man der Gefahr so nahe ist, wird man dafür empfänglich. Es ist nicht wahr, daß man sich nicht mehr wehrt. Man wehrt sich weniger. Aber die Phantasie erklärt nicht alles. Wir waren ungefähr zwanzig, die, mit offenen Herzen ineinander verflochten, einander gegenseitig beschützend, in einem so geschlossenen und ständigen Kreislauf gemeinsamer Hoffnungen lebten, daß sich schließlich eine Öffnung in unsere Haut bohrte und aus uns allen eine – eine einzige – Person machte. Es wird weder mehr Verwunderung noch Anstoß erregen, wenn ich sage, daß der Sohn von Hélène, Philippes Frau, dem sie in der Nacht des 14. Juli das Leben schenkte, für uns alle, an einem geweihten Platz unseres Ichs, auch unser Sohn war.

Ich mußte mich bei François, Georges oder Denis nicht mehr, wie man das gewöhnlich tut, fragen: »Wo sind sie wohl in diesem Augenblick?« oder: »Welcher Meinung wären sie in diesem Fall?« Ich hatte sie vollständig bei mir, selbst wenn ich gerade ein Buch las oder am Concours für die Normale teilnahm. Das ging übrigens immer leichter, weil sie immer weniger Ballast mit sich trugen.

Von Philippe abgesehen, der eine Familie hatte (welch eine Bürde, und wie trug er sie mit Stolz!), hatte ich keinen Freund, der noch etwas zu verlieren gehabt hätte. Bis auf das Leben hatten sie buchstäblich auf alles verzichtet. Resultat: sie hatten alle Leichtfertigkeit abgelegt, es gab für sie keines dieser kleinen, unnützen »Nebenhers« mehr, welche die Menschen gewöhnlich so fade machten.

Georges war kein Heiliger geworden: er war noch immer ein schrecklicher Schürzenjäger, der Dummkopf! Doch hatte er die Eigenschaften eines Messers angenommen. Sein Körper war infolge seiner Magerkeit wie eine Klinge. Seine von Natur aus näselnde Stimme schnitt jetzt die Sätze ab: man konnte es förmlich sehen. Er ging nie mehr ziellos von einem Platz zum andern: er folgte schnurgerade seiner Linie, seiner Spannung. Und so drang er durch alles hindurch.

Stand er nicht kürzlich nach Beginn der Sperrstunde (er hatte sich verspätet) einer deutschen Patrouille gegenüber? Er konnte seine Anwesenheit durch nichts rechtfertigen. Er war reif fürs Loch. Zudem war er in jener Nacht bewaffnet (eine echte 7.65er) — »ein Risiko, das unser Job mit sich bringt«, wie er sagte. Nun, das Messer funktionierte! Er ging durch die Patrouille, ohne nach rechts oder links oder rückwärts zu blicken, ohne seinen Schritt zu verlangsamen oder zu beschleunigen, sogar ohne die Hand nach seiner Waffe auszustrecken, ohne daran zu denken, was er damit tat (dafür verbürgte er sich am nächsten Tag), und verblüfft ließen ihn die Deutschen laufen. Georges folgerte: »Wenn du deinen Dreh durchhältst, bist du unberührbar. So wahr Gott lebt.«

Betrachtete man Denis, mußte man, jetzt im Juli, das Gedächtnis anstrengen, um sich zu erinnern, daß er einst zaghaft gewesen war. Wenn er seine Anweisungen gab, fand sich unter den fünfhundert Burschen der Offenen Verteilung (und fünfzig von ihnen waren wahre Draufgänger) nicht einer, der sich diesen Befehlen widersetzt oder sein Recht, sie zu erteilen, in Zweifel gezogen hätte. Ich glaube, ich wußte wohl als einziger, daß Denis nicht so stark war, wie die anderen dachten. Zumindest nicht auf diese Art stark.

Denis stattete mir sehr kurze Besuche ab, um sich zu entspannen, wie er sagte. Dann kam wieder der kleine naive Junge zum Vorschein. Er war voller Aberglaube. Er glaubte noch, daß alle Menschen — auch wenn es nicht so aussah — gut seien. Sein Körper wurde manchmal von Zittern überfallen. Und es konnte sogar sein, daß er still weinte.

François? Er hatte sich am wenigsten verändert! Als »Flamme« war er geboren, und »Flamme« war er geblieben. Er brannte heller als vorher, das war alles. Im Unterschied zu Jean liebte er die Realitäten des Lebens. Ja, er übte ihnen gegenüber allgemeine Nachsicht. Er, der niemals mehr als das Handgelenk eines Mädchens berührt hatte, brachte für die Stimmungsmacher, die Genießer, die Dirnen und selbst für die Zuhälter (darauf bestand er nachdrücklich) vollkommenes Verständnis auf.

Mein Wort! Um meine Freunde herum war die Luft anders als gewöhnlich. Man roch hier die Freude. Könnte ich mehr sagen? Selbst wenn sie traurig waren, selbst wenn sie von ihrem Tod sprachen, roch es gut, gab es einem Auftrieb.

Der Krieg ist ein schmutziges Geschäft, auf welche Weise er auch geführt wird. Doch ich wünschte, die Menschen brächten es fertig, wenigstens im Frieden so zu sein, wie meine Freunde in diesem Krieg waren!

15

DER VERRAT

An jenem Abend (dem 19. Juli) hatten Philippe und Georges eine lange Konferenz bei mir abgehalten. Auf der Tagesordnung: welche Maßnahmen sollte man ergreifen, um die Verteilung der D.F. noch weiter auszubauen, welche, um der Tat vom 14. Juli noch eine ganze Reihe solcher Unternehmen folgen zu lassen, und was sollte man tun, um mich als hauptberuflichen Untergrundkämpfer einsetzen zu können.

Die Gefahren, die meine Arbeit am Boulevard Port-Royal meiner Familie (von mir einmal ganz abgesehen) brachten, hatten die Alarmstufe erreicht. Andererseits konnte die D.F. nicht auf meine Dienste verzichten. Ich würde weiterhin die Verteilung leiten, doch in einer besser abgesicherten Anonymität. Ich sollte mich für ständig in einer der Pariser Leitstellen der Bewegung niederlassen.

Beim Weggehen hatte Georges zwanzig Tränengasfüller an sich genommen, die ich seit fünf Tagen in Reserve hielt. Desgleichen hatte er einen Vorrat an falschen Personalausweisen eingesteckt, die er am nächsten Morgen um sieben Uhr Frédéric mit auf die Reise nach Besançon geben wollte.

Jene Nacht war eine der glücklichsten meines Lebens. Ein trockenes Gewitter grollte pausenlos über Paris. Ich konnte erst gegen vier Uhr einschlafen. Doch nicht das Gewitter hatte mich nicht schlafen lassen: es war die Freundschaft von Philippe und Georges. Ich hatte die Freundschaft seit Monaten kennengelernt, aber ich hatte sie nie in diesem Maße bezeugt gesehen. Freundschaft — das war die Rettung. In dieser unbeständigen Welt war sie das einzige, was beständig war. Ich versichere: man kann vor Freundschaft genauso wie vor Liebe trunken sein.

Aus der Tiefe meines glücklichen Schlafes hörte ich gegen fünf Uhr früh die Stimme meines Vaters: »Jacques! Die deutsche Polizei will dich sprechen!« Die Verhaftung . . . ! Das war sie!

Einen Augenblick, bitte – ich springe aus dem Bett und ziehe mich zitternd an. Auf der ganzen Welt wurden seit zwanzig Jahren soviele Männer und Frauen aus sovielen Gründen von sovielen Polizisten verhaftet, und so wenige dieser Leute haben überlebt, daß mir scheint, ich darf von meinem eigenen Erlebnis nicht soviel Aufhebens machen. Seien wir also einfach.

Papas Stimme klang ein wenig wie früher, wenn er sich an seinen kleinen Jungen wandte: er hätte mich so gerne schützen wollen. Natürlich vermochte er nichts. Vielmehr war es seltsamerweise an mir, ihn zu schützen: wenn sie wenigstens nicht ihn, meine Mutter und meinen kleinen Bruder verhafteten! Das war das erste, was ich erreichen mußte, doch wie erreicht man so etwas?

Es waren sechs Deutsche: zwei Offiziere und vier Soldaten. Sie waren bewaffnet, die Esel! Vielleicht hatte man ihnen nicht gesagt, daß ich blind bin. Sie benahmen sich nicht brutal: sie gaben mir Zeit, mich fertig zu machen. Sie ließen mich eine Schachtel Zigaretten und mein Feuerzeug mitnehmen. Sie durchsuchten meine beiden kleinen Räume mit Methode, wenn ich so sagen darf, denn ihr System bestand darin, fünf- oder sechstausend Braille-schriftliche Seiten, mit denen sie offensichtlich nichts anfangen konnten, zu verstreuen. Was sie suchten, war auf alle Fälle nicht da: das war in meinem Kopf. Und in meinem Kopf herrschte zur Stunde ein Durcheinander, aus dem ein noch so diabolisch-gerissener Polizist nichts hätte herausziehen können.

Die Frage, die ich mir stellte, war ungeheuerlich: wer hatte mich denunziert? Zuerst dafür sorgen, daß Papa und Mama nicht verhaftet werden, dann den Verräter ausfindig machen . . . Das war bereits eine Taktik. Eine Taktik, zugegeben! Doch in meinem Kopf war kein Gedanke an seinem rechten Platz, in meinem Körper war keine klare Faser. Man verträgt sich nicht gut mit sich, wenn man in der Falle sitzt. Man kann sich nicht leiden. Man könnte sich sogar absichtlich schaden.

Glücklicherweise befragte mich einer der Offiziere und wußte nicht, wie er die Sache anpacken sollte. Er hatte einen Zettel mit Namen in der Hand. Er konnte schlecht Französisch: er verunstaltete sie alle. Um Zeit zu gewinnen, suchte ich den kleinen verwirrten Jungen zu spielen, der alles durcheinanderbrachte. Der SS-Offizier erreichte nichts. Doch das schien ihn nicht zu beeindrucken. Schließlich faßte er mich auf eine väterliche Art am Arm und führte mich die Treppe hinunter. Gott sei Dank! Man führte nur mich ab! Man hatte mich meinen Eltern Aufwiedersehen sagen lassen. Es war recht schwer gewesen.

Jetzt — auf dem Trottoir, im Auto, das bereits fuhr, gegen die großen, fast unbeweglichen Körper der Deutschen gepreßt — war alles viel weniger schwierig. Da wurde es wieder interessant. Es gab eine Zukunft. Wenn man nur schon weiter gewesen wäre!

Der Wagen stoppte inmitten eines großen Hofes. Von jetzt an wurde ich von etwa zehn brummigen, aber ruhigen Deutschen, die mich wie einen zerbrechlichen Gegenstand behandelten, ohne jede Erklärung stundenlang von Büro zu Büro, von Etage zu Etage befördert. Das einzige, was sie mich fragten (und zwar alle und oft zweimal nacheinander), war, ob ich wirklich der Blinde sei. Ich antwortete auf deutsch: »Ich bin der Blinde.« Das schien ihnen die Arbeit zu erleichtern.

Es war an jenem Tag übrigens grausam wahr: ich war wirklich blind. Wegen dieser schleichenden Angst: »Was wird geschehen?« nahm ich fast nichts von allem mehr wahr. Seit Stunden war nichts mehr geschehen. Man führte mich herum, man führte mich vor. Was weiß ich? Man setzte mich in einem Empfangszimmer auf eine weiche Bank und hieß mich eine sehr dicke Erbsensuppe essen, auf die ich keine Lust hatte. Schließlich stürzt sich irgendein Individuum wie ein Stein auf mich, fuchtelt fluchend mit seiner Faust vor meinen Augen herum und stößt mich in ein Zimmer, wo eine Schreibmaschine klappert.

Das ist noch gar nichts: nur die Vernehmung zur Person. Man fragt mich dummes Zeug: ob die Eltern meines Vaters Juden seien, oder seine Großeltern. Man scheint erfreut, zu hören, daß dies nicht der Fall ist. Ich will wissen, warum ich verhaftet bin: alles lacht, vom Ordonnanzoffizier bis zur Sekretärin. Und doch war es richtig, daß ich die Frage stellte, denn der Mann, der Französisch spricht, zählt jetzt die Untergrundnamen von Frédéric, Denis, Catherine, Simone, Gérard und etwa zehn anderen, ebenso realen Leuten auf. Nun will er wissen, ob ich weiß, warum all diese verhaftet sind. Er schließt mit den Worten: »Wo sind Georges und Philippe? Nur sie fehlen uns noch.«

Mir ist, als atme ich Gas. Meine Nervenzentren streiken. Und dann kommt plötzlich die Befreiung: ich habe buchstäblich keine Angst mehr. Elektrische Glühbirnen leuchten in allen Ecken meines Kopfes auf. Ich sehe den Kerl der Gestapo, die Sekretärin. Ich muß meine Zähne zusammenbeißen, um nicht laut aufzulachen. Wenn ich in diesem Zustand bleibe, können sie ruhig so weitermachen, sie werden nichts erfahren!

Aufs Geratewohl erfinde ich drei oder vier Namen. Ich frage, ob diese Leute auch verhaftet seien, ob man tatsächlich alle Leute festgenommen habe, die vor vierzehn Tagen auf jener Tanzparty in Saint-Germain-en-Laye waren. Es hat niemals eine solche Tanzparty in Saint-Germain gegeben. Aber ich bemerke mit Erstaunen, daß meine Frage sie verwirrt. Doch das war nur eine vorübergehende Entspannung. Man brachte mich in das weiche Empfangszimmer, in dem ich die Suppe nicht gegessen hatte, zurück. Dort ließ man mich sehr lange allein. Dann führte man nacheinander ungefähr zehn Personen in den Raum. Jedesmal, wenn eine von ihnen eintrat, sagte ich: »Wer sind Sie?« Aber keine von ihnen antwortete. Sie mußten wissen, daß wir überwacht wurden. Es mußte hier irgendwo einen Aufpasser geben. Meine Augen, ich hätte soviel für meine Augen gegeben! Ach, wenn man sie mir doch geliehen hätte, und sei es nur für eine Woche!

Am Abend (es war Abend, ich hatte es gerade neun Uhr schlagen hören) verstaute man mich in einem Waschraum: ein Waschbecken, ein Stuhl, eine Lüftungsklappe direkt unter der Decke. Die Tür fiel ins Schloß. Ich blieb zwölf Stunden allein.

Besonders qualvoll unter Umständen wie diesen ist es, daß man wider Willen denkt und daß man sehr schlecht denkt. Ich habe darüber mit Hunderten von Menschen gesprochen — Menschen aller Art, aller sozialen Klassen und aller Altersstufen —: alle sind sie sich darüber einig.

Die Gedanken nehmen Reißaus. Sie sind wie ein Wagen, den seine Bremsen inmitten eines Gefälles im Stich lassen. Sie kümmern sich nicht mehr um einen. Man kann nur weiter mitfahren oder aus der Türe springen. Sie sind wie eine Maschine, sie machen sich nichts daraus. Das Denken ist immer eine Maschine — selbst, ja gerade bei intelligenten Leuten. Und denen, die noch daran zweifeln, stelle ich die Frage: »Haben Sie eine Nacht ganz allein vor den Verhören einer politischen Polizei verbracht?«

Die Gedanken zerrinnen unter den Fingern. Man fühlt nur noch Leere. Währenddessen geht der Körper ganz allein in eine andere Richtung. Er ist nur ein armseliges Gerippe mit schlaffen Muskeln. Und wenn sich die Muskeln anspannen, ist es auch nicht besser, denn dann zittern sie. Dauernd schmerzt irgendwo etwas: die Kehle ist trocken, die Ohren sausen, der Magen knurrt, oder die Lungenflügel ziehen sich zusammen. Und man versuche nicht, sich einzureden: »Ich habe Charakter! Mir passiert das nicht!« Es passiert jedem. Charakter ist etwas anderes.

Offensichtlich hatte ich eben von der Verhaftung von vierzehn Abteilungschefs der D.F. erfahren; Philippe und Georges waren nicht gefaßt worden. An sich konnte die Nachricht gleichbedeutend mit fünfzehn Todesurteilen sein, mein eigenes eingeschlossen, an das zu denken ich übrigens gar nicht fähig war. Mein Tod war eines der wenigen Dinge, das die Maschine, als sie mir auf dem Gefälle entglitt, ausgestoßen hatte. Aber Denis, Gérard,

Catherine! Es war sicher kein Zufall, daß sie einen solchen Fang gemacht hatten! Das war ein umfassender Verrat, so phantastisch, daß er nicht wahr schien.

Ich sagte ein Gebet, zwei Gebete, und sicher noch mehr. Die Worte entglitten mir. Da stieß ich versehentlich mit meinem Ellbogen hart gegen die Wand. Das tat mir ein bißchen weh und dann sehr wohl. Ich rief laut aus: »Ich lebe! Ich lebe!«

Ein kleiner Rat: unter Umständen wie diesen suche man nicht zu fern Hilfe. Entweder ist sie ganz nah, im Herzen, oder sie ist nirgends. Das ist keine Frage des Charakters. Das ist eine Frage der Realität. Will man stark sein, ist man schwach, will man verstehen, ist man vernagelt.

Nein, Realität ist nicht Charakter; er ist nur eine Resultante, ein Agglomerat gewissermaßen. Die Realität, das ist das Hier und Jetzt. Es ist das Leben, das man gerade, jetzt in dieser Sekunde, lebt. Man habe keine Angst, darin seine Seele zu verlieren: Gott ist in ihr.

Man gebärde sich so, wie es einem beliebt. Man wasche sich die Hände, wenn ein Waschbecken da ist, lege sich auf den Boden, hüpfe auf der Stelle, schneide Grimassen, ja, man weine ruhig, wenn einem das hilft, oder man lache, singe, fluche! Wenn man ein Intellektueller ist (für jede Kategorie gibt es einen Dreh), mache man es wie ich in jener Nacht: man rekonstruiere laut aus dem Gedächtnis Kants Beweisführung in den ersten Kapiteln der »Kritik der reinen Vernunft«. Das ist schwierig: das lenkt ab. Aber man glaube an nichts davon. Man glaube nicht einmal an sich selbst. Gott allein existiert.

Diese immer gültige Wahrheit wird in einem solchen Augenblick zu einem Wundermittel. Ich frage übrigens: auf wen sonst kann man sich verlassen? Doch sicher nicht auf die Menschen! Und was für Menschen? Die SS? Auf Sadisten oder Irre oder — bestenfalls — Feinde, die von ihrer vaterländischen Pflicht, einen liquidieren zu müssen, überzeugt sind? Was hätten wir denn, wenn es nicht die Barmherzigkeit Gottes gäbe?

Um diese Barmherzigkeit zu erfahren, bedarf es keines Glaubensaktes. Man muß nicht einmal in einer Kirche aufgewachsen sein. In dem Augenblick, wo man sie sucht, hat man sie bereits: sie liegt in der Tatsache, daß man atmet und das Blut in den Schläfen pocht. Und wenn man darauf acht hat, wächst sie, hüllt einen ein. Man ist nicht mehr derselbe — das glaube man mir. Und man kann zu Gott sagen: »Dein Wille geschehe.« Man kann es sagen: es tut gut.

Für jede Not gibt es Vergebung. Und wenn die Not größer wird, wird auch die Vergebung größer. Ich habe in der Nacht des 20. Juli 1943 vieles gelernt.

Und Jean? Warum hatte man ihn nicht verhaftet? Sein Name war eben nicht genannt worden. Wenn sie mich kannten, kannten sie auch ihn. Das war unvermeidlich. Oder doch nicht ...

Und François? François war vorgestern in die Bretagne zurückgefahren: sicher war er ihnen entwischt! So sicher war das gar nicht. Unter den vierzehn Namen, die sie mir gesagt hatten, waren vier Gruppenchefs aus dem Norden. Sie hatten also in Lille (der Provinz) genauso wie in Paris Verhaftungen vorgenommen. Warum dann nicht Elio?

Wenn man Gefangener ist, weiß man nichts, ist man sich über nichts sicher. Gerade das macht das Gefängnis aus: man hat das Vertrauen verloren. Es ist mit einem Schlag abgeschnitten. Man findet sich in einer schrecklichen Welt wieder, in der nichts mehr Bestand hat, in der das einzig gültige Gesetz von Menschen gemacht ist. Und plötzlich begreift man, daß von allen Gefahren des Universums der Mensch die schlimmste ist.

Am nächsten Morgen gegen neun Uhr brachte man mir Kaffee. Doch man ließ mir keine Zeit, ihn zu trinken. Man stieß mich zwischen die Schultern, einen Gang entlang in ein Büro. Dort war ein SS-Kommandant (alle nannten ihn Kommandant) und eine Sekretärin.

Sogleich wandte sich der Kommandant mit einer längeren Rede

auf deutsch an die Sekretärin. Er war offensichtlich überzeugt, daß ich sie nicht verstand. Ich verstand Wort für Wort. Doch wie recht hatte ich gestern getan, als ich ihnen sagte, ich könne kein Deutsch! Wenn die Sekretärin übersetzte, würde ich Zeit zum Nachdenken haben. Der Kommandant teilte mir mit, ich sei wegen umstürzlerischer Tätigkeit gegen die Besatzungsmacht zum Tode verurteilt. Ich hatte richtig gehört. Aber ich glaubte es nicht.

Und jetzt wiederholte es die Sekretärin auf französisch: ich glaubte ihr noch weniger als ihm. War ich im Laufe der Nacht verrückt geworden? Hatte man mir eine Droge verabreicht, welche die Vorstellungskraft ausschaltet? »Sie sagen, daß sie dich erschießen werden. Glaube ihnen! Sie sagen dir auch, warum.« Sie sagten, sie hätten den Beweis, daß ich seit sechs Monaten für die großangelegte Verteilung der »Défense de la France« verantwortlich sei; das sei der Grund für mein Todesurteil.

Hatten sie nicht recht? Aber da war nichts zu machen: ich glaubte ihnen nicht. Das sagte ich übrigens als erstes zu der Sekretärin, als sie mit Übersetzen zu Ende war — auf französisch und mit einer Stimme, die mich selbst erstaunte, so ruhig war sie —: »Man hat mich nicht zum Tode verurteilt.«

Der Komandant hatte wohl mit jeder anderen, nur nicht mit dieser Reaktion gerechnet, denn anstatt zu brüllen oder zu lachen, schien er zu überlegen. Schließlich befal er der Sekretärin, den Aktenbericht zu nehmen und mir von vorn bis hinten vorzulesen.

So ereignete sich das Unmögliche. Welchem wunderbaren Eingriff verdankte ich das? Selbst heute vermag ich es nicht zu sagen. War es die bodenlose Dummheit eines SS-Kommandanten? Wahrhaftig? Auf alle Fälle hatte der Himmel meine Sache in die Hand genommen. Die Gestapo ließ vor mir eine Waffe nach der anderen sinken.

Geschlagene fünf Stunden verlas die Sekretärin, bei manchen Wörtern zögernd, doch ohne Unterbrechung an die fünfzig Seiten, die offensichtlich französisch — erstaunlich gut, nebenbei bemerkt — verfaßt waren. Ein Denunziationsbericht ohne Tadel.

Vom 1. Mai an war darin meine Arbeit bei der Résistance Tag für Tag, gelegentlich Stunde für Stunde, bis auf meine eigenen Worte genau registriert. Zumindest all meine Handlungen und Entscheidungen, die sich auf die Verteilung der D.F. bezogen. Denn meine Zugehörigkeit zum Direktionskomitee war seltsamerweise nicht einmal erwähnt.

Ich war so peinlich genau verraten worden, und dies wurde mir so rasch, Detail für Detail, eröffnet, daß ich keine Zeit hatte, mich zu entrüsten. Keine Zeit, zu begreifen: keine Zeit, zu leiden. Wichtig allein war jetzt: in meinem Gedächtnis all das festhalten, was sie wußten.

Aber ich war nicht der einzige in dem Bericht. Leider! Georges, Frédéric, Denis, Gérard, Catherine, François, Elio, zwanzig andere . . . Ich konnte sie schon nicht mehr zählen. Und Jean, dessen Name ständig wiederkehrte! Dessen Verhältnis zu mir genauer beschrieben war, als ich es je jemand hatte beschreiben hören!

Noch immer kein Wort über das Direktionskomitee. Zweimal tauchte Philippes Name zusammen mit einer in etwa getreuen Beschreibung seiner äußeren Erscheinung auf: mehr nicht. Ich hatte keine Zeit zu leiden: ich suchte den Verräter. Den Autor des Berichts! Ihn mußte ich finden! Ich spannte meine Aufmerksamkeit an bis zum Zerspringen. Mittlerweile ging die Verlesung zu Ende. Die Beweise, die man gegen uns in der Hand hatte, verurteilten uns alle unerbittlich. Trotzdem — und noch mehr als vor der Verlesung des Dokuments — wußte ich, ich hatte gewonnen. Indem sie diesen Bericht preisgaben, hatten sie einen Riesenfehler begangen: sie hatten mich zum Herrn des Spieles, eines Spieles, gemacht. Sie konnten bei diesem Spiel auf mich rechnen! Mein Gehirn produzierte seit fünf Stunden Lügen: zwanzig in der Minute.

Jetzt war es am Kommandanten zu sprechen. Wo nahm der Mensch seine Geduld her? Er fragte auf deutsch, ob ich etwas hinzufügen wolle. Ich antwortete ja, auf deutsch. Es war seltsam: ich hatte an alles gedacht, nur nicht daran: ich hatte nicht bewußt beschlossen, meine Kenntnis ihrer Sprache zu entdecken. Doch das war noch nichts, jetzt sagte ich in ihrer Sprache so gefährliche Dinge, daß sie mir, kaum hatte ich sie gesagt, Angst machten.

Ich erklärte ihnen, ich sei k.o. Da ich nun wisse, daß sie über alles im Bilde seien, sähe ich keine Möglichkeit mehr zu lügen: ich wolle die volle Wahrheit sagen. Ihr Agent habe alles gesehen. Doch an mehreren Stellen sei seine Darstellung verkehrt. Ich wolle mich darauf beschränken, seine Irrtümer zu berichtigen. Sie hätten den Beweis dafür, daß ich die Wahrheit sagen wolle: ich könne deutsch, nicht einmal das könne ich ihnen verbergen.

Meine Sätze waren feige. Ich stammelte sie unerbittlich heraus. Ich tat mein Bestes, um das Zittern meiner Hände zu verstärken. Aber mein Herz war voller Mut. Ich hatte bei meiner Ehre, bei meinem Leben beschlossen, sie zu täuschen. Da ich blind war, konnte ich nicht fliehen, mich nicht einmal fliehend niederschlagen lassen. Doch wenn ich auch keine Augen hatte, ich hatte meinen Kopf. Ich würde mich seiner bedienen (auch wenn er darüber bersten sollte). Ich würde mit ihnen kämpfen, bis er mich im Stich ließe.

Ja, jetzt verhörte ich den Kommandanten! Meine Stimme fragte: »Warum sagen Sie mir nicht, wer uns verraten hat?« Der Kommandant fuhr wütend hoch. Aber auch ich stand auf und schrie: »Es ist Elio, nicht wahr? Er ist es!«

Der Kommandant setzte sich wieder: all das war unbegreiflich. Ich interessierte mich bereits nicht mehr für seine Antwort. Übrigens antwortete er nicht. Es war Elio, ich wußte es. Ich hatte in der Erinnerung die schwarze Schranke wiedergesehen, diese Art Vorahnung, auf die ich mich hatte nicht verlassen wollen, als mich Elio das erste Mal aufsuchte. Und dieses erste Mal war der 1. Mai: der erste Tag des Berichts.

Mein Kopf vollzog den ganzen Denunziationsbericht nach. Die Gewißheit faszinierte mich: was dort stand, war das, was Elio gesehen und gehört hatte. All das, was der Bericht nicht enthielt, hatte Elio auch nicht gekannt. Der Gipfel seiner List war gewesen, sich selbst in die Denunziation einzubeziehen, über seine eigene Tätgkeit in der Résistance genauso umfassend zu berichten wie über die unsere. Ja, umfassender! Wie hatte mir diese Tatsache zuerst entgehen können? Wenn von Elio die Rede war, enthielt der Bericht sogar die Aufstellung seiner Spesen!

Der Kommandant lachte. Er schien die letzte Episode durchaus komisch zu finden. Daß ich den Verräter hatte erraten können, auch, mich außer mir zu sehen — das wog für ihn mehrere Stunden der Langeweile auf.

Er drückte meinen Hals in seiner großen Faust zusammen. So führte er mich langsam fünf Etagen bis in den Hof hinunter. Er setzte mich neben einen anderen Deutschen auf den Vordersitz eines Wagens. Das war alles für diesen Tag. Eine Stunde später befand ich mich am Südrand von Paris, in der Schreibstube des Gefängnisses von Fresnes.

Das Folgende braucht kaum erzählt zu werden: es ist zu langwierig und zu gewöhnlich. Vom 22. Juli bis zum 8. September wurde ich achtunddreißig Mal vom Gefängnis von Fresnes zum Pariser Hauptquartier der Gestapo in der Rue de Saussaies befördert. Man holte mich morgens gegen sieben Uhr aus meiner Zelle. Man brachte mich abends gegen sieben Uhr dorthin zurück. In der Zwischenzeit wurde ich von fünf SS-Leuten, die sich ablösten, verhört oder wartete darauf, verhört zu werden.

Einer der fünf kam eines Tages auf die Idee, mich zu mißhandeln. Er warf mich mit aller Kraft gegen eine Wand des Raumes, griff mich wieder und warf mich erneut dagegen. Mich packte der Zorn, und ich brüllte: »Ihr seid Feiglinge! Selbst wenn ich wollte, könnte ich mich nicht verteidigen!« Der Grobian hatte darauf gelacht. Man hat mich nicht wieder angefaßt.

Gab es etwas, das diese Leute respektierten? Sicher weder Intelligenz noch Mut. Etwas Wichtigeres also, Wesentlicheres? Wenn ich in ihrer Gegenwart ihre Gegenwart vergaß, wenn ich alles vergaß außer dem einen, was ich im tiefsten Grund meines Ichs, im Innersten meiner inneren Welt fand — diesem Platz, wohin ich dank meiner Blindheit mitunter hinabgestiegen war und wo es nichts anderes mehr gab als Licht —, erwartete die SS tatsächlich keine Antworten mehr von mir: sie wechselte das Thema. Natürlich wußten sie dabei nicht, was sie taten, und ich wußte es kaum besser. Nein! Sie respektierten den Mut nicht. Mut ist ein menschliches Attribut, und folglich mußte er gebrochen werden.

Eines Morgens Ende Juli — man wollte mich von Fresnes in die Rue de Saussaies bringen — hatte man mich wie gewöhnlich in eine der Kammern des Gefängniswagens eingeschlossen. Doch der Wagen fuhr nicht ab. Sie schienen auf jemand zu warten. Schließlich wurde die Tür meiner Kammer wieder geöffnet, und der Körper eines Mannes fiel gegen den meinen. Um zu zweit auf so kleinem Raum Platz zu finden, ist eine einzige Haltung möglich: Gesicht gegen Gesicht, zwei Menschen, die sich umarmen.

»Heilige Jungfrau, Mutter Gottes«, murmelte der Mann. »Bist du's wirklich, mein Kleiner!« Der Mann, der seinen struppigen Bart an meinem Gesicht rieb und der jetzt nicht mehr zu beten aufhörte, war Robert. Robert, den wir bereits tot glaubten. Robert, dem wir es verdankten, Philippe und die »Défense de la France« kennengelernt zu haben. Auf dieser gemeinsamen Fahrt nach Paris hatten wir eine Stunde Zeit, uns alles zu sagen. Er wurde bei der Gestapo systematisch gefoltert. Eins seiner Ohren war zerfetzt. Zwischen den paar Zähnen, die ihm geblieben waren, zischelte seine Stimme. Der Schweiß drang ihm aus Armen und Händen: man hätte meinen können, er käme aus dem Wasser.

Er sagte mir, ohne den ständigen Gedanken an Christus würde er schon Selbstmord begangen haben. Er sagte mir, daß die Nazis seit seiner Verhaftung keinen seines Netzes geschnappt hätten, da er ihnen keinen Namen gesagt habe. Sie wollten ihn erschießen, aber er wisse nicht, wann. Alles, was er noch hoffe, sei, daß dies nicht zu spät geschehe. »Es könnte sein, daß man spricht, ohne es zu wissen. Das ist das Schlimme«, sagte er. Auch Robert hatte den Glauben. Er hatte ihn tausendmal mehr als ich. Warum wurde er dann nicht beschützt?

Nach der Periode der Verhöre kam die sechsmonatige Gefängniszeit: ein Raum, vier Schritte lang, drei Schritte breit, mittelalterliche Festungsmauern, eine drei Finger dicke Türe, versehen mit einem Guckloch, durch das uns die Wärter Tag und Nacht beobachteten, sowie ein plombiertes Fenster.

Trotzdem darf man sich Fresnes im Sommer 1943 nicht genau wie ein Gefängnis vorstellen: es war eine unterirdische Kirche. Hier gab es siebentausend Häftlinge, doch fast alle waren Widerstandskämpfer. Hier gab es keine Schuldigen. Hier gab es keine Gewissensbisse.

An den Zellenwänden konnte man Inschriften lesen, die mit der Spitze eines Nagels in den Gips gekratzt waren: »17. März 1937, drei Uhr früh, die letzte Stunde Dédés des Schwarzen, betet für seine Seele«, oder: »Vergib mir, Gott, vergib mir, Mutter« mit einem Kreuz dahinter. Es hatte hier also Menschen ohne Hoffnung gegeben. Doch das war früher, das war eine andere Welt. In unseren Herzen klopfte das Blut — man nenne es Mut oder Freiheit —: es sang stärker als die Angst.

Es war nicht die Angst, die, wenn der Abend gekommen war, mit kleinen präzisen Schlägen gegen die Wände unserer Zellen klopfte, um Botschaften von einem Häftling zum anderen zu bringen. Nicht die Angst ließ uns langsam eine Fensterscheibe lösen und durch die Öffnung Kennwörter von Stock zu Stock rufen. Nichts konnte uns zurückhalten, weder die Androhung von Kerker noch von Schlägen. Nach einigen Stunden hatte ich entdeckt, daß es gar nicht so schwierig war, mutig zu sein, wenn so viele Menschen einem so nahe waren, daß man nur ein bißchen weiter zu springen und die Vorstellungskraft in die rechte Richtung zu lenken brauchte.

Siebentausend Menschen, die sich um Geduld und Hoffnung

bemühen, sich nach Freiheit und Leben und dem verlorenen Vaterland sehnen — das schafft eine zweite Seele und einen zweiten Körper; die Gefährten brauchen sich nur darin einzunisten.

Wir hatten das bei der Gestapo erfahren. In den letzten Wochen des Verhörs hatten sie uns kunterbunt in die Grüne Minna geworfen, treppauf und treppab geführt und in Wartezimmer gestopft. Auf diese Weise Gérard, Frédéric, Denis, Catherine, Simone und zwanzig andere wiederzusehen, ihre Stimme und ihre Hände zu fühlen, meinen Namen auf ihren Lippen zu hören war weit mehr als nur eine Stärkung für mich: es war eine Verzückung, die weder die Deutschen noch ich selbst in Schach halten konnten. Es ist nicht leicht zu leiden, wenn man nicht allein leidet. Das begann ich zu begreifen.

Sie hatten kein endgültiges Urteil über uns gesprochen. Sie hatten die Akte in Sachen D.F. — man könnte fast sagen: aus Überdruß — geschlossen. Zwar wurden noch viele Leute hingerichtet, doch niemals mehr wurde jemand verurteilt. Dazu war keine Zeit. Ich befand mich wie meine siebentausend Kameraden hinter Gittern: ich wußte nicht, wo ich leben würde, noch wie lange.

Einstweilen lebte ich. Und eben das war das Schwierige, denn diese Art von Leben ähnelte nicht im mindesten dem, was man draußen Leben nannte. Man mußte seine Individualität aufgeben. Sie wäre einem lästig gewesen wie Kleider beim Schwimmen. Man darf nicht vergessen, daß der Feind alle Rechte über einen besitzt: einen zu töten, aber auch, es nicht zu tun, einen zu bekleiden, einen zu entkleiden, einen zu beschmutzen. Also so wenig wie möglich daran denken. An die Kameraden denken, denen es genauso geht. Und daran denken, daß man — wie in meinem Falle — für eine Zeit mit der schönen, neuen Identität eines jungen, blinden Intellektuellen Schluß gemacht hat. Jetzt bin ich der Häftling in Zelle 49, Abteilung II. Ich bin in Einzelhaft, und draußen über meiner Tür steht eine närrische Aufschrift: »Vorsicht« (deutsch und französisch), »Gefährlicher Häftling!« Gefährlich, ich!

Das schwierigste war nicht, mich zu erinnern, daß ich im Gefängnis war, sondern mich zu erinnern, warum. Zwanzig Mal am Tag verlor ich den Zusammenhang aus den Augen. Es war so, als ob meine Taten der letzten zwei Jahre — und nicht einmal so sehr die Taten: meine Gedanken, meine Träume — plötzlich zu Stein geworden wären und mich lebendig begrüben. Mein Schicksal war nicht mehr das große Unbestimmte in der Zukunft oder in den Sternen, sondern Mauern, abgekratzte Eßgeschirre, Geschrei, Schlüssel, endlos an das Stahl der Gewehre schlagende Schlüssel. Mein Schicksal war etwas Handfestes geworden, ich konnte es hören und berühren.

Ich haßte die Einzelhaft. Sie machte mich kraftlos. Wie haben es Menschen ohne die Stimme der anderen, ohne das Fleisch der Menschen, manchmal jahrelang, in der Einzelhaft aushalten können? Menschen sind ein kostbares Gut. Nur um einen meiner Artgenossen in meiner Nähe zu haben, hätte ich mich dem schlimmsten Spitzbuben angeschlossen.

Ich hatte nur ein Mittel, wieder Frieden in dieser Einsamkeit zu finden: ich schloß die Augen. Das klingt merkwürdig, weil man meint, meine Augen seien natürlich geschlossen. Leider war das nicht so. Ich sah die Mauern. Ja, ich sah nur Mauern. Ich wollte sie durchbohren. Man mußte die Augen schließen, mußte in sich hinabsteigen, bis man das Felsgestein berührte, jenen ruhenden Punkt in sich, wo es weder mehr Zeit noch Raum gibt, wo das Gefängnis zerrinnt und in der Luft verschwindet wie eine Fata Morgana. Zwar ist das Gefängnis noch da, doch jetzt ist man selbst derjenige, der es in sich schließt.

Endlich, eines Morgens, holten mich zwei Wärter. Sie ließen mich vier Stockwerke hinaufsteigen. Sie stießen mich in eine andere Zelle. Hier fand ich drei andere Männer vor. Die Lust zu weinen ließ mir den Mund salzig werden.

Diese Lust zu weinen hatte ich noch einige Stunden später, aber der Grund war ein anderer. Die drei Männer wollten nichts von mir wissen. Zumindest zwei von ihnen nicht: der Möbelhändler aus Toulon und der Straßeninspektor aus der Normandie. Der dritte sagte zu keinem etwas. Er lag auf seinem Strohsack, zusammengefallen wie ein Bündel Wäsche.

Ich hatte ihnen sogleich recht eingehend erzählt, wer ich war. Mir schien das eine ganz natürliche Sache, da wir ja Tag und Nacht zusammen leben würden. Ich mußte es zu schnell oder verkehrt gemacht haben; sie hatten es nicht mit Gleichem erwidert. Der Straßeninspektor — ein Mann von dreißig Jahren, der herrische Typ mit großer Schnauze — hatte mir unverzüglich gesagt, er sei »ein wichtiger Fall der Résistance« und deshalb zum Schweigen verpflichtet. Das war läppisch: ich hatte nicht die Absicht, ihm meine Geheimnisse zu erzählen, noch ihn nach den seinen zu fragen. Der Möbelhändler war ein kleiner, alter Mann mit grauen Haaren, der gern lachte und in seinem provençalischen Akzent umgänglicher war. Doch ohne die Genehmigung des Straßeninspektors wagte er kaum das Wort zu ergreifen.

Meine Ankunft hatte sie gestört. Sie ließen es mich fühlen. Schon seit zwei Monaten in dieser Zelle zusammen, hatten sie sich ihr Gefangenendasein behaglich gemacht, sich häuslich eingerichtet. Ich, mit meiner freien Art und jener überschäumenden, überschwenglichen Jugend, die ich nicht unterdrücken konnte, war nicht willkommen. Ganze Tage lang fühlte ich mich elend. »Was soll ich zu ihnen sagen? Sicher gibt es Dinge, über die man nicht sprechen soll, aber welche?« Der Provençale und der Normanne führten oft ziemlich lange Gespräche miteinander, die aber fast unverständlich waren, fast ganz aus Anspielungen auf ihnen allein bekannte Ereignisse und Leute bestanden — Gespräche, wie sie verheiratete Leute führen.

Ich begriff nicht schnell. Es war auch tatsächlich nicht zu begreifen. Diese zwei Männer hatten einen Groll auf mich, weil ich erst neunzehn Jahre alt war, weil ich studierte und weil ich blind war. Der Straßeninspektor sagte schließlich halb aggressiv, halb verlegen zu mir: »Die Résistance ist nicht der Platz für einen Blinden.« Ich antwortete ihm, sie sei der Platz für anständige Leute wie ihn und mich, blind oder nicht, jung oder alt. Aber er wollte nicht darüber diskutieren.

Mir blieb nur noch der dritte: der große Schlaffe auf dem Strohsack. Er verließ ihn nur eine halbe Stunde am Tag für seine körperlichen Bedürfnisse. Dann fiel er wieder, platt auf den Rücken, die Arme ausgestreckt und lautlos wie eine Daunendecke, auf ihn zurück. Nur ein leises Pfeifen, das voller Ironie zu sein schien, kam von Zeit zu Zeit von seinen Lippen.

Endlich, am zweiten Tag, ergriff er das Wort, um mir sehr schlicht und herzlich einige Fragen über mich zu stellen und mir einen Rat zu geben: »Beachte die beiden Kerle nicht. Sie sind ganz unbedeutend.« Das Ganze sagte er klar und deutlich im Beisein der beiden anderen, die nicht einmal aufbegehrten.

Hier also mußte ich leben, zu viert auf zwölf Quadratmetern, ohne Wärme, ohne Freundschaft, fast ohne Worte, angesichts dieses offen in einer Ecke stehenden Kübels, mit dem Ohr an die organischen Knurrgeräusche dieser drei fremden Körper gepreßt, so nahe bei ihnen, daß ich manchmal nicht mehr wußte, ob ich noch als Einzelwesen existierte. So nahe und doch so fern! Ich war auf alles gefaßt gewesen, eine solche Strafe aber hatte ich nicht erwartet.

Ich würde mich mit dieser Niederlage nicht abfinden. Diese Leute waren doch ebenso Menschen wie ich. Sie machten nicht einmal einen besonders boshaften Eindruck. Vielleicht waren sie einfach unglücklich? Mit ihrem Unglück heulten sie mir die Ohren voll. Aber wollte ich ihnen helfen (was mich mein Unglück hätte vergessen lassen), schickten sie mich zum Teufel. Gott, wie ungeschickt Menschen doch sein können!

Es wurde zu einer Prüfung für mich, diese zwei Männer um mich zu haben. Ich konnte buchstäblich an nichts anderes mehr denken. Wenn sie zufällig, in kurzen, nicht ganz zu Ende gesprochenen Sätzen, von ihren Frauen erzählten, taten sie es auf eine Art, daß mir schien, nicht sie, sondern ich berühre sie oder schlafe mit ihnen. Seltsamerweise mußte ich, um mich von dieser

Vorstellung zu befreien, an den Dritten denken, den großen Gleichgültigen auf seinem Strohsack. Dieser nahm mir nichts, er gab mir eher etwas. Kurz: die beiden, die redeten, verstand ich nicht, während ich denjenigen, der nichts sagte, sofort erahnte.

Vierzehn Tage später war die Ahnung zur Gewißheit geworden: ich wußte nun, daß der Normanne und der Provençale patriotische Kleinbürger waren, und der Dritte, wie die beiden anderen immer wieder gerne sagten, ein »Dreck«: halb Clochard, halb Einbrecher, groß im Ausnehmen von Mädchen, ungehobelt, verrufen. Meine Vorstellungen über die Gesellschaft unterwarf ich einer gründlichen Korrektion.

Die Gewohnheit kam über mich: seit Ende September war ich in der Kunst geübt, Phrasen zu dreschen, ohne an etwas zu denken, niemals — auch keine indirekten — Fragen zu stellen, endlos idiotische Scherze aneinanderzureihen, wie man Perlen aneinanderreiht, sogar geübt in der Kunst, mich zu bedauern. Das war gern gesehen. Wenn der Normanne über sein Geschick heulte, mußte man, wenn möglich, über das eigene noch länger und lauter heulen. Das machte einen zu einem Teil der Familie. Eins war sicher: das hatte man mich auf der Universität nicht über die Menschen gelehrt. Man hatte mich sogar gerade das Gegenteil gelehrt. Warum? All dieses Wissen in meinem Kopf brachte mich nicht weiter. Ich war ein leerer Schlauch. Leer, aber durchsichtig, sicherlich wegen meines Alters. Alles ging durch mich hindurch. Ich sah klar, zu klar. Man kann sich vorstellen, wie leicht es mir, so aus der Nähe, fiel, meinen inneren Blick zu üben, den Stimmen zu lauschen! Ich verbrachte damit Stunden. Es wurde bald zu meiner einzigen Beschäftigung.

Wenn man übrigens im Gefängnis ist, darf man an alles andere denken, nur nicht daran, was draußen vorgeht. Das ist verboten. Rein faktisch wegen der Mauern. Doch vor allem geistig. Was draußen ist, tut weh. Es ist ein schrecklicher Gedanke, daß die anderen weiter leben, während man selbst nicht mehr lebt. Man redet sich schon ein, daß sie fern von einem alt werden und man sie nicht mehr wohlbehalten wiedersieht. Diese Vorstellung ist albern, besonders wenn man erst zwei Monate im Gefängnis verbracht hat, aber sie überkommt einen mit Sicherheit und macht einen kaputt. Man muß verhindern, daß sie sich festsetzt.

Im Gefängnis muß man mehr als je in sich selbst leben. Und wenn es einen Menschen gibt, den man nicht — wirklich nicht — entbehren kann (zum Beispiel ein Mädchen irgendwo außerhalb der Mauern), mache man es wie ich damals: man schaue sie mehrmals am Tage lange Zeit an. Aber man versuche nicht, sich sie dort, wo sie im Moment ist, vorzustellen, dort, wo es überall freie Luft und offene Türen gibt; denn es wird einem nicht gelingen, und es tut weh. Man betrachte sie in sich selbst. Man schneide von ihr alles weg, was Raum ist. Man übergieße sie mit all dem Licht, das man in sich birgt. Man braucht keine Angst zu haben, es zu erschöpfen: Liebe, Gedanken und Leben besitzen dieses Licht im Überfluß. So wird man die Mutter, die Geliebte oder die Kinder gut sehen können. Und einen langen Augenblick lang wird man nicht einmal mehr merken, daß man im Gefängnis ist. Man glaube mir: das ist es, was das innere Leben zu einem Wert macht.

16

DER WEG NACH BUCHENWALD

Wo waren meine Freunde? Alle, wie ich, in Fresnes. Ich konnte
die dumme Idee nicht loswerden, daß ich weniger ausgestanden
hätte, wenn ich genau gewußt hätte, wo sie waren. In der Zelle
über mir? In der Zelle unter mir? Würde ich sie eines Tages
wiedersehen? Hatten Denis, Frédéric, Gérard genauso mediokre
Zellengenossen wie ich? Und wenn ja, wie verhielten sie sich,
sie, die so leidenschaftlich und anspruchsvoll waren? Würden
wir am Ende alle das gleiche Los haben? Die Gestapo hatte nichts
gesagt. Ach, wenn wir doch wenigstens alle die gleiche Strafe zusammen verbüßen könnten! Zusammen leben. Oder, wenn das
nicht sein sollte, zusammen sterben. Aber nicht jeder für sich!
Alle dachten sie in diesem Augenblick genauso wie ich. Dessen
war ich sicher.

Anfang November wurde ich zu einer ärztlichen Untersuchung
in eine Zelle im Erdgeschoß beordert. Ein Ruf voll trauriger
Freude empfing mich. Ich stammelte: »Bist du's, François?« Wie!
François war auch hier, er, von dem ich glaubte, er sei einer der
wenigen, die der Razzia vom 20. Juli hatten entgehen können,
weil er an jenem Tag in der Bretagne war und niemand — weiß
Gott, niemand! — seine Spur wieder finden konnte.

Ich lauschte seiner Geschichte. Er war am 27. Juli aus der Bretagne nach Paris zurückgekehrt und an der Gare Montparnasse
ausgestiegen. Auf dem Bahnsteig erwartete ihn Elio. Das war bei
den strengen Weisungen der Bewegung nicht ganz normal, aber
doch möglich. Dann hatte ihn Elio in ein nahes Bistro geschleppt.
Er berichtete ihm von dem riesigen Fischzug der vergangenen
Woche. Er sagte ihm, das Direktionskomitee habe ihn, Elio, beauftragt, so weit möglich alle Kräfte der gelichteten Bewegung zu

sammeln. Daraufhin reichte er François unter dem Tisch eine 6.35er, und François, durch diese tragischen Nachrichten aus der Fassung gebracht, hatte nicht die Geistesgegenwart, sie zurückzuweisen.

Zwei Minuten später schnalzte Elio mit dem Finger, als wolle er den Kellner rufen. Sofort hatten sich zwei Männer in Zivil auf François gestürzt, ihm die Arme auf den Rücken gerissen und ihm Handschellen angelegt. François kam es auf ein Übel mehr oder weniger auch nicht mehr an: die Gestapo hatte ihn gefoltert, wegen der 6.35er, wie er sagte. Ja, gefoltert. Er hatte eine ausgerenkte Schulter. Seine Stimme war entsetzlich nasal geworden. Doch welche Kraft steckte in ihm! Er glich einem brennenden Dornbusch.

Die ärztliche Untersuchung fand statt, offenbar ohne einen bestimmten Zweck. François dachte, man werde ihn zur Zwangsarbeit nach Deutschland schicken. »Aber dich«, sagte er, »dich wird man freilassen«. Er hatte dafür keinerlei Anhaltspunkte, und ich für meinen Teil glaubte es nicht. Ich wollte es nicht. Gewiß sehnte ich mich nach der Freiheit. Doch in dem Augenblick, wo ich sie als einziger erhielt, war sie eine verdorbene Frucht. Daß François oder Jean den Leidensweg gehen könnten, während ich den Weg ins Glück anträte, war ein unmöglicher Gedanke.

Eines Abends, nach der Wachablösung, kam ein Wärter, ein alter, untersetzter Mann, der uns wegen seiner Schüchternheit und seines Sanftmuts aufgefallen war, ein Bauer aus dem Landsturm ohne Zweifel, in unsere Zelle. Er schloß hinter sich die Türe, was noch nie vorgekommen war. Er reichte mir ein kleines Stück Papier. Es war mit Jean unterzeichnet. Einer meiner Zellengenossen las: »Ich bin in der dritten Abteilung. Man hat mir kein Leid zugefügt. Ich habe große Hoffnung für dich. Ich liebe dich mehr als mich selbst. Jean.« Ich diktierte eine kurze Rückantwort, die der Wärter nahm. Das war geschafft. Ich hatte Nachricht bekommen. Die letzte.

»Ich habe große Hoffnung für dich.« Wollte Jean damit, wie schon François, sagen, daß man mich freilassen würde? Meine drei wackeren Zellengenossen meinten, daran bestehe kein Zweifel. Der Straßeninspektor wiederholte: »Was sollen sie schon mit einem Blinden anfangen?«

So sehr ich mir auch sagte, daß alle drei so sprachen, um mir eine Freude zu machen, oder weil sie dumm waren, oder weil sie sich, wie alle Leute, nicht enthalten konnten zu sprechen, selbst wenn sie nichts zu sagen hatten (es war unglaublich, wie geschwätzig wir mit der Zeit wurden) — der Gedanke an meine Freilassung quälte mich, und Hand in Hand damit der Gedanke an meine Blindheit. Schon wieder die Blindheit, aber diesmal in einer seltsamen Form: meine Blindheit würde mich vielleicht schützen. Es war den Leuten bei der Gestapo so schwergefallen, mich für schuldig zu halten. Ein Krüppel — das muß, sogar entgegen allem Anschein, ein harmloser Mensch sein. Oder er muß das Werkzeug eines anderen sein. Sie hatten den anderen gesucht. Sie hatten ihn nicht gefunden.

Die Wochen gingen dahin, und mit ihnen war ein herrliches Gefühl der Erleichterung über mich gekommen: einer Erleichterung, die vermutlich die Gewohnheit mit sich bringt. Ich litt nicht mehr unter der Gegenwart der drei anderen. Allerdings hatte uns der Straßeninspektor verlassen: er war plötzlich eines Mittags nach einem einzigen Verhör freigelassen worden. Dann war der Möbelhändler aus Toulon an die Reihe gekommen. Doch bei ihm hatte man nicht erfahren, wohin er ging. Andere hatten ihren Platz eingenommen: ein alter Bauer aus der Auvergne, ein schwerfällig sprechender Mann, dem der Geruch von frischem Gras anhaftete und der sich in diesem Gefängnis wie ein Fisch auf dem Trockenen ausnahm. Ein Bistro-Wirt aus Burgund. Ein junger aktiver Offizier.

Dieser Offizier war endlich ein Mann: lebhaft, heiter, offenherzig, enthusiastisch. Er versöhnte mich wieder mit seiner Gattung. Allerdings hatte ich mich schon sehr verändert, bevor er kam. Ich war nicht mehr der verwöhnte, frühreife Junge. Ich erwartete nicht mehr, daß alle Leute so wie ich sind. Für meine Hoffnungen hatte ich in mir eine Zuflucht geschaffen, damit der Atem der Menschen sie nicht ersticke.

Indes sind Illusionen immer stärker, als man glaubt. Am Abend des 15. Januar hatte ich in einer großen schwärmerischen Anwandlung meinem Offizier-Kameraden dargelegt, daß und warum es unvermeidlich sei, daß die Deutschen mich freiließen. Er, der gewöhnlich so vorsichtig, ja mißtrauisch war, schien überzeugt. Ich hatte seit der Nacht, die meiner Verhaftung vorausgegangen war, kein solches Fieber in Kopf und Herz verspürt.

Sehr früh am nächsten Morgen öffnete ein SS-Leutnant die Türe unserer Zelle. Er sah in einer Liste nach. Er hatte es eilig. Er sprach meinen Namen aus. Ich hatte zehn Minuten Zeit, mich fertig zu machen. Das war die Befreiung, oder aber es war das genaue Gegenteil. Doch plötzlich, während ich mein kümmerliches Wäschebündel schnürte, war mir der Ausgang gleichgültig geworden. Ich träumte bereits. Aber ich könnte nicht sagen, wovon. Von der Rückkehr des SS-Mannes in drei Minuten, in einer Minute vielleicht. Ich atmete mein Schicksal in tiefen Zügen ein.

Wir stiegen die Treppen hinunter. Ich fragte den Leutnant: »Wohin bringen Sie mich?« In einigermaßen gutem Französisch erklärte er mir, daß ich Glück habe, denn man bringe mich nach Deutschland, und Deutschland sei ein großes und großzügiges Land. Der Mechanismus der Hoffnung muß in unserer Seele tausendfache Triebkräfte besitzen, die uns fast alle unbekannt sind, denn bei dieser Nachricht von Deutschland — der dramatischsten, die man mir nächst meinem Todesurteil hätte bringen können — verspürte ich eine Art Lustgefühl. Bitter und heftig, beißend wie eine Wunde, doch trotzdem ein Lustgefühl. Ich kann es nicht anders ausdrücken.

Diese Gefahr, die seit drei Jahren, seit dem Tag, wo ich in die Résistance eingetreten war, über mir schwebte, war plötzlich keine Gefahr mehr, wurde zu der Minute, die vor mir lag, zu meinem »morgen«. Dieses Mal wußte ich wenigstens, wo ich sein sollte. Man hatte mir meinen Platz zugewiesen. Die Umwandlung hatte sich ganz plötzlich vollzogen: die Hoffnung, frei zu sein, die eine Stunde zuvor bei mir Fieber verursacht hatte, war in den Mut umgeschlagen, es noch nicht und, wenn nötig, niemals zu sein.

Ich hatte hundertachtzig Tage in der Zelle verbracht. Ich war anämisch geworden, ich konnte nicht mehr gerade auf den Beinen stehen. Die Außenluft reizte meine Nasenschleimhäute. Meine zusammengeschrumpften Lungen streikten bei ihrem Eindringen. Alles roch für mich nach Feuerstein oder neuem Stahl, nach Messer. Das Atmen stieg mir wie Wein zu Kopf. Frei zu sein hätte mich bestimmt nicht betrunkener machen können.

Gott sei gelobt! Die anderen waren da. Auch sie gingen nach Deutschland. Denis, Gérard, Frédéric. Alle außer den Mädchen, die in der Frauenabteilung geblieben waren, François, dessen Name nicht aufgerufen worden war, und Jean. Jean, den man uns offensichtlich nicht zeigen wollte. Ich sagte, mit aller Kraft, die mir eigen war, ein Gebet, daß seine Abwesenheit nichts bedeuten möge.

Die Stunden, die Tage, die folgten, sehe ich heute wie ein Bacchanal vor mir. Die Deutschen nahmen peinlich genaue Registrierungen vor. Immer wieder zählten sie uns: zehnmal hintereinander. Die erste Nacht ließen sie uns zu acht in derselben Zelle verbringen. Wir fanden nicht eine Minute Schlaf. Wir hatten uns wiedergefunden. Wir strömten über vor Offenbarungen. Unsere Ängste, unsere Freuden sprachen aus uns, ohne zu wissen, wie. Alle Themen schienen uns religiös: ein Hauch von Transzendenz umgab sie. Unsere Hände suchten sich im Dunkel der Zelle. Wir sagten: »Du bist da, ich bin da. Man wird uns zusammen wegbringen.« Nichts dünkte uns mehr schwer. Wir waren wieder Menschen.

Trunken vor Freundschaft und dem kalten Licht eines Januarmorgens waren wir in einen Autobus gestiegen, waren wir durch

Paris gefahren. An der Gare du Nord erwartete uns ein Zug, der uns achtzig Kilometer nach Norden an die Grenze des Waldgebiets, in ein Durchgangslager in Compiègne führte. Unser Körper löste sich, um sich bei der plötzlichen Berührung mit der zu rauhen Luft wieder zusammenzupressen. Das Lager von Compiègne-Royallieu war kein abweisender Ort, nur eben fremdartig: ein ehemaliger Exerzierplatz der französischen Armee, auf dem ein Barackenlager errichtet worden war und wo an die zehntausend Menschen den ganzen Tag lang ohne ersichtlichen Zweck hastig durcheinanderliefen.

Ich als Blinder wußte nicht, was tun in diesem Menschenstrudel. Ich ging von einer Hand zur anderen. Ohne daß ich gewußt hätte, warum, zeigte man mir alles und zeigte man mich allen. Meine Kameraden bildeten eine Kette, sie ließen mich nicht eine Minute los. Ich kam mir vor, als sei ich für sie ein Glücksbringer, eine Art Fetisch. Vielleicht deshalb, weil ich nicht in der Lage war, irgendjemand ein Leid zuzufügen.

Hier gab es Anwälte, Bauern, Ärzte, Funker, Handelsvertreter, Volksschullehrer, Straßenhändler, ehemalige Minister, Fischer, Lokomotivführer, Verschwörer, Catcher-Asse, Lehrer am Collège de France, Zeitungsverkäufer. Hier war — kunterbunt gemischt — das ganze Widerstand leistende Frankreich vertreten, das große und das kleine.

Ich wurde von einer Baracke in die andere geführt. Ich konnte mich kaum noch allein waschen, immer schrubbte mich jemand ab. Warum waren nur alle so aufopfernd?

Es lief das Gerücht, daß man einige Tage hier bleiben und dann der »große Appell« stattfinden würde. Das beginne immer, so sagte man, mit einer Durchsuchung — einer Durchsuchung großen Stils —: man kontrolliere bei zweitausend Menschen alle Falten und Öffnungen, um sicher zu gehen, daß sie wirklich unbewaffnet wegfahren.

Bei Rauhreif und Sonne fand die Durchsuchung statt. Alle, die wir zusammengehörten, hielten uns dicht beieinander, um jede

Möglichkeit auszuschließen, getrennt von den übrigen fortgeschafft zu werden. Ungefähr alle zehn Tage fuhren zweitausend Menschen ab. Das war Compiègne: ein Kipplaster. Alle zehn Tage kippte die Ladefläche um, und zweitausend Menschen rutschten nach Deutschland.

Mehr wußte allerdings niemand. Namen zirkulierten, deren Ursprung immer unbekannt blieb, und die uns nichts sagten: Neuengamme, Mauthausen, Buchenwald, Dora, Oranienburg, Natzweiler, deutsche Namen, die uns ohne besonderen Grund durch und durch erschauern ließen.

Noch vor Ende der Woche waren wir an der Reihe. Man sagte uns, dies sei unsere letzte Nacht vor der »großen Reise«. Natürlich gab es eine durchwachte Nacht. Wie soll man schon schlafen können, wenn einem dauernd alle möglichen Hymnen im Kopf tönen und die Angst im Körper Unbehagen verursacht, wenn die Schwenkscheinwerfer die Schatten tanzen lassen wie ein Karussell und die Nacht, die sie zerschneiden, zugleich auch die Zukunft ist!

Denis, Frédéric, Gérard und ich verbrachten die Nacht stehend. Wir hatten beschlossen, uns, solange es möglich wäre, anzusehen. Wir hatten beschlossen, uns unser bewußt zu sein, als ob es das letzte Mal sein sollte, oder umgekehrt: als ob es das erste Mal wäre. Wir fühlten gut, daß wir in kürzester Zeit möglichst viel Wärme aufspeichern müßten, da man sie uns vielleicht bald ganz entziehen würde.

Die stumme Kolonne von zweitausend Franzosen marschierte bei Morgengrauen unter einem schneeverhangenen Himmel durch die Stadt Compiègne. Aus den Fenstern starrten Hunderte von Augen auf uns. Man hörte nichts als die Rufe der Bewacher des Zuges.

Die Kolonne überquerte die Oise-Brücke; an einem Bahnsteig außerhalb des Bahnhofs stand ein Zug, ungefähr zwanzig Viehwaggons (die traditionellen französischen Waggons: vierzig Menschen, acht Pferde). Man stieß uns hinein. In unserem Waggon waren wir fünfundneunzig, stehend natürlich. Es wäre kein Platz gewesen, uns zu setzen. Die Türen glitten zu. Man versiegelte sie. Die Wagenreihe wurde vom Stoß der Lokomotive erschüttert. Dann kam das Abfahrtsritual. Zweitausend Menschen sangen die Marseillaise, um bestimmt zu wissen, daß sie Franzosen waren, und »Ce n'est qu'un au revoir, mes frères, ce n'est qu'un au revoir«, »Das ist nur ein Aufwiedersehen, Brüder, das ist nur ein Aufwiedersehen«; denn es ist immer gut, alle stimmen einen kameradschaftlichen Gesang an, wenn sich die Angst auf einen herabsenkt.

Wir fuhren einen Tag, eine Nacht, einen Tag, eine Nacht, einen Tag. In Trier hatten wir am zweiten Morgen auf einem verlassenen Bahnsteig zum letzten Mal etwas getrunken. Eine sehr heiße und zu salzige Suppe, die in einem Tongefäß schwappte. Vor uns hatten wir die Mündung der Maschinenpistolen. Uns war befohlen, am Gleis entlangzulaufen. Die Suppe spritzte aus dem Gefäß heraus. Was übrigblieb, verschlangen wir, ohne im Lauf innezuhalten.

Am zweiten Tag hatten wir bei Anbruch der Nacht den Rhein in der Nähe von Koblenz überquert. Wir wußten das deshalb, weil sich zu dieser Zeit in unserem Waggon noch manche an der Wand bis zu dem Lüftungsgitter aus Draht emporziehen und die Namen der Stationen lesen konnten, durch die wir kamen. Während der letzten Nacht hatte es geschneit. Diejenigen, die in einer der Waggonecken standen, hatten die kalte Feuchtigkeit aufgeleckt, die durch die Blechritzen drang.

Niemand konnte sich setzen, es sei denn, man setzte sich auf die Knie eines anderen. Doch in dieser Stellung konnte man nicht lange ausharren. Nur der Catcher hatte sich, genau in der Mitte, ausgestreckt: er lag mit dem Rücken flach auf dem Boden. Er verteidigte seinen Platz mit den Fäusten. Zu Anfang hatte er, ohne etwas zu sagen, um sich geschlagen. Nach einigen Stunden fing er dann aber an, vor Durst zu stöhnen, als hätte man ihn geprügelt, und seine Fäuste schnappten über: sie machten den ganzen Waggon blutig. Zwei Kerle fielen ohnmächtig über seinen Körper.

Am zweiten Tag erinnerten sich die Menschen plötzlich daran, daß ich blind war. Im Stockfinsteren waren sie in dem Körpergewirr völlig hilflos. Sie riefen mich zu Hilfe. Dann tastete ich mich, so feinfühlig, wie ich es in zwölf Jahren gelernt hatte, durch die Fleischmassen. Einen Fuß in den Spalt zwischen zwei Köpfen, den anderen zwischen zwei Schenkel setzend, erreichte ich, ohne jemand zu verletzen, die Ecke, aus der die Schreie kamen. Ein alter, vor Fieber zitternder Arzt aus Bourges, den ich so zum Kübel geführt hatte, murmelte: »Man möchte schwören, daß du für derartige Fälle ausersehen bist.«

Ich kroch also achtundvierzig Stunden ohne eine Pause herum. Das ließ mich meine eigenen Nöte weniger schlimm empfinden. Wirklich schlimm war der Durst, und bald auch die Beine, an denen uns die Ödeme bis zu den Knien stiegen. Wenn ich meinen Finger in die Wade drückte, verschwand ein ganzes Fingerglied in der Höhlung.

Denis unterstützte mich mit seinen Gebeten. Er hatte für jede Gelegenheit eines bereit. Er sagte, er bete für mich mit, weil ich mich nicht mit dieser Arbeit, sondern mit den Kerlen zu befassen habe, denen der Bauch wehtäte.

Wir hatten keine Ahnung mehr, wo wir waren. Der letzte Name, den wir hatten entziffern können, war Marburg an der Lahn. Niemand besaß mehr die Kraft, bis zum Lüftungsgitter hochzuklettern. Wir fuhren nach Osten, das war alles, nach Polen — eine Idee, die uns im Kopfe spukte.

Im nächsten Waggon waren sie noch schlimmer dran als wir. Am ersten Abend — noch in Frankreich, als der Zug eine Steigung vor Bar-le-Duc hinaufkeuchte — hatten fünf von ihnen das Wagenblech mit dem Messer durchgeschnitten und sich, in ihrer ganzen Länge auf der Seite liegend, in Richtung Bahndamm, aus dem Waggon gestürzt. Die SS, die ihr Auge überall hatte, ließ den Zug halten. Maschinengewehre ratterten, Hunde heulten, wir hörten ein oder zwei Schmerzensschreie. Dann öffnete die SS den Waggon der Ausbrecher. Sie erschossen aufs Geratewohl drei Männer, allen anderen wurden die Kleider weggenommen. Sie waren jetzt nackt. Wir, wir waren es noch nicht.

Mein Körper war schließlich zu einem weichen und fiebrigen Teig geworden, doch mein Kopf wurde von innen heraus zunehmend klarer. Ich verstand das Leben. Ich verstand Deutschland.

Der Zug mußte schon einige Zeit gehalten haben. Man war sich nicht ganz sicher: der Waggon war zu sehr von Schreien erfüllt. Vier Leute waren verrückt geworden und rasten: der Catcher und drei andere. Sie hatten den Kübel umgestülpt. Jetzt tobten sie und bissen die Umstehenden. Irgendwann drang durch die Wagenwand eine Stimme, die uns auf französisch fragte, ob wir Franzosen seien. Es war sicher irgendein Gefangener, der draußen, vielleicht auf einem Bahnhof, arbeitete. Die Stimme sagte weiter, daß wir am Morgen angekommen seien und daß »dies hier« der Bahnhof von Weimar sei, daß man uns bald noch fünfzehn Kilometer weiter fahren und daß dort alles beginnen werde. Was beginnen? Das Trinken?

In meinem Schädel stiegen Wörter wie kleine Ballone auf: Weimar, Goethe, Herzog Carl-August, Frau von Stein, Bettina Brentano. Ich sagte albern zu Denis, wir hätten wirklich Glück, daß wir in Weimar seien. Denis hörte mir nicht zu: er betete.

Der Zug fuhr tatsächlich weiter. Doch nicht lange. Er hatte eine sehr starke Steigung genommen. Dann öffneten sich die Türen. Wir waren da. Einige von uns schrien auf deutsch: »Trinken! Bitte, trinken!« Als Antwort prasselten Schläge mitten unter die Leute im Waggon: Knüppel, Gewehrkolben. Diejenigen, die zu nahe an der Tür standen, rollten hinaus.

Wir mußten uns in Reih und Glied aufstellen und sehr rasch marschieren. Wir waren von Hunden eingekreist, die die Nachzügler bissen. Wegen unserer geschwollenen Beine war es fast unmöglich. Es war, als gehe man auf Messern. Ich mußte absurderweise an die »Kleine Seejungfrau« von Andersen denken. Ich war sehr böse auf mich, daß ich nicht stärker war. Doch wirklich elend fühlte ich mich nicht. Mein Körper war es, ich nicht.

Die SS stürzte sich stoßweise auf unsere Reihen. Lamouche (Lamouche war ein junger Bursche von achtzehn Jahren aus Nantes, der mich gern mochte und mich schützen wollte) trug durch den Schlag eines Gewehrkolbens ein gebrochenes Handgelenk davon. Ohne ihn hätte ich den Schlag mitten auf die Stirn bekommen. Ein paar Minuten später vernahmen wir plötzlich ein Militärorchester. Ein ganzes Militärorchester, das so etwas wie Tanzmelodien spielte; es war zu beiden Seiten eines gewaltigen Tores aufgestellt. Über dem Tor stand: »Konzentrationslager Buchenwald«.

Durch dieses Tor bin ich fünfzehn Monate später, am 12. April 1945, in umgekehrter Richtung gegangen. Doch hier halte ich inne. Denn wie, weiß ich nicht. Nicht ich bin es, der mein Leben lenkt. Gott lenkt es. Ich habe nicht immer begriffen, wie er es getan hat.

Ich glaube, es ist ehrlicher, es von vornherein zu sagen: ich werde hier kein Bild von Buchenwald zeichnen, kein vollständiges Bild zumindest. Niemand hat das je zu tun vermocht. Ein Franzose wie ich, der zur gleichen Zeit wie ich hier angekommen ist, David Rousset, hat zwei Bücher über Buchenwald geschrieben. Eugen Kogon, ein deutscher Gegner des Nationalsozialismus, hat ein Buch geschrieben. Diese Bücher kommen der Wirklichkeit sehr nahe, wie ich bezeugen kann. Und doch kann ich nicht sagen, sie seien »wahr«.

Es gibt keine »Wahrheit« über »das Unmenschliche«, so gut wie es keine Wahrheit über den Tod gibt. Auf jeden Fall gibt es sie nicht auf unserer Seite, unter uns Menschen. Eine solche Wahrheit könnte nur für Jesus Christus existieren; er mag sie, im Namen seines Vaters und dem unseren, an sich genommen und bewahrt haben.

Von den zweitausend Franzosen, die mit mir Ende Januar 1944

nach Buchenwald kamen, überlebten ungefähr dreißig. Nach dem Krieg durchgeführten Zählungen zufolge starben während der fünfzehn Monate meines Aufenthalts in Buchenwald im Lager selbst und bei den »Kommandos«, die ihm direkt unterstellt waren, 380 000 Menschen. Russen, Polen, Deutsche, Franzosen, Tschechen, Belgier, Holländer, Dänen, Norweger, Ungarn, Jugoslawen, Rumänen. Sogar Amerikaner: vierunddreißig Amerikaner, alles Offiziere, Waffenbrüder, die über West-Europa mit dem Fallschirm abgesprungen und so zur Résistance gestoßen waren. Sehr wenig Juden. Die Juden kamen nur durch einen Verwaltungsirrtum nach Buchenwald. Sie wurden nach Lublin, Auschwitz-Birkenau, Theresienstadt gebracht, um dort nach einem beschleunigten wissenschaftlichen Verfahren ausgerottet zu werden. Die Ausrottung von uns anderen sollte erst nach unserer Ausbeutung erfolgen: ein Prozeß, der viel langsamer vor sich ging.

Die Überlebenden der Deportation haben niemals umfassend über das gesprochen, was sie gesehen haben, es sei denn zu einigen Freunden (ein jeder von ihnen kann sie an seinen Fingern abzählen) und zu einigen Frauen. Ihrer Frau. Es gibt freilich einen Bericht, auf den alle einen Anspruch haben: den Bericht, wie ein Mann, bei dem dies am unwahrscheinlichsten war — ein Invalide, ein Blinder — hat überleben können. Und ich will hier versuchen, so exakt, so vollständig zu sein, wie ich kann.

Einige Stunden, nachdem wir das Lager betreten hatten, defilierten wir an den Büros vorbei. Ein Konzentrationslager der Nazis war eine strenge, äußerst bürokratische Organisation, ausschließlich auf Verfolgung und Tod ausgerichtet, doch sehr kompliziert, peinlich hierarchisch gegliedert und überaus geschickt aufgezogen. Der Gipfel dieser Geschicklichkeit war, die SS, die Herren, aus dem Spiel zu lassen. Zu siebzehntausend überwachten sie unser Lager, doch wir, die Häftlinge, sahen sie so gut wie nicht. Kamen sie ins Lager, dann in Gruppen und schwer bewaffnet, um Massenerhängungen oder -erschießungen vorzunehmen.

Im Januar 1944 gab es 60 000 Häftlinge in Buchenwald. Sechs

Monate später waren wir 100 000. Wie alle anderen auch wurde ich also durch Büros geschleust. Ein letztes Mal mußte man seine Personalien angeben. Darnach bekam man gleich eine Nummer. Die meine war 41 978. Natürlich waren diese Büros mit Häftlingen, Kameraden, besetzt. Als einer von ihnen, ein Pole, erfuhr, ich sei blind, vermerkte er diese Tatsache, ohne zu zögern. Als er aber erfuhr, daß ich Student an der Universität Paris sei, flüsterte er mir mit gedämpfter Stimme auf deutsch zu: »Sag das nie wieder! Wenn sie wissen, daß du ein Intellektueller bist, liquidieren sie dich. Gib einen Beruf an, egal welchen!« Meine Antwort kam prompt. Ich weiß nicht, wer sie mir eingab: »Beruf: Dolmetscher für Französisch, Deutsch und Russisch.« Der Kamerad im Büro murmelte: »Viel Glück!« Er schien erleichtert.

So hatte ich in Buchenwald vom ersten Tag an einen offiziell eingetragenen und als allgemeinnützlich anerkannten Beruf. Ohne diesen Schutz wäre ich dort keine Woche am Leben geblieben. Ich konnte deutsch, das wenigstens war wahr. Aber ich konnte damals nicht ein Wort russisch. Meine Idee, diese Sprache anzugeben, hätte mich teuer zu stehen kommen können. Zufälligerweise wurde ich in Russisch nicht vor Ablauf von zwei Monaten auf die Probe gestellt, und nach diesen zwei Monaten konnte ich, wenn man bei einfachen Dingen blieb, vortäuschen, diese Sprache zu verstehen.

Den ganzen Februar hindurch legte man uns in überfüllten Baracken abseits der eigentlichen Lagerzone in Quarantäne. Das war wegen der Kälte besonders schlimm. Im Zentrum Deutschlands, fast an der sächsischen Grenze, und auf der Kuppe jenes hohen Hügels (fünfhundert Meter über dem Niveau des Flachlands) schwankte das Thermometer ständig zwischen fünfzehn und fünfunddreißig Grad unter Null.

Man hatte uns Lumpen angezogen: mein Hemd besaß nicht einen einzigen Knopf. Meine Jacke war an zehn Stellen durchlöchert. An den Füßen trug ich offene Holzpantinen ohne Socken. Die Kälte lichtete die Reihen meiner Kameraden stark: noch vor

Ende Februar starben von den zweitausend fast zweihundert daran, vor allem die stämmigen jungen Burschen zwischen zwanzig und fünfundzwanzig. So wenig zu essen, so kalt, so voller Angst — das tötete sie.

Ich war viel weniger durch meinen Körper beeinträchtigt, der mittelgroß, eher sogar klein war und den ich seit meiner Kindheit daran gewöhnt hatte, in der Defensive zu leben. Auch mir spielte, wie allen anderen, die Kälte übel mit. Aber Denis, Gérard, Frédéric, alle meine Freunde der D.F. waren mit mir zusammen. Ich bekam nicht einen einzigen ernsthaften Schwächeanfall. Zusammen bildeten wir eine Insel menschlicher Wärme. Wir schoben die Stunde der Verzweiflung einen um den anderen Tag hinaus, während sie für viele andere schon gekommen war, und diese starben schnell, oft in weniger als zwölf Stunden.

Denn das Schlimmste — das muß ich sagen — war nicht einmal die Kälte. Das waren die Menschen. Ja — das waren unsere Kameraden. Die anderen Häftlinge. Die Menschen, die unser Elend teilten. Einige waren durch das Leiden zu Tieren geworden. Doch diese Leute waren nicht bösartig. Man besänftigte sie mit einer Geste, einem Wort. In ganz argen Fällen mit einem leichten Schlag. Es gab etwas Schlimmeres als die Tiere: die Besessenen. Seit Jahren bestand der wohldurchdachte Terror der SS darin, die Menschen entweder zu töten oder aber zu behexen. Hunderte von Männern in Buchenwald waren behext. Das Böse, das man ihnen zufügte, war so stark gewesen, daß es in sie mit Leib und Seele eingedrungen war. Jetzt hatte es von ihnen Besitz ergriffen. Sie waren keine Opfer mehr. Sie taten ihrerseits Böses. Sie arbeiteten mit Sorgfalt.

Der Mann, der für unsere Quarantänebaracken verantwortlich war, war ein Deutscher: ein Nazigegner, der hier seit sechs Jahren eingesetzt war. Es ging das Gerücht, er sei früher einmal ein Held gewesen. Jetzt tötete er jeden Tag eigenhändig (mit bloßen Händen oder mit dem Messer) zwei oder drei von uns. Er stach aufs Geratewohl in die Menge. Das war für ihn ein Spaß, den

er nicht mehr entbehren konnte. Eines Morgens, als der Schnee
sehr hoch lag, entdeckte man, daß er verschwunden war. Nachdem der Schnee weggefegt worden war, fand man seine Leiche
auf den Barackenstufen: er hatte eine breite Stichwunde im
Rücken.

Ende Februar glaubte ich mich verloren. Frédéric, Denis und
Gérard waren zum Außenkommando abberufen. Das bedeutete,
daß sie in andere Lager, Nebenlager, gehen und ich allein in
Buchenwald bleiben würde. Sie gingen. Ich blieb. An diesem Tag
war die Kälte so stark, daß mir schien, ich würde sie nicht mehr
aushalten können.

17

LEBEN UND TOD

In der Tat entging ich nur knapp dem Tode. Aber wie kann ich, der ich heute lebe, das begreiflich machen? Ich werde all das sehr schlecht erzählen können. Trotzdem will ich es tun. Ich habe mich dazu verpflichtet.

Im März hatte ich alle meine Freunde verloren: alle waren weggegangen. In mir kam wieder das kleine Kind zum Vorschein, das überall seine Mutter sucht und nirgends findet. Ich hatte große Angst vor den anderen, ja sogar vor mir selbst, weil ich mich nicht verteidigen konnte. Fast jeden dritten Tag stahl man mir mein Brot, meine Suppe. Ich wurde so schwach, daß meine Finger bei der Berührung mit kaltem Wasser wie Feuer brannten. Den ganzen Monat über peitschte unaufhörlich ein eisiger Schneesturm über den Hügel von Buchenwald.

Da ich blind war, entging ich jedoch einer der großen Plagen: den Arbeitskommandos. Jeden Morgen um sechs Uhr verließen, begleitet von den Gassenhauern des Orchesters, eines offiziellen, tüchtigen Orchesters — der karikaturhaften Liturgie der Zwangsarbeit — alle gesunden Männer das Lager. Den ganzen Tag karrten diese Männer unter der Bewachung von Maschinenpistolen und von vor Wut blinden SS-Kapos Felsblöcke und Sand in den Steinbrüchen, brachen den gefrorenen Boden auf, um Rohrleitungen zu legen, oder transportierten Eisenbahnschienen. Sie kamen um fünf Uhr abends zurück, doch nie kamen alle wieder: die Baustellen waren mit Toten übersät.

Übrigens starb man, was man auch tun mochte: auf dem schlüpfrigen Pfad des Steinbruchs von dem Gewicht eines Felsblocks in die Tiefe gerissen; bei Nacht, mit großem Pomp, unter den Augen von hunderttausend Kameraden, im vom Schneesturm getrübten Licht der Scheinwerfer, als abschreckendes Beispiel zu den Klängen eines Trauermarsches auf dem Appellplatz von Schlägen oder Kugeln niedergestreckt; oder — bescheidener — in jener Scheune, die man das »Kino« nannte, gehängt. Andere starben an Lungenentzündung, an Dysenterie, an Typhus. Jeden Tag elektrisierten sich einige an den geladenen Eisendrähten, die das Lager einzäunten. Doch viele starben ganz einfach vor Angst. Angst ist der echte Name für die Verzweiflung.

Das Arbeitskommando war mir erspart geblieben, weil ich nicht sah. Doch für die Untauglichen meiner Sorte hatte man sich ein anderes System ausgedacht: den Invalidenblock. Seit sich die Nazis nicht mehr sicher waren, den Krieg zu gewinnen, nahm ihre Milde offizielle Formen an. Ein Jahr früher würde einen das Handicap, zu körperlicher Arbeit im Dienste des Großdeutschen Reiches untauglich zu sein, innerhalb von drei Tagen zum Tode verurteilt haben.

Der Invalidenblock war eine Baracke wie die anderen. Der einzige Unterschied: man hatte hier statt 300 Menschen (300 war der Durchschnitt für die anderen Blocks) 1500 zusammengepfercht, und man hatte hier die Lebensmittelrationen halbiert. Bei den »Invaliden« waren die Einbeinigen und die Einarmigen, die Trepanierten, die Tauben, die Taubstummen, die Blinden, die Krüppel ohne oder mit gelähmten Beinen (ja, auch sie! ich kannte drei solche Leute), die Männer mit Sprachstörungen, die Rückenmarksleidenden, die Epileptiker, die brandig Gewordenen, die von Krätze Befallenen, die Tuberkulösen, die Krebskranken, die Syphilitiker, die alten Männer über sechzig, die Jungen unter sechzehn Jahren, die Kleptomanen, die Landstreicher, die Homosexuellen, und schließlich die Verrückten — die Schar der Verrückten. Und sie schienen sich als einzige nicht unglücklich zu fühlen.

Niemand bei den »Invaliden« war heil: das war die Bedingung, nach der man hierher kam. Deshalb starben hier die Leute auch in einem Tempo, das die Zählung des Blocks unmöglich machte.

Erstaunlich war nicht mehr, an einen Toten, sondern an einen Lebendigen zu stoßen. Und die Gefahr ging von den Lebenden aus.

Der Gestank in der Baracke war so stark, daß nur der Geruch des Krematoriums, das Tag und Nacht rauchte, ihn an Tagen, wo der Wind den Rauch herunterdrückte, noch übertäuben konnte. Ich ging nicht mehr, ich kroch umher, bei Tag und bei Nacht. Ich bohrte mir ein Loch in die Masse. Meine Hände wanderten von dem Stumpf eines Gliedes zu einer Leiche, von einer Leiche zu einer Körperwunde. Ich hörte nichts mehr, so laut war das Stöhnen rings umher.

Gegen Ende des Monats wurde es plötzlich zu viel für mich: ich wurde krank. Schwer krank: eine Rippfellentzündung, glaube ich. Mehrere Ärzte — Häftlinge wie ich, ja Freunde von mir — sollen mich abgehorcht haben. Sie sollen mich aufgegeben haben. Was hätten sie auch anderes tun können? In Buchenwald gab es keine Medikamente, nicht ein Aspirin. Zu der Rippfellentzündung soll sehr schnell eine Dysenterie gekommen sein, dann eine doppelseitige Ohrenentzündung, die mich mehr als zwei Wochen lang vollständig taub machte, dann ein Rotlauf, der mein Gesicht in eine aufgequollene weiche Masse verwandelte und sich zu einer beginnenden Sepsis ausweitete. Mehr als fünfzig Kameraden haben mir all das später gesagt. Ich selbst weiß nichts mehr davon. Ich hatte die ersten Tage der Krankheit genutzt, Buchenwald zu verlassen.

Zwei kleine Burschen, die ich sehr gern hatte — ein Franzose mit einem Bein und ein Russe mit einem Arm —, erzählten mir, daß sie mich eines Morgens im April zu zweit auf einer Bahre in den Krankenbau gebracht hätten. Dieser Bau war kein Ort, an dem man die Leute behandelte, sondern ein Ort, an dem man sie einfach hinlegte, bis sie starben oder gesund wurden. Meine beiden Freunde Pavel und Louis begriffen nicht, was geschehen war. Sie meinten immer wieder, ich sei ein »Fall« gewesen. Ein Jahr später noch staunte Louis: »An dem Tag, als man dich weggebracht hat, hattest du 41 Fieber oder mehr. Aber du warst nicht im Delirium. Du hattest einen ruhigen, klaren Kopf und sagtest von Zeit zu Zeit, wir dürften uns keine Sorgen um dich machen.« Ich hätte es Louis und Pavel gerne erklärt. Aber die Sache ließ sich — und läßt sich noch heute — nicht in Worten ausdrücken.

Die Krankheit hatte mich von der Angst befreit. Sie hat mich selbst vorm Tod gerettet. Ich möchte sagen, ohne sie wäre ich nicht am Leben geblieben. Ich war, kaum daß sie begonnen hatte, in eine andere Welt getreten; o ja, bei Bewußtsein. Ich redete keinen Unsinn. Louis hatte recht: ich behielt immer meinen ruhigen, klaren Kopf. Ruhiger denn je. Eben das war das Wunder.

Ich erlebte die Phasen der Krankheit mit, erlebte sie klar mit. Ich sah, wie ein Organ meines Körpers nach dem anderen abschaltete oder die Kontrolle verlor: zuerst die Lungen, dann die Gedärme, dann die Ohren, alle Muskeln und schließlich das Herz, das sich nur noch ungenügend zusammenzog und ausdehnte, mich mit einem einzigen gewaltigen Geräusch erfüllte. Was ich hier sah — ich wußte genau, was das war: mein Körper schickte sich an, diese Welt zu verlassen. Er wollte nicht ohne weiteres hinübergehen. Er wollte überhaupt nicht hinübergehen. Ich spürte das an den Schmerzen, die er mir schuf. Er wand sich nach allen Richtungen, wie es Schlangen tun, die man durchgeschnitten hat.

Habe ich gesagt, der Tod sei schon bei mir gewesen? Habe ich es gesagt, so war das allerdings ein Irrtum. Krankheit, Schmerz, ja, aber nicht Tod. Im Gegenteil — das Leben, erstaunlicherweise das Leben, hatte ganz und gar von mir Besitz ergriffen: ich hatte noch nie so intensiv gelebt.

Das Leben war eine Substanz in mir geworden. Sie drang mit einer Kraft, die tausendmal stärker war als ich, in meinen Käfig ein. Sie bestand nicht aus Fleisch und Blut — oh, gewiß nicht! —, nicht einmal aus Ideen. Sie kam wie eine hell schimmernde Welle, wie eine Liebkosung von Licht, auf mich zu. Ich konnte sie jenseits meiner Augen und meiner Stirn, jenseits meines Kopfes wahrnehmen. Sie berührte mich, schlug über mir zusammen; ich ließ mich auf ihr treiben.

Aus der Tiefe meines Erstaunens stammelte ich Namen, oder nein, ich sprach sie sicher nicht aus, sie erklangen von selbst: »Vorsehung, Schutzengel, Jesus Christus, Gott.« Ich versuchte nicht, nachzudenken. Für Metaphysik war noch viel Zeit! Ich sog an der Quelle. Und dann trank ich, noch und noch! Diesen himmlischen Fluß wollte ich nicht lassen! Ich erkannte ihn übrigens gut wieder: er war bereits einmal zu mir gekommen, gleich nach meinem Unfall, als ich gemerkt hatte, daß ich blind war. Es war dasselbe, stets dasselbe: *das* Leben, das mein Leben schützte. Der Herr hatte Mitleid mit dem armen Kerl, den er hier so hilflos liegen sah. Es ist wahr: ich konnte mir nicht selbst helfen. Niemand kann sich selbst helfen. Ich wußte es jetzt. Die SS, all die, die Macht besaßen, auch nicht. Das ließ mich lächeln.

Aber es gab da etwas, das an mir lag: die Hilfe des Herrn nicht zurückzuweisen. Diesen Hauch, mit dem er mich übergoß. Es war der einzige Kampf, den ich zu führen hatte — ein schwerer und wunderbarer Kampf zugleich —: ich durfte nicht zulassen, daß die Angst meinen Körper überfiel. Denn Angst tötet, Freude aber schenkt Leben.

Ich lebte langsam wieder auf. Und als eines Morgens einer meiner Nachbarn (ich erfuhr später, daß er Atheist war und glaubte, richtig zu handeln) mir ins Ohr brüllte, daß ich keinerlei Aussicht mehr habe davonzukommen und es besser sei, mich darauf vorzubereiten, lachte ich ihm als Antwort mitten ins Gesicht. Er verstand dieses Lachen nicht, doch er vergaß es niemals.

Am 8. Mai verließ ich das Revier auf meinen zwei Beinen. Ich war vom Fleisch gefallen, war verstört, aber ich war gesund. Ich war außerdem so glücklich, daß mir Buchenwald ein annehmbarer oder zumindest möglicher Ort schien. Wenn man mir kein Brot zu essen gab, würde ich mich von Hoffnung nähren.

So war es dann auch: ich lebte noch elf Monate im Lager. Doch von diesen dreihundertdreißig Tagen äußerster Not habe ich heute nicht eine einzige schlechte Erinnerung zurückbehalten. Ich wurde von einer Hand getragen. Ich wurde von einer Schwinge beschützt. Man kann solche lebhaften Empfindungen nicht beim Namen nennen. Ich hatte es kaum nötig, an mich selbst zu denken. Eine solche Sorge wäre mir lächerlich erschienen. Ich wußte, es war gefährlich und es war verboten. Ich konnte endlich den anderen helfen. Nicht immer, nicht viel, doch auf meine Weise konnte ich ihnen helfen.

Ich konnte ihnen zu zeigen versuchen, wie man am Leben bleibt. Ich barg in mir eine solche Fülle an Licht und Freude, daß davon auf sie überfloß. Seither stahl man mir weder mehr mein Brot noch meine Suppe, kein einziges Mal mehr. Man weckte mich oft bei Nacht und führte mich — manchmal recht weit — in einen anderen Block, damit ich einen anderen tröste.

Fast alle vergaßen, daß ich Student war: ich wurde »der blinde Franzose«. Für viele war ich sogar »der Mann, der nicht gestorben war«. Hunderte von Menschen vertrauten sich mir an. Diese Menschen wollten unbedingt mit mir sprechen. Sie sprachen mit mir französisch, russisch, deutsch, polnisch. Ich tat mein Bestes, um sie alle zu verstehen. So habe ich gelebt, so habe ich überlebt. Mehr vermag ich nicht zu sagen.

Jeans Bild verließ mich nicht mehr. Während meiner ganzen Krankheit war es ständig bei mir gewesen. Es hatte bei mir gewacht. Selbst als ich mich, zu schwach, das äußere Leben zu meistern, ganz in mich zurückgezogen hatte, war es noch da: das letzte Bild, das mir von der Welt geblieben war. Ganze Tage und Nächte hatte ich in Gedanken Jeans Hand gehalten. Und dieser Gedanke hat mich zweifellos besser beschützt, als es seine wirkliche Hand hätte tun können. Wie soll ich diese sonderbare Erscheinung erklären? Die ganze Lebenssehnsucht, die Jean nicht mehr hatte leben können, war auf mich übergegangen. Denn — ich habe den richtigen Augenblick versäumt, es zu sagen — Jean war tot.

Es war sicher. Man hatte es mir im März an dem Tag, bevor ich krank wurde, gesagt. Jean war vor den Toren Buchenwalds gestorben. Die Umstände sind meinem Gedächtnis fast ganz entschwunden. Ich erinnere mich nur, daß ich sehr erschöpft war, daß ich durch das Lager irrte, als eine Art großer, magerer Vogel auf mich niederstürzte. Seine Arme lagen plötzlich um meinen Hals, seine Knochen waren wie dünne Holzstäbchen, die die Haut durchbohren wollten: es war François.

Ich wußte nicht, daß François in Buchenwald war. Er war nicht mit uns hierher gekommen. Er weinte, und ich weinte. Anders konnten wir unsere Rührung nicht ausdrücken. Und auch diesmal kamen uns die Tränen aus Freude wie aus Schmerz zugleich. Gleich darauf erzählte er mir eine Geschichte, die so fürchterlich war, daß ich sie ihn wiederholen ließ. Beim ersten Mal hatte ich sie nicht begriffen.

An jenem Januartag, an dem man uns nach Compiègne gebracht hatte, waren auch sie aufgerufen worden. Sie — das waren François, Jean und drei andere der »Défense de la France«. Zuerst waren sie gut behandelt worden. Man hatte sie in normalen Personenwagen untergebracht. Sie waren eine ganze Nacht gefahren, doch nicht mehr. Man hatte sie höflich aufgefordert, auszusteigen. Sie befanden sich nahe bei Saarbrücken, in Neue Bremm. Doch Neue Bremm war eine Erfindung des Teufels, das, was die SS-Verwaltung ein Straflager nannte, ein Vorzimmer zu den Konzentrationslagern großen Stils, ein Ort, wo man die Leute methodisch und sehr schnell, in ein, zwei Wochen, zerbrach, bis der Lebenswille wie Rauch von brennendem Holz aus ihnen entwich. Man ließ sie zwei Stunden pro Nacht schlafen. Man gab ihnen nur einmal in vierundzwanzig Stunden zu trinken. Man übergoß sie fünfmal am Tag mit großen Mengen eiskalten Wassers. Man hieß sie niederhocken. In dieser Stellung mußten sie, unter Androhung, erschossen zu werden, verharren. In dieser Stellung mußten sie, an manchen Tagen sechs, an anderen Tagen acht Stunden hintereinander, in kleinen, hastigen Sätzen um ein gefülltes Wasserbecken hüpfen. Diejenigen, die ins Becken fielen, wurden herausgezogen und ausgepeitscht. Das waren die Schrekken von Buchenwald, doch auf den Zeitraum weniger Tage konzentriert. Buchenwald in abgekürzter Version. Und François und Jean waren drei Wochen in Neue Bremm geblieben.

Schließlich, eines Abends im Februar, als sie alle halbtot vor Mißhandlungen und Erschöpfung waren, hatte man sie wieder in einen Eisenbahnwagen gesetzt. Ohne ihnen irgendetwas mitzuteilen, natürlich. Sie wußten nicht, wohin es gehen würde. Der Waggon war bequem, er war geheizt. Man gab ihnen zu essen. Aber so fuhren sie dreiundzwanzig Tage, ohne ersichtlichen Grund, von Saarbrücken nach München, von München nach Wien, von Wien nach Prag, von Prag nach Nürnberg, von Nürnberg nach Leipzig, vom Abstellgleis in den Bahnhof und vom Bahnhof zurück aufs Abstellgleis. Auf dem Rangierbahnhof in Zwickau blieben sie fünf Tage und fünf Nächte. Auch das ohne einen Grund.

François und Jean waren zusammen geblieben. Man hatte sie nicht getrennt. François sagte, nur das habe diese harte Prüfung einigermaßen erträglich gemacht. Doch Jeans Atem ging schlecht, und er konnte sich nicht im Sitzen halten. Er lag ausgestreckt auf einer der Bänke. Zwei oder drei Mal am Tag sagte er ein paar zärtliche Worte: über François, über mich, über seine Braut. Er hatte keine Hoffnung mehr, doch schien er nicht mehr sehr zu leiden.

Am dreiundzwanzigsten Abend, gegen sechs Uhr, starb er im Eisenbahnwaggon. Wie François sagte, »sanft wie ein Kind, das einschläft«. Zwei Stunden später hielt der Zug im Bahnhof von Buchenwald. Jean war nicht ganz bis hierher gekommen. Schon am nächsten Tag hatte mich François im Lager wiedergefunden. Am Abend zuvor hatte er mit eigenen Augen gesehen, wie Jean starb.

Gleich danach entführte ich Jean in meine Krankheit, das heißt, an einen Platz, an dem ich für mehrere Wochen nicht genau wußte, wo Tod war und wo Leben. Als ich, nach Verlassen des

Reviers, François wiedersah, hatte dieser nicht die Kraft, wieder darüber mit mir zu sprechen. Auch ich hatte sie nicht. Sehen Sie! Das, was uns an Leben geblieben war, lebendig zu halten war schon eine Aufgabe am Rande unserer Kräfte.

Das Los von François beunruhigte mich. Gewiß mehr als mein eigenes. Denn ich wußte, daß er zum Arbeitskommando kommen würde. Tatsächlich wurde er vierzehn Tage später dazu aufgerufen. Vor allem aber war François viel zu mutig. In der Deportation übte diese Art Mut niemals lange Schonung. Man ging daran zugrunde. Er war durch Neue Bremm gegangen, wie, weiß ich nicht: doch mit knapper Not. Und dann war dieser Franko-Pole, dieser Pole aus Frankreich, dessen Vorfahren sich seit Jahrhunderten daran gewöhnt hatten zu leiden, mitten ins Herz des Elends eingedrungen wie ein Pfeil in den Mittelpunkt der Zielscheibe: hier zitterte er nach.

Gewiß hatte er seine Not wie die anderen. Doch anstatt sich darüber zu beklagen, pries er sie. Nie in seinem ganzen exaltierten Leben habe ich seine Stimme leidenschaftlicher, seine Bewegungen rascher gesehen. Zur Arbeit trug er seine Schaufel oder seinen Stein, aber immer auch noch die eines anderen — eines anderen, der es selbst nicht konnte. Von der Arbeit zurück, versorgte er die Verwundeten, stand den Sterbenden bei. Und nachts sang er zwei Stunden lang alles, was er aus der Musik kannte. François hatte keine Unze Kummer in seinem Herzen, nicht einen Zoll Weichheit an seinem Körper. Seine Haut war trocken und rauh geworden wie Leder.

Ihm zu sagen, er solle seine Kräfte schonen, war sinnlos. Er sagte immer: »Schade, wenn ich abkratze! Aber die Jungen können nicht ganz allein durchhalten.« François ging, und Georges kam. Das war Mitte Mai. Also alle, alle ohne Ausnahme. Es würde niemals ein Ende haben!

Am 20. Juli war Georges der Razzia entkommen. Wir hatten das bei der Gestapo gut gemerkt. Die SS war reichlich wütend! Als ich am 13. Mai aus der Baracke trete, höre ich plötzlich einen

Schrei und spüre den Körper eines Mannes, der mich umarmt. In derselben Sekunde — wie, kann ich nicht sagen — weiß ich, daß es Georges ist. Ich habe seine Stimme noch nicht gehört, doch er ist es. Er weint nicht wie François vor zwei Monaten: er lacht wie ein Irrer. Mehrere Minuten lang habe ich die größte Mühe, seine Geschichte zu verstehen: so lacht er, er erstickt fast vor Lachen, er ist nicht ganz bei sich.

Es war so gewesen: am 20. Juli hatten sie ihn nicht geschnappt. Damals überhaupt nicht! Georges arbeitete mit doppelter Energie weiter, bis zum 31. Januar. »Für dich und für mich, verstehst du?«, sagte er. Am 31. Januar wurde er auf Grund des Verrats eines anderen gefaßt. Ich erfuhr phantastische Dinge: die D.F. war nicht tot, sie war sogar gewachsen. Wie gut hatten wir doch daran getan, Georges und ich, in der Résistance so eng zusammenzuarbeiten! Alles was ich wußte, wußte er auch. Er hatte die einzelnen Stücke des Zeitungsvertriebs wieder zusammengeschustert, hatte ihn noch ausgeweitet. Im Januar waren 250 000 Exemplare nicht mehr die außergewöhnliche Leistung eines 14. Juli, sondern die regelmäßige, zweimal im Monat erreichte Auflage einer zuverlässig laufenden Maschinerie. Außerdem verfügte die D.F. über eine Widerstandsgruppe nördlich von Paris, zwischen Isle-Adam und Compiegne, mit zweitausend Männern, die unter Waffen die Landung der Alliierten erwarteten.

Georges' eigene Geschichte war die — schreckliche und nunmehr so alltägliche — Geschichte von Folterungen. Am Tag seiner Verhaftung trug er elf Schlüssel bei sich. Die Schlüssel von elf Geheimräumen der Bewegung. Man hat ihn elfmal gefoltert. Wie hat er es fertiggebracht, nichts zu sagen, wie hat er es überleben können? Ich verstand es nicht. Und ich sah, daß er es selbst nicht wußte. Manche Jungen sind für den Mut geboren wie andere vielleicht für die Schwäche. Leider war Georges zugrundegerichtet. Es war sinnlos, sich etwas vorzumachen. Es war seltsam: François nicht, aber er. In allem, was er sagte und tat, lag etwas Herausforderndes, und zugleich etwas Entsetztes.

Um das Maß voll zu machen, hatte man ihn, kaum daß die Verhöre zu Ende waren, nach Compiègne geschafft. Und von hier aus war sein Zug durch einen Verwaltungsirrtum nach Auschwitz geleitet worden. Bei ihrer Ankunft hatte ein Angestellter, der gewissenhafter war als die anderen, bemerkt, daß die zweitausend Franzosen, die man an diesem Tag hergebracht hatte, keine Juden waren. Man hatte sie also provisorisch in einer Baracke untergebracht und sie eine Woche später Richtung Buchenwald verladen. Aber Georges hatte Zeit gehabt, mit eigenen Augen zu sehen, wie gerade mehrere tausend jüdische Männer, Frauen und Kinder, in Kolonne aufgestellt, in eine der als Duschräume ausgegebenen Gaskammern gingen. Dieses Bild war in ihm haften geblieben. Es hatte die Nächstenliebe und die Hoffnung in ihm getötet.

Wir hatten ein paar große Tage zusammen. Verglichen mit Georges hatte ich sehr wenig erlitten: ich war fast unversehrt. Ich versuchte an ihm eine Art künstlicher Atmung: man mußte ihm um jeden Preis wieder Fröhlichkeit einhauchen, ohne sie würde er ertrinken. Merkwürdigerweise waren es nicht die physischen Kräfte, die ihm fehlten, sondern die anderen. Kräfte, die ich, durch Gottes Gnade, besaß. Man mußte sie sich sofort zunutze machen. Ich sagte zu Georges: »Nimm! Nimm soviel du kannst!« Und er tat es. Er war furchtbar reizbar geworden. Manchmal teilte er sogar ohne Grund Schläge aus. Doch von mir nahm er alles an, weil ich sein »Bruder« war.

Eines Morgens gegen acht Uhr — es war der 6. Juni 1944 — waren Georges und ich gerade zusammen, als sich uns ein Holländer, den wir nur vom Sehen kannten, in den Weg warf und auf deutsch schrie: »Die Alliierten sind in der Normandie gelandet.« Wie diese wahre Nachricht, die erst vier Stunden alt war, so schnell nach Buchenwald gelangt war, sollte für mich eines der zahllosen Geheimnisse der Deportation bleiben. Jetzt würden wir also vielleicht eines Tages befreit werden! Das war das letzte Glück, das Georges und ich zusammen teilten. Eine Woche später rief man ihn zum Kommando ab. Ich weiß es gut: ich war da, als sich seine Kolonne aufstellte. Das heißt, er stand zehn Meter von mir entfernt, und zwischen uns war der Stacheldraht. Ich erinnere mich an seine Stimme, als man zum Abmarsch pfiff. Von weitem rief er mir zu: »Leb wohl, Jacques! Ich werde dich nicht mehr wiedersehen!« Warum sagte er das? Noch nie hatte einer so etwas gesagt, nicht Denis, nicht Gérard, nicht Frédéric, nicht François. Und gleich darauf war mir die Antwort klar: »Er hat es gesagt, weil es wahr ist.«

Jean, François, Georges. Vielleicht eines Tages alle. Alle, einer nach dem anderen. Außer mir, der ich nichts vermochte, nichts war! Nur Philippe, der Chef, war, irgendwo da unten in Frankreich, noch frei.

Vergessen: das war das Gesetz. Man mußte all die vergessen, die nicht da waren: die Kameraden in Gefahr, die Familie, die Lebenden und die Toten. Selbst Jean mußte man vergessen. Nicht, um sich Schmerz zu ersparen — der Schmerz hatte sich ohnehin erbarmungslos bei uns eingenistet —, sondern um sich die Lebenskraft zu bewahren. Erinnerungen sind zu zart, zu dicht an der Angst, sie verzehren die Energie. Man mußte in der Gegenwart leben, jede Sekunde mit Haut und Haar verschlingen, sich an ihr sättigen.

Dazu durfte man, erhielt man seine Brotration, nicht sparen: man mußte sie sofort und herzhaft verzehren, Bissen für Bissen, als sei jedes Stückchen alle Nahrung der Erde. Dazu mußte man sich, kam ein Sonnenstrahl, ganz öffnen, ihn bis auf den Grund des Körpers einsaugen, durfte man nicht daran denken, daß es einem eine Stunde zuvor kalt war, daß es einem eine Stunde später kalt sein würde, mußte man ihn feiern. Mußte sich an den Augenblick klammern. Den Lauf der Erinnerungen und Hoffnungen anhalten. Und seltsam: kein Angstgefühl konnte dieser Kur lange widerstehen. Nimmt man dem Schmerz seinen doppelten Resonanzboden — die Erinnerung und die Angst —, lebt er zwar weiter, doch schon zur Hälfte befreit. Man mußte sich also in jede Minute stürzen, als sei es die einzige, die wirklich existiert, und arbeiten, viel arbeiten.

Gegen Ende Mai hatte ich meine Beschäftigung gefunden. Während der ganzen Zeit, in der das Lager nicht schlief, achtzehn Stunden täglich, hatte ich die Aufgabe, gegen die Panik anzukämpfen. Gegen die meiner Kameraden wie meine eigene. Denn beides war untrennbar miteinander verbunden. Ich hatte die Aufgabe, die Kriegsnachrichten zu sieben.

Das war wichtig. Wenn Deutschland als Sieger aus dem Krieg hervorging, war es um uns alle ohne Unterschied geschehen. Wurde Deutschland besiegt, doch zu spät besiegt — später als kommenden Frühling —, würde sicher nur noch eine Handvoll Überlebender übrig sein, und wer von uns konnte darauf hoffen, einer von ihnen zu sein? Es war, zum anderen, wichtig, weil in Buchenwald jedermann log. Falsche Nachrichten überschwemmten das Lager. Seit der Landung der Alliierten in der Normandie war Paris jeden Tag einmal gefallen. Berlin war zerstört. Hitler tot. Die Russen vor den Toren Leipzigs und Nürnbergs. Luftlandetruppen hatten Süddeutschland und Dänemark besetzt. Nie wußte man, woher diese Nachrichten stammten. Nie fand man den Schuldigen, der sie aufgebracht hatte. Alle waren schuld, alle verbreiteten sie. Falsche Hoffnungen, die richtiggestellt wurden, Illusionen, die sich als Geschwätz entpuppten — das warf alle um, Zweifel und Angst faßten Wurzel.

Man mußte dem Übel zu Leibe gehen. Meine Kameraden übertrugen mir die Verantwortung für die Information des »kleinen Lagers«, das heißt, einer Abteilung von ungefähr 30 000 Häftlingen. In jedem Block gab es einen Lautsprecher. Über diesen gab das SS-Kommando von außerhalb des Lagers seine Befehle. Die übrige Zeit waren die Lautsprecher auf den deutschen Rundfunk eingestellt: auf offizielle Kommentare und Wehrmachtsberichte. Jeden Tag nahm ich die Berichte ab, alle Berichte von morgens bis abends. Ich hatte die Aufgabe, sie zu entschlüsseln. Denn die Wehrmachtsberichte waren unehrlich und unklar. Sie meldeten nicht die Kampfhandlungen. Sie sprachen in Auslassungen. Sie zeichneten den Krieg ins Leere. Meine schwierige und Umsicht fordernde Arbeit bestand darin, den wirklichen Verlauf der Kampfhandlungen zu rekonstruieren.

Mitte August war der Name Paris drei Wochen lang nicht ein einziges Mal in den Berichten mehr erwähnt worden. Eine Niederlage, eine verlorene Stadt wurde nie genannt. Man mußte also die Lücken ausfüllen, durfte sich aber nicht täuschen. Trotzdem meldete ich am 26. August den Fall von Paris. Ich war damit nicht zu früh, ich war damit nicht zu spät dran.

Waren die Nachrichten aufgenommen und entschlüsselt, mußten sie noch verbreitet werden. Ich ging von Block zu Block. Ich stellte mich auf einen Tisch oder mehrere aufeinandergestapelte Bänke und gab Auskunft. Man denkt vielleicht, es wäre einfacher gewesen, das, was ich gehört hatte, auf ein Blatt Papier zu schreiben, es in fünf oder sechs Sprachen zu übersetzen und in Umlauf zu bringen. Leider hatte ich aber die Erfahrung gemacht, daß das nicht ging. Schon eine sorglose und zuversichtliche Menschenmenge fängt nicht viel mit dem an, was man ihr vorlegt. Eine von Angst und Verzweiflung erfaßte Menge aber stemmt sich dagegen wie gegen einen Angriff.

Nicht Fakten, Namen, Zahlen wollten diese Leute: sie wollten Sicherheiten, Realitäten, die zu Herzen gingen. Nur ein Mann, der vor ihnen stand, konnte sie ihnen geben. Sie brauchten seine Ruhe, seine Stimme. Ich war diese Stimme geworden.

Ich sagte ihnen, ich selbst habe die Nachrichten gehört, sagte ihnen, wann ich sie gehört hatte, wo ich sie gehört hatte. Zuerst wiederholte ich wörtlich die einzelnen Wehrmachtsberichte. Dann erklärte ich, was sie bedeuteten, was ich darunter verstand. Auf Deutsch und Französisch sprach ich selbst. Für das Russische, Polnische, Tschechische, Ungarische und Niederländische hatte ich mir Helfer beschafft. Ich führte meine Dolmetschertruppe überall mit mir.

Da wir keine Landkarten besaßen, mußte ich jeden Tag, bevor ich sprach, einen Mann finden, der den jeweiligen Kriegsschauplatz, ob er nun in Galizien oder in den Ardennen lag, persönlich kannte. Namen, Stellungen, Entfernungen mußten auf jeden Fall genau stimmen. Vor allem die Entfernungen: von ihnen hing der Krieg ab.

Das war alles erst der Auftakt zu meiner Arbeit. Ich sagte schon, daß in Buchenwald jedermann log. Die einen aus Mutlosigkeit, andere aus Angst, andere aus Unwissenheit. Manche aus Bosheit. Ich habe erlebt, wie Leute Bombenangriffe auf Städte erfanden, einzig um des Vergnügens willen, einen anderen zu quälen, der dort all seine Lieben wußte.

Waren die Nachrichten einmal durchgegeben, mußte man darauf sehen, daß sie nicht entstellt wurden. Das erforderte eine ständige Überwachung. Ich hatte für jeden Block zwei oder drei Verantwortliche ernannt. Ihre Aufgabe war es, was ich gesagt hatte, richtig zu wiederholen, alle phantastischen und tückischen Darstellungen öffentlich zu korrigieren, vor allem aber alle die, die falsche Gerüchte verbreiteten, anzugeben.

Und manche von ihnen waren schwer zu halten. Sie glaubten an ihre eigenen Erfindungen! Die Wahrheit geht beim Menschen zu einem Ohr hinein, zum anderen hinaus, Unwahrheit aber sitzt fest wie Pech und Schwefel. Oft war eine Schlägerei das einzige Heilmittel. Man mußte einen Kerl solange verprügeln, bis er nicht mehr log. Da stand so einer, von seiner irrigen Meinung überzeugt, und flehte einen an, sie ihn sagen zu lassen. Wie dieser Pole, der eines Abends schrie, in Posen stehe kein Stein mehr auf dem anderen, er habe es erfahren, er wisse es, er müsse es allen sagen. Aber gerade das durfte nicht sein. Gerade darum ging es. Denn es hätte in der Nacht bestimmt Blutvergießen, Selbstmorde gegeben — Leute aus Posen, die diese Nachricht nicht ertragen hätten.

Man mußte in dieser Atmosphäre des Wahnsinns, die im Lager herrschte, ein wenig Vernunft aufrechthalten. Mußte in dem Tohuwabohu der Gehirne etwas Ordnung schaffen. Und wenn wir wirklich nicht herausbringen konnten, was draußen vorging, durften wir es zum allerwenigsten erfinden!

Das also war die offizielle Information. Jetzt gab es noch die Geheiminformation. Es ist schwer zu glauben und doch wahr: zu uns gelangten Nachrichten aus Frankreich, England, Rußland. In einem der Lagerblocks, der für medizinische Versuche reserviert war, hatten mehrere Häftlinge unten in den Kellerräumen aus gestohlenen Teilen einen Radioempfänger montiert — und ebenso einen Sender, wie wir später erfuhren. Wäre dieser Empfänger entdeckt worden, hätte er mit Sicherheit mehrere tausend Menschen das Leben gekostet.

Was sollte man mit den Nachrichten machen, die man auf diese Weise erhalten hatte? Sie an alle Kameraden weitergeben? Hatten sie schließlich nicht ein Recht darauf? Ohne Angabe der Quelle. Das Risiko war zu groß: es wimmelte von Spionen. Unter dem SS-Regime war niemand sicher. Nein. Wir mußten sie für uns — eine kleine Gruppe Eingeweihter — behalten. Das war absurd und grausam. Aber es war notwendig.

So wußte ich jeden Tag ein wenig mehr, als ich sagen durfte. Ich war gezwungen, alle meine Worte zu wägen, auf alles, sogar ein Lachen, aufzupassen. Ich war den ganzen Tag beschäftigt. Ich hatte fast keine Zeit mehr, an mich selbst zu denken. Ich konnte mir sagen, ich sei eine Art Arzt. Ich betrat einen Block: ich fühlte seinen Puls. Ich wußte mit der Zeit sofort, was an diesem Tag mit Block 55 oder Block 61 los war. Eine Baracke — das war eine gemeinsame Seele, ein Kollektivkörper. Die Menschen waren darin so zusammengepfercht, daß sie sich fast nicht mehr voneinander unterschieden. Wenn an einem Ende Panik ausbrach, traf man sie drei Minuten später am anderen Ende auch an.

Den Zustand des Blocks erfaßte ich am Geräusch, das sein Körper machte, an seiner Geruchsmischung. Es ist unerhört, wie die Verzweiflung riecht, oder die Zuversicht: für den Geruchssinn zwei völlig verschiedene Welten. Dann gab ich, je nach Zustand, mehr oder weniger Nachrichten aus, mehr oder weniger in einer, mehr oder weniger in anderer Hinsicht. Moral ist eine so wenig stabile Sache, daß ein Wort, ein Tonfall sie ins Wanken bringen kann.

Das Wunderbare war, daß ich dadurch, daß ich soviel auf die Unruhe der anderen lauschte, schließlich selbst fast ganz von Unruhe frei war. Ich war heiter geworden, war fast dauernd heiter. Und ohne es zu wollen, ohne daran zu denken. Das half mir natürlich, aber es half auch den anderen. Sie hatten sich so sehr daran gewöhnt, den kleinen blinden Franzosen bei sich zu sehen, mit seinem fröhlichen Gesicht, seinen von Ruhe durchdrungenen und mit lauter Stimme vorgetragenen Ausführungen und seinen Nachrichten, daß sie ihn auch an Tagen, an denen es keine Nachrichten gab, zu sich bestellten.

Oh, an jenem Septemberabend, als mich fünfzehnhundert Ukrainer in die Mitte ihrer Baracke setzten, im Kreis um mich herum sangen, tanzten, Akkordeon spielten, weinten, wieder sangen — das alles ohne Geschrei, ernst und liebevoll —, an jenem Abend, das darf ich wohl sagen, brauchte ich mich weder mehr gegen Vergangenheit noch Zukunft zu wehren. Die Gegenwart war kugelrund, und sie wärmte mich fort und fort.

Und schließlich umarmten sich diese Menschen lachend (nach einer Stunde lachten sie wirklich), und wenn ihnen irgendjemand in diesem Augenblick gesagt hätte, sie seien unglücklich, sie seien im Konzentrationslager, so hätten sie ihm nicht geglaubt. Sie hätten ihn weggejagt.

Wir hatten unsere Armen und unsere Reichen in Buchenwald, wie das überall ist. Hier allerdings erkannte man sie weder an ihrer Kleidung noch an ihren Orden. Als Schmuck trug jeder von uns ein auf die Jacke genähtes Stoffdreieck: rot, wenn wir »Politische« waren, gelb, wenn wir Juden waren, schwarz, wenn wir »Asoziale« waren, grün, wenn wir gewöhnliche Kriminelle waren, rosa, wenn wir registrierte Päderasten waren, violett, wenn wir

religiöse Gegner des Nazismus waren. Und unterhalb des Drei-
ecks trugen wir ein Rechteck aus dem gleichen Stoff mit unserer
Registrationsnummer und dem Buchstaben unserer Nationalität.
Wenn wir, schließlich, als Verrückte anerkannt waren, hatten
wir das Recht auf eine Armbinde mit drei schwarzen Punkten.
Unsere Kleider waren sich alle gleich, sie bestanden alle aus
Lumpen.

Das einzige Unterscheidungsmerkmal, das noch blieb, war der
Schädel. Gleich in den ersten drei Tagen unseres Lagerdaseins
wurde uns zwar der Kopf vollkommen kahlgeschoren. Und da in
dieser Zeit der Bart lustig weitersproß, gab man eine beunruhigende Figur ab. Im Laufe des zweiten Vierteljahres wurden die
beiden Seiten des Kopfes abrasiert, doch in der Mitte wuchs eine
Haarkappe ungehindert weiter. In den sechs folgenden Monaten
wurden diese beiden Seiten nicht mehr angerührt. Die Haare
schossen wild in die Höhe. Jetzt schor man dafür die Kappe kahl:
sie machte einem breiten Streifen Platz, den wir untereinander
die »Autobahn« nannten. Am Ende des Jahres konnte man
schließlich mit den Haaren machen, was man wollte. Das war
ein Privileg.

Wir alle waren nackt. Auch wenn das physisch nicht ganz
stimmte, war es doch der Fall. Kein Rang, keine Würde, kein
Vermögen. Man hatte allen äußeren Schein von uns genommen.
Jedermann war auf sich selbst reduziert, auf das, was er wirklich
war: und das, man glaube mir, schuf ein echtes Proletariat. Trotzdem hatte man sich in der Menge zurechtzufinden, hatte zu wissen, mit wem man sprach. Das Lager war ein Hexenkessel: hier
waren alle kunterbunt durcheinandergeworfen, der Benediktiner-
mönch, der kirgisische Hirte, der dreimal am Tage mit dem Gesicht zur Erde zu Allah betete, der Professor von der Sorbonne,
der Bürgermeister von Warschau, der spanische Schmuggler, die
Männer, die ihre Mutter getötet oder ihre Tochter vergewaltigt
hatten, die Männer, die sich hatten verhaften lassen, um zwanzig
andere vor dem Tod zu retten, die Weisen und die Einfältigen, die

Helden und die Feigen, die Guten und die Bösen. Nur waren jetzt — und damit mußte man sich abfinden — all diese Kategorien tot. Wir waren in eine andere Welt eingetreten.

Ich selbst hatte das Glück, erst zwanzig Jahre alt zu sein, noch keine Gewohnheiten, von einigen geistigen abgesehen, zu haben. Ich hatte keine andere Ehre nötig als die, am Leben zu sein. Ist es verwunderlich, daß ich glücklicher war als die meisten meiner Mithäftlinge?

Die Frommen suchten überall nach ihrem Glauben. Sie fanden ihn nicht wieder, oder sie fanden nur so wenig von ihm, daß sie nicht mehr zu ihm Zuflucht nehmen konnten. Es muß schrecklich sein, wenn man sich vierzig Jahre einen Christen genannt hat, zu entdecken, daß man in Wirklichkeit gar keiner ist, daß Gott einem nicht mehr genügt. Die Leute, die immer von jedermann geachtet waren, liefen ihrer verlorenen Achtung nach. Aber von dieser Achtung war nichts mehr übrig geblieben. Auch die Intellektuellen, die Gebildeten, die großen Köpfe hatten viel zu leiden. Sie wußten nicht mehr, was sie mit ihrem Wissen anfangen sollten. Es beschützte sie nicht vor dem Unglück. In dieser gewaltigen Menschenmasse ging es unter. Wie viele Physiker, Soziologen, Archäologen und Anwälte mußten nicht getröstet werden! Und das war nicht leicht. Sie wollten alles eher verstehen, als daß ihre Intelligenz nicht mehr gefragt war.

Wir hatten unsere Reichen in Buchenwald. Doch es war verteufelt schwer, sie in der Masse zu finden: sie trugen keine Schildchen. Es waren weder Religiöse noch Atheisten, weder Liberale noch Kommunisten, weder gut noch schlecht Erzogene. Sie waren eben, schön unter die anderen gemischt, da. Ich hatte nur eine Idee: sie wiederzuerkennen.

Ihr Reichtum bestand nicht in Mut. Mut ist immer etwas Verdächtiges, oder er ist die Folge von etwas anderem. Die Reichen waren die Leute, die auf die eine oder andere Art nicht — oder selten, in dringenden Fällen, ein oder zwei Minuten — an sich selbst dachten. Es waren die Leute, die den absurden Gedanken aufgegeben hatten, das Konzentrationslager sei das Ende von allem, ein Stück Hölle, eine ungehörige Strafe, ein Unrecht, das sie nicht verdient hatten. Es waren die Leute, die Hunger, Kälte und Angst verspürten wie alle anderen, die nicht zögerten, das gelegentlich zu sagen (warum sollte man auch solche Wahrheiten verschweigen), die sich aber letzten Endes darüber hinwegsetzten. Die Reichen waren diejenigen, die gar nicht recht da waren.

Manchmal waren sie ganz weggetreten: das waren die Verrückten. Im Invalidenblock habe ich zwei- oder dreihundert von ihnen kennengelernt. Von ganz nah: wir aßen, schliefen, wuschen uns, sprachen zusammen. Die meisten von ihnen waren, wenn man sie nicht angriff, nicht bösartig. Sie hatten es nicht nötig: sie waren im allgemeinen glücklich. Und doch hatte ihr Glück etwas Schreckliches an sich, es war eine Art gefrorenes Glück: es war nicht mitteilbar. Ich betrachtete diese Verrückten über die Schranke meines eigenen Verstandes. Sie hatten alle irgendetwas Unerschütterliches an sich, was mich faszinierte. Wie bei jenem Franz, einem kleinen Schlesier, dessen Hände unaufhörlich zitterten, der Tag und Nacht halblaut vor sich hin sprach, immer wieder sagte, daß Buchenwald, alles in allem, kein schlechtes Plätzchen und die Mißgeschicke der anderen nur deren eigene Halluzinationen seien. Franz schien das Elend der Welt auf sich genommen zu haben. Ja, er nahm es irgendwie auf sich. Manche Leute sagten, sein Gesicht habe Ähnlichkeit mit dem Gesicht Christi bekommen.

Auch die Einfältigen litten nicht, ihre Erinnerung und ihre Phantasie waren verkümmert. Sie lebten für den Augenblick, lebten in den Tag hinein, wie es vermutlich die Bettler tun. Es war seltsam: man fand bei ihnen Trost. Die Habenichtse, die Landstreicher, die, die nie ein festes Dach über dem Kopf gehabt hatten — sie hatten, mochten sie auch einfältig oder faul sein, alle möglichen Lebensgeheimnisse gesammelt, und sie waren nicht mürrisch: sie gaben sie einem preis. Ich verbrachte bei ihnen Stunde um Stunde.

Und dann — das darf ich nicht vergessen — waren da auch die Russen. Nicht alle Russen natürlich. Auch unter ihnen — vor allem unter denen, die sich an Marx, Lenin und Stalin wie an einen Rettungsring klammerten — gab es Komplizierte, Verschlossene. Aber die russischen Arbeiter und Bauern. Diese Menschen benahmen sich nicht wie die anderen Europäer. Es war, als gebe es für sie keine intimen Geheimnisse, keine Reserviertheit. Außer vielleicht in ihren elementaren seelischen Regungen: ihrem Gefühl für ihre Frau, ihr Kind. Aber selbst da weniger als bei uns.

Es war, als seien sie alle zusammen eine Person, sie alle zusammen. Wenn jemand etwa einen Russen schlug (was nicht immer leicht zu vermeiden war, es gab da so viele Gelegenheiten), sprangen innerhalb einer Minute fünfzig Russen von rechts, von links, von allen Seiten herbei und ließen es ihn bereuen. Wenn jemand dagegen einem Russen Gutes getan hatte (sie begnügten sich mit sehr wenig: einem Lächeln, einem Schweigen im rechten Augenblick), dann wurden mit einem Schlag zig Russen zu seinen Brüdern. Für einen solchen hätten sie sich töten lassen. Für einen solchen ließen sie sich manchmal töten.

Ich hatte sofort das Glück, von ihnen gemocht zu werden. Ich versuchte, ihre Sprache zu sprechen. Ich redete mit ihnen nicht über Politik. Freilich redeten auch sie nicht darüber. Ich stützte mich auf die große Stärke ihres Volkes, eines Volkes, das eigentlich nicht aus einzelnen Individuen wie bei uns, sondern vielmehr aus einem globalen, stürmisch zum Leben drängenden Energiestrom bestand.

Blieben noch die Alten. Die alten Russen und die anderen. Franzosen, Polen, Deutsche. Auch von ihnen lernte ich immer etwas. Denn die schlechten Alten — das war's —, all die Leute, die es nicht verstanden hätten, alt zu werden, waren gestorben. Man starb viel in Buchenwald zwischen fünfzig und fünfundsechzig. Es war das Alter der Hekatomben. Die, die überlebten, waren fast alle gut.

Eigentlich waren sie nicht mehr da. Sie betrachteten die Welt — und Buchenwald in seiner Mitte — von etwas weiter weg. Sie nahmen Buchenwald als einen Teil des großen Flusses aller Dinge. Sie schienen schon an einer besseren Welt teilzuhaben. Bei den Leuten über siebzig stieß ich nur noch auf Freude.

Um im Lager zu leben, mußte man teilhaben, nicht nur für sich selbst leben. Ein solches auf sich selbst bezogenes Leben hat in dieser Welt der Deportierten keinen Platz. Man muß darüber hinauswachsen. Etwas ergreifen, das größer ist als man selbst. Gleichgültig wie: durch das Gebet, wenn man beten kann, durch die menschliche Wärme, die von einem anderen kommt und die man ihm wieder gibt, oder ganz einfach dadurch, daß man aufhört, gierig zu sein. Diese freudvollen Alten waren wie die Landstreicher: sie forderten nichts mehr für sich selbst, und so besaßen sie alles. Teilnehmen, gleichgültig wie, aber teilnehmen! Das war bestimmt schwer; die meisten brachten es nicht fertig.

Warum mich selbst die Freude nie ganz verlassen hat, kann ich nicht erklären. Aber es war so: sie ließ mich nicht los. Ich fand sie selbst an ganz seltsamen Orten: in der Tiefe der Angst zum Beispiel. Und die Angst löste sich von mir wie der Eiter eines Abszesses, der zum Durchbruch kommt. Nach einem Jahr Buchenwald hatte ich begriffen, daß das Leben ganz und gar nicht so war, wie man es mich gelehrt hatte — weder das Leben noch die Gesellschaft. Wie sollte man es sonst erklären, daß der einzige, der in Block 56, meinem Block, monatelang Tag und Nacht freiwillig über die Tobsüchtigen wachte, sie beruhigte, sie fütterte, sich der Krebs-, Ruhr- und Typhuskranken annahm, sie wusch, sie tröstete, der Mann war, von dem alle sagten, er sei im bürgerlichen Leben ein weibischer Kerl, ein Salonpäderast, einer jener Männer, in deren Gesellschaft man sich nicht gern öffentlich sehen läßt? Er aber war jetzt der gute Engel. Ja, man kann es ruhig sagen: der Heilige, der einzige Heilige im Invalidenblock. Wie sollte man es sonst erklären, daß Dietrich, jener deutsche Kriminelle, der vor sieben Jahren wegen Mordes an seiner Mutter und seiner Frau festgenommen worden war — er hatte sie erdrosselt —, hier mutig und hochherzig war? Warum teilte er jetzt, auf die Gefahr hin, dafür schneller zu sterben, sein Brot mit anderen? Und warum erhob sich zur gleichen Zeit jener ehrenhafte Bürger aus unserem Land, jener kleine Kaufmann aus der Vendee, ein Familienvater, heimlich bei Nacht, um das Brot der anderen zu stehlen?

Diese schockierenden Dinge — das war nicht das, was ich in Büchern gelesen hatte: jetzt war ich mit ihnen konfrontiert. Ich konnte sie nicht übersehen. Sie waren voller Fragen für mich. War nun Buchenwald oder war die gewöhnliche Welt — das, was wir das »normale Leben« nennen — schief?

Ein alter Bauer aus Anjou, den ich gerade getroffen hatte (wie seltsam! er war zehn Kilometer von Juvardeil entfernt geboren) versicherte, die gewöhnliche Welt sei verbogen. Er war davon überzeugt.

18

DIE BEFREIUNG

Jeden Tag wurde Deutschland stärker in den Schraubstock zwischen West- und Ostfront eingespannt. Die Befreiung Europas war nahe. Doch je größer die Siegeschancen der Alliierten wurden, desto kleiner wurden unsere Chancen zu überleben. Wir waren keine gewöhnlichen Gefangenen. Für uns gab es keine internationalen Gesetze, gab es keine Konvention der Menschenrechte. Wir waren die Geißeln des Nazismus, das lebendige Zeugnis seiner Verbrechen. Wenn das Dritte Reich in die Luft flog, mußten wir uns mit ihm in die Luft jagen lassen.

Seit September 1944 ging das Gerücht um, die SS habe den Befehl erhalten, im Falle einer Niederlage in den Konzentrationslagern keinen einzigen Mann am Leben zu lassen. Die Dynamitladungen ständen bereit, und was Explosion und Brand nicht geschafft haben sollten, das würden Maschinengewehre zu Ende führen. Bald war es schon kein Gerücht mehr, sondern eine Nachricht, die sogar die SS nicht mehr geheimhielt.

In Buchenwald saß man wie in allen Lagern in der Falle: sieben konzentrische Ringe elektrisch geladenen Stacheldrahts trennten uns von der Welt. Nur ein Zufall des Himmels konnte uns retten. Uns gehörte nichts von der Zukunft. Wir hatten nicht einmal mehr das Recht, an sie zu denken. Wir hatten auch gar nicht mehr die Kraft dazu.

Im Laufe des Winters 1944/45 war die tägliche Lebensmittelration auf hundert Gramm Brot und hundertfünfzig Gramm einer schlechten Suppe herabgesetzt worden. Was uns an Energie blieb, ließen wir in die gegenwärtige Minute fließen. Nur sie existierte noch. Unsere Nervensubstanz war so zusammengeschrumpft, daß sie nicht einmal mehr unsere Träume nähren konnte. Hoffnung ist ein Luxus. Das weiß man für gewöhnlich nicht, weil das Leben für gewöhnlich überreich ist.

Im März 1945, als die Alliierten den Rhein überschritten, hatte sich eine sonderbare Gleichgültigkeit auf Buchenwald gesenkt. Die Nachricht davon beeindruckte uns, aber sie konnte unseren Lebensmut weder mindern noch steigern. Man fand nur noch bleierne Körper, stumme Herzen. Und diejenigen, die wie ich das Leben nicht aufgegeben hatten, hielten es gegen sich gepreßt. Sie gaben es nicht aus, sprachen nicht darüber.

Von jetzt an flogen jede Nacht lange, unsichtbare Flugzeugschwärme über den Hügel von Buchenwald. Der ganze Himmel hallte wider wie ein Metallgerippe. Aus der Ebene ringsum stiegen riesige Fackeln hoch: explodierte Fabriken, zerstörte Städte. Einmal brannte es nachts weit weg im Osten. Diesmal hielt sich die Fackel vierundzwanzig Stunden lang: man sagte, es seien die Fabriken für synthetisches Benzin in Merseburg.

Die SS-Kontrolle über das Lager hatte sich etwas gelockert, doch wenn sie umging, wütete sie fürchterlich. Die grausigsten öffentlichen Erhängungen gab es im März. Endlich, am Morgen des 9. April, gab es keinen Zweifel mehr — diese Bombenabwürfe im Sturzflug über Weimar und der Umgebung des Lagers, dieser Kanonendonner im Westen, in den Vorstadtgebieten Erfurts, zwanzig Kilometer von uns: die Unsrigen waren da!

Die Nachricht versank in uns wie in einem zu tiefen Brunnen: wir sahen sie zuerst fallen, dann verloren wir sie aus den Augen. Unsere Körper waren sehr schwach. Am selbigen 9. April hörte jegliche Versorgung mit Lebensmitteln auf. Am 10. kam plötzlich ein Befehl durch. Das heißt, wir sollten eine Wahl treffen. Was bedeutete das? Das SS-Kommando bot den Häftlingen von Buchenwald eine Alternative an. Entweder auf eigene Gefahr im Lager zu bleiben oder innerhalb zwei Stunden, von SS-Wachen eskortiert, Richtung Osten abzumarschieren. Dieser Schlag war härter als alle anderen. Wie sollte man wählen? Niemand konnte es. Keine logische Überlegung, keine menschliche Berechnung gab die Antwort. Wo lag die Rettung? Wo lag das Leben? Was bot uns die SS da an?

Überall sah ich Panik. Diese Absurdität, diese Scheinfreiheit, ihr Schicksal zu wählen, legte sich den Menschen mehr als jede Drohung auf die Brust. Manche sagten: »Sie werden diejenigen, die bleiben, niedermachen. Sie geben denen, die gehen, eine Chance.« Ebensogut war das Gegenteil möglich.

Da beschloß ich zu bleiben. Mehr als das: ich schleppte mich durch meinen Block, durch die Nachbarblocks. Ich schrie auf alle ein, sie müßten bleiben. Ich erinnere mich sogar, einen Kameraden rücksichtslos geschlagen zu haben, um ihn am Gehen zu hindern. Warum? Ich wußte nicht mehr als die anderen. Ich war nicht erleuchtet worden. Dennoch war ich entschlossen, nicht zu gehen. Man durfte nicht gehen. Anstatt Argumente zu finden, sprach ich planlos irgendwelche Wörter aus: »Man geht nicht. Man ist treu.« Was denn treu? O Gott, beschütze uns!

Im Laufe des Nachmittags marschierten von den hunderttausend Buchenwalder Häftlingen achtzigtausend ab. Wir, die zwanzigtausend, die blieben, sprachen nicht. Wir wagten es nicht mehr. Am Morgen des 11. plagte uns der Hunger so sehr, daß wir das Gras von den Wegen fraßen, um unseren Magen zu täuschen. Die Schlacht tobte zehn Kilometer von uns entfernt am Fuße unseres Hügels. Wir hörten sie kaum.

Gegen Mittag hielt es mich nicht mehr. Ich mußte Neuigkeiten haben, gleichgültig welche. Ich erinnerte mich plötzlich an die Existenz der Lautsprecher. In jedem Block gab es einen an das Hauptquartier der SS angeschlossenen Apparat. Durch diesen Kanal gaben sie immer ihre Befehle.

Ich schleppte mich zur Kabine unseres Blockältesten. Dort befand sich der Lautsprecher. Hier war ich so gut wie allein. Die Leute waren alle draußen damit beschäftigt, die Geräusche der Schlacht zu ergründen.

Diesmal wußte ich, daß aus dem Lautsprecher Leben oder Tod — das eine oder das andere — kommen würde. Das Gerät schwieg hartnäckig. Um ein Uhr dreißig vernahm ich die vertraute SS-Stimme, eine sehr langsam sprechende Stimme, die den SS-Truppen die Anweisung gab, in einer halben Stunde die geplante Vernichtung aller noch vorhandenen Häftlinge durchzuführen.

Welche Hand schaltete in diesem Augenblick mein Bewußtsein ab, welche Stimme sprach zu mir? Ich weiß es nicht. Doch ich erinnere mich, daß ich keine Angst hatte. Ich erinnere mich, daß ich der SS nicht glaubte. Und ich beschloß, meine Kameraden nicht zu benachrichtigen.

Zwanzig Minuten später fiel ein kleiner Russe von vierzehn Jahren, der gelenkig wie ein Affe war und sich auf das Dach der Baracke hochgezogen hatte, aus vier Metern Höhe mitten in die Menge. Er schrie: »Die Amerikaner! Die Amerikaner!«

Man las ihn auf. Er hatte sich beim Fallen sehr weh getan. Menschen liefen. Menschen brüllten. Ein französischer Kamerad packte mich am Arm und riß mich mit nach draußen. Er schaute und schaute zum Lagereingang hin. Er fluchte und murmelte zwischen den Zähnen Dankgebete. Er schaute. Und da war es. Es war wahr! Auf dem Kommandoturm hing eine amerikanische, eine englische, eine französische Fahne.

Die Tage, die folgten, waren wie betäubend. Wir waren trunken, doch wir waren von einer schlechten Trunkenheit. Mehr als sechsunddreißig Stunden waren wir noch ohne Essen: die SS hatte Gift über die Lebensmittelvorräte des Lagers geschüttet, und so mußten wir warten. Man vertauscht nicht mit einem Schlag den Gedanken an den Tod mit dem Gedanken an das Leben. Wir hörten dem zu, was man uns sagte. Doch wir baten um etwas Zeit, daran zu glauben.

Eine sehr tüchtige amerikanische Armee — die Dritte Armee — stand unter der Führung eines beherzten, großartig beherzten Generals: Patton. Patton wußte, was Buchenwald war, was Buchenwald riskierte. Er wußte, daß drei Stunden mehr zwanzigtausend Tote bedeuten würde. Gegen alle Regeln strategischer Klugheit hatte er einen Panzerangriff, einen Angriff zur Einschließung des Hügels, gestartet. In letzter Minute waren die SS-Truppen vom Lager abgeschnitten und gezwungen worden, zu fliehen oder sich zu ergeben. Der geheime Sender, der in den Kellerräumen der medizinischen Baracke verborgen war, hatte die Operationen der Amerikaner dirigiert.

Doch wo war das Glück der Freiheit? Wo war die Lebensfreude? Das Lager stand unter einer Betäubung: es brauchte viele, viele Stunden, dieses Glück, diese Freude zu finden. Dann brach es mit einem Schlag herein, man mußte die Augen schließen. Stärker als man es erfühlen, als man es erfassen konnte. Es kam in großen Wogen. Und jede Woge, die heranrollte, schmerzte.

Dann ließ die Spannung nach: alle Leute fingen an, dummes Zeug zu reden, wie es wohl kleine Jungen tun, denen man zuviel zu trinken gibt. Das war nicht immer sehr hübsch. Im Glück entblößen sich die Menschen ebensosehr wie im Unglück. Dazuhin gab es in den ersten acht Tagen Tote, viele Tote. Manche starben an Hunger. Andere starben, weil sie zu schnell wieder Nahrung zu sich genommen hatten. Einige brachte sogar die Vorstellung, gerettet zu sein, um. Sie wurden wie von einem Anfall gepackt und innerhalb weniger Stunden von ihm dahingerafft.

Am 13. April meldete das Radio des Lagers — das freie Radio des Lagers — den Tod Franklin Delano Roosevelts. Es war der erste Name eines echten Mannes, den wir hörten: Roosevelt, einer unserer Befreier. Und er starb, nicht wir. Als mich die Nachricht erreichte, trug ich gerade, zusammen mit ungefähr fünfzig anderen, zum Wasserdienst kommandierten Männern, meinen Eimer — die meisten Leitungen waren explodiert. Ich erinnere mich: das Arbeitskommando stellte seine Eimer zu Boden, und alle knieten nieder. Franzosen ebenso wie Russen. Zum ersten Mal seit mehr als einem Jahr hatte der Tod eines Menschen Bedeutung.

Zu den meisten von uns kehrte das Leben zurück. Nun ja! Gemischt, zusammenhanglos, stürmisch, ironisch, nicht zuletzt schwierig. Eben das Leben! Ich war stolz auf die Kameraden, die überlebt hatten. Das war ein bißchen töricht, aber ich war stolz auf sie.

Eintausendsiebenhundert Offiziere und Soldaten der SS, die von der amerikanischen Armee gefangengenommen worden waren, waren in einem Block des Lagers untergebracht und ganz unserer Gnade oder Ungnade ausgeliefert worden. Eine Tatsache, die gewiß erwähnenswert ist: es gab nicht einen Racheakt. Nicht ein SS-Mann wurde von einem Häftling getötet. Es gab nicht einmal Schläge oder Beschimpfungen. Man ging gar nicht zu ihnen hin.

Am 16. April erfuhren wir offiziell, daß die achtzigtausend Häftlinge, die am 10. auf den Straßen abmarschiert waren, hundert Kilometer südwestlich von Buchenwald von Maschinengewehren der SS niedergemacht worden waren. Man behauptete, es habe keinen einzigen Überlebenden gegeben. Später teilte man mit, man habe sich getäuscht: etwa zehn von ihnen seien am Leben geblieben.

Als ich am 18. April, genau eine Woche nach der Befreiung, von einem Wasserdienst zurückkam, ertönte plötzlich fünf Meter von mir eine Stimme, warm wie die Sonne, unmöglich, aber wahr: »Jacques!« Es war die Stimme von Philippe. Es war Philippe. Ich warf mich an seine Brust. Er war da. Philippe, der Chef. »Verteidigung Frankreichs«. Frankreich! Ich träumte nicht: Philippe, dieser Satanskerl, der Major in der Befreiungsarmee geworden war, hatte in drei Tagen und drei Nächten, alle Vorsicht in den Wind schlagend, ohne Militärpaß, als echter »Résistant«, als echter »Maquisard«, Frankreich und Deutschland durchquert, um seine Leute abzuholen. Die von ihnen zumindest, die in Buchenwald waren, und die von ihnen, die noch lebten.

Philippe gleich Leben. Diese Gleichung war bezwingend. Er war der letzte Mann gewesen, den ich gesehen hatte, bevor ich ins Gefängnis kam. Er war der erste Mann, den ich sah, als ich es verließ. Ich war am Leben. Zwei andere von der »Défense de la France« waren am Leben. Philippe hatte uns alle drei aufgesammelt. Ein französischer Wagen wartete auf uns. Es war ein

Wagen der »Défense de la France«. Denn die D.F. lebte nicht mehr im Verborgenen. Die D.F. war zum »France-Soir« geworden, der bedeutendsten Tageszeitung von Paris. Der Chauffeur — ein kleiner Junge, der niemals im Gefängnis gewesen war — fuhr mit uns eine Ehrenrunde um den Appellplatz.

Ich muß noch einige Fakten nachtragen. François starb am 31. März, zwölf Tage vor der Befreiung Buchenwalds, unter Umständen, die unbekannt geblieben sind, irgendwo in der Umgebung von Leipzig. Georges starb in den ersten Apriltagen — anscheinend an Erschöpfung — in einem plombierten Eisenbahnwagen bei Halle an der Saale. Denis starb am 9. April in der Tschechoslowakei am Rande einer Straße durch eine Kugel der SS. Vierundzwanzig andere Mitglieder der »Défense de la France«, die mit mir am 20. Juli 1943 verhaftet wurden, sind nicht zurückgekehrt. Sie — die Leser — haben gewiß ein Recht darauf, es zu wissen.

Hier bricht mein Bericht ab. Er muß es. Denn der Mann, der ich jetzt bin — verheiratet, Vater einer Familie, Universitätsprofessor, Schriftsteller —, hat nicht die Absicht, zu Ihnen von sich zu reden. Er kann es nicht. Er würde Ihnen nur lästig fallen. Wenn er Ihnen so lange von den ersten zwanzig Jahren seines Lebens erzählt hat, so darum, weil er überzeugt ist, daß sie ihm nicht mehr allein gehören, sondern daß sie für jeden, der sich dafür interessiert, da sind und offenstehen müssen. Sein größter Wunsch war zu zeigen — und mochte es auch nur ein wenig sein —, was diese Jahre durch die Gnade Gottes an Leben, Licht und Freude enthielten.

Und warum hat nun dieser Franzose aus Frankreich sein Buch in den Vereinigten Staaten geschrieben und legt es heute seinen amerikanischen Freunden vor? Deshalb, weil er seit drei Jahren

Amerikas Gast ist. Weil er dieses Land liebt. Weil er ihm seine
Dankbarkeit zeigen wollte und kein besseres Mittel sah, sie auszudrücken, als in diesen beiden Wahrheiten, die keine Grenzen
kennen und die ihm so vertraut sind: Die Freude kommt nicht
von außen; sie ist in uns, was immer uns geschieht. Das Licht
kommt nicht von außen; es ist in uns, selbst wenn wir keine
Augen haben.

Jean Piaget

Das Weltbild des Kindes

„‚Das Weltbild des Kindes'
markiert einen Angelpunkt in
Piagets monumentalem entwick-
lungspsychologischen Werk.
1926 erschienen, ist es die dritte
größere Monographie Piagets
zur geistigen Entwicklung des
Kindes. Er untersucht zusammen
mit seinen Mitarbeitern, wie sich
das Kind das Wesen des Denkens, der sprachlichen Benen-
nung, der Träume und des Be-
wußtseins erklärt, wie es die
Entstehung des Lebens deutet
und welchen Gegenständen es Leben zuschreibt, wie es sich die Entstehung der Gestirne, der meteo-
rologischen Erscheinungen
(Wolken, Regen, Donner, Blitz),
den Ursprung der Berge, der
Mineralien usw. erklärt. Das Ergebnis ist ein reizvolles Bild der
kindlichen Weltansicht, dessen
Studium man den Erziehern, den
Kindergärtnerinnen und den
Lehrern der Elementarstufe
nicht genug empfehlen kann."
Hans Aebli

Klett–Cotta im Ullstein Taschenbuch

Hans Aebli:

Denken: das Ordnen des Tuns

Band I: Kognitive Aspekte der Handlungstheorie

240 Seiten, Leinen,
ISBN 3–12–930120–8

Der Titel »Denken: das Ordnen des Tuns« bezeichnet die Grundthese des zweibändigen Werkes: Denken geht aus dem Tun hervor. Es beginnt dort, wo die Struktur der Handlung bedroht oder verbesserungsfähig ist.

Der erste Band, »Kognitive Aspekte der Handlungstheorie«, beginnt mit einem historischen Überblick, der bei der Gestaltpsychologie einsetzt und über Selz, Tolman, Bartlett und Piaget zur Erforschung des semantischen Gedächtnisses und zur Linguistik (Chomsky, Fillmore) weiterführt. Dann stellt Aebli seine eigenen Handlungstheorien dar. Die Grundthese lautet: ·
Handlungen stiften Beziehungen zwischen sachlichen, sozialen und/oder gedanklichen Gegebenheiten: ein pragmatischer Strukturalismus also. Zahlreiche anschauliche Beispiele, so z.B. eine Szene aus Robinson Crusoe, illustrieren diese These. Sodann diskutiert der Verfasser die Wahrnehmung von Handlungssituationen und das Verstehen und die Interpretation von Texten. Im Schlußkapitel setzt sich Aebli mit Piagets Operationsbegriff auseinander. Entgegen Piaget deutet er Operationen als abstrakte Handlungen. Der Band schließt mit Grundfragen des mathematischen und logischen Denkens. Der zweite Band, »Denkprozesse«, wird die Begriffsbildung, die Organisation des semantischen Gedächtnisses, das Problemlösen und die Rolle von Sprache und bildhafter Anschauung im Denken behandeln.

Klett-Cotta